U0941020

2018中国通信统计年度报告

Annual Report of China's Communication Industry Statistics in 2018

中华人民共和国工业和信息化部 编

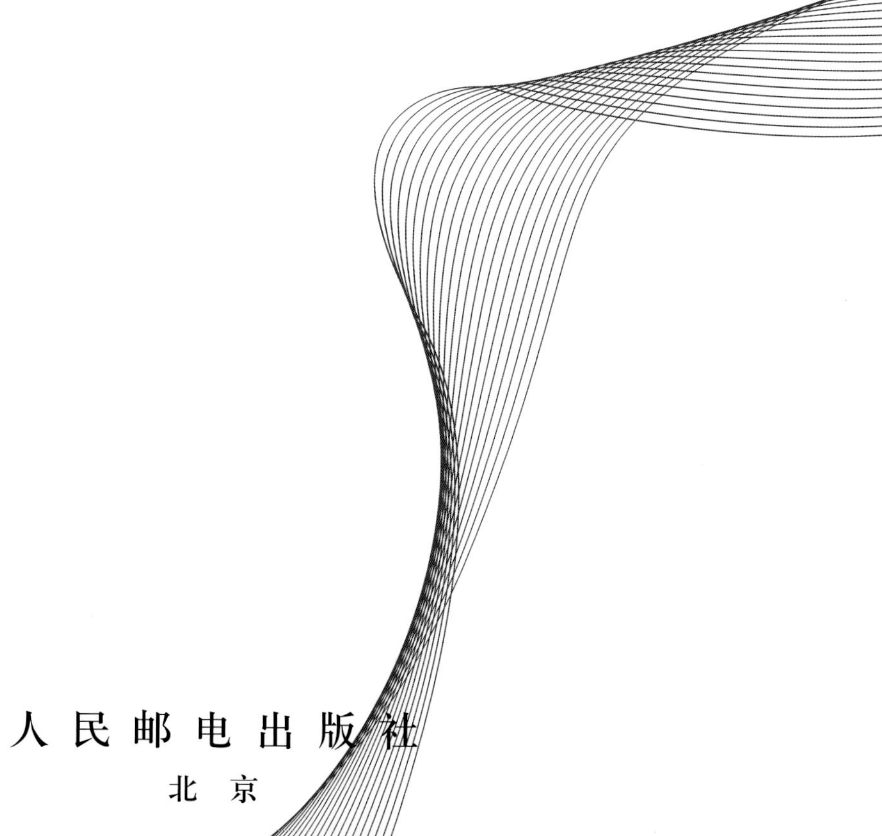

人 民 邮 电 出 版 社

北 京

图书在版编目（CIP）数据

2018中国通信统计年度报告 / 中华人民共和国工业和信息化部编. -- 北京 : 人民邮电出版社, 2020.1
ISBN 978-7-115-52910-7

Ⅰ. ①2… Ⅱ. ①中… Ⅲ. ①邮电业－经济统计－研究报告－中国－2018 Ⅳ. ①F632

中国版本图书馆CIP数据核字(2019)第265733号

内 容 提 要

本书主要包括综述、统计数据和附录三个部分。综述部分主要包括中国电信业2018年发展综述、基础电信企业2018年发展综述和专题分析三个部分；统计数据主要包括公用通信网统计信息、互联网和相关服务业统计信息、互联网应用统计信息和国际电信统计信息（国际电联统计数据）；附录部分包括统计指标解释及《中华人民共和国2018年国民经济和社会发展统计公报》。

本书适合国内外基础电信企业、增值电信企业、电信设备制造企业、电信建设企业以及电信相关的政府机关、非政府组织、投资机构、科研单位、大专院校、咨询机构等单位参考使用。

◆ 编　　中华人民共和国工业和信息化部
责任编辑　王建军
责任印制　彭志环

◆ 人民邮电出版社出版发行　北京市丰台区成寿寺路11号
邮编　100164　电子邮件　315@ptpress.com.cn
网址　http://www.ptpress.com.cn
三河市中晟雅豪印务有限公司印刷

◆ 开本：787×1092　1/16
印张：18.5　　2020年1月第1版
字数：425千字　　2020年1月河北第1次印刷

定价：368.00元

读者服务热线：(010)81055493　印装质量热线：(010)81055316
反盗版热线：(010)81055315

编写说明

一、《2018 中国通信统计年度报告》（以下简称“本报告”）通过大量翔实的统计数据、图表和分析报告，全面、系统地阐述了 2018 年中国通信业所取得的成就、经济运行情况、存在的问题和发展趋势。

二、本报告分为综述、统计数据和附录三个部分。综述部分包括中国基础电信业 2018 年发展综述、中国互联网和相关服务业 2018 发展综述、中国互联网 2018 年发展综述、基础电信企业 2018 年发展综述以全球电信运营业 2018 年运行分析、全球互联网 2018 年发展现状和趋势、上海市互联网行业 2018 年运行监测分析等专题分析报告；统计数据部分包括公用通信网统计信息、互联网和相关服务业统计信息、互联网应用统计信息和国际电信统计信息（国际电信联盟统计数据）四个方面；附录部分包括统计和指标解释《中华人民共和国 2018 年国民经济和社会发展统计公报》。

三、本报告中所引用的全国通信业统计数据为决算数据，不包括港、澳、台地区。

四、本报告由工业和信息化部网络安全产业发展中心（工业和信息化部信息中心）支撑编写，并得到工业和信息化部内相关司局、各省（区、市）通信管理局、各基础电信运营企业、中国信息通信研究院以及有关专家的大力支持，在此一并表示感谢！

五、由于编辑水平有限，文中难免存在疏漏之处，敬请各位读者谅解。具体内容由工业和信息化部运行监测协调局负责解释。

工业和信息化部运行监测协调局

2019 年 9 月

编委会

全国电信业务收入增长情况

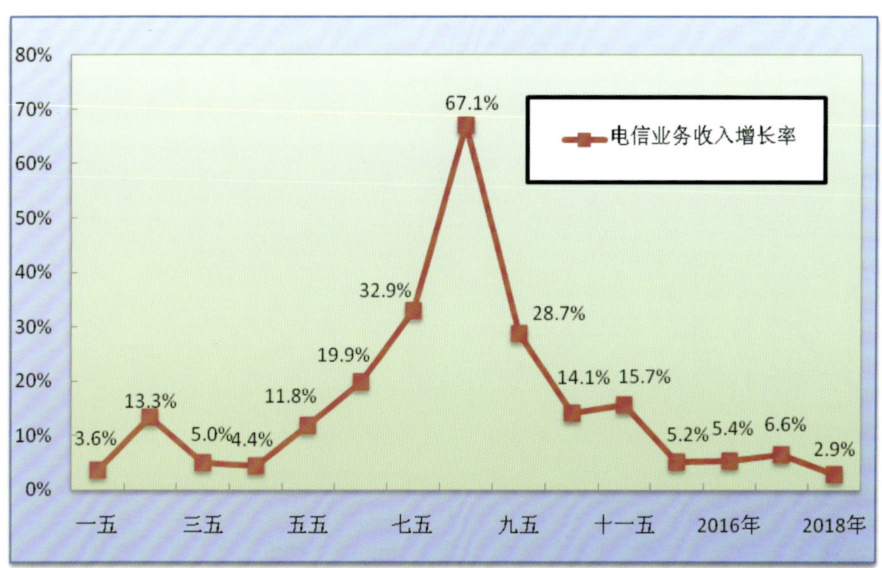

2014—2018 年电信业务收入和三大运营商固定资产投资情况

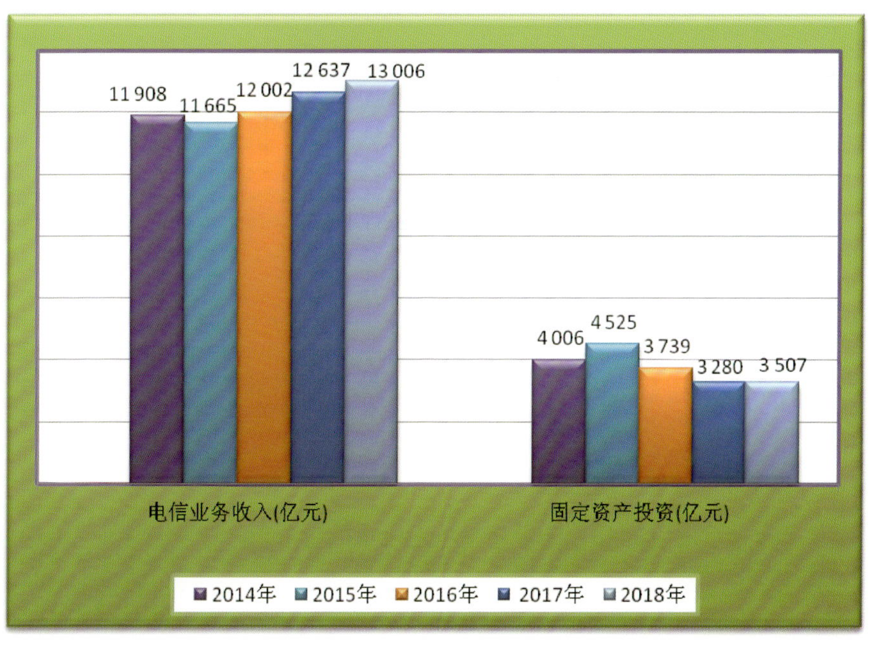

主要年份电信业务收入和投资
东部、中部、西部和东北部所占比重

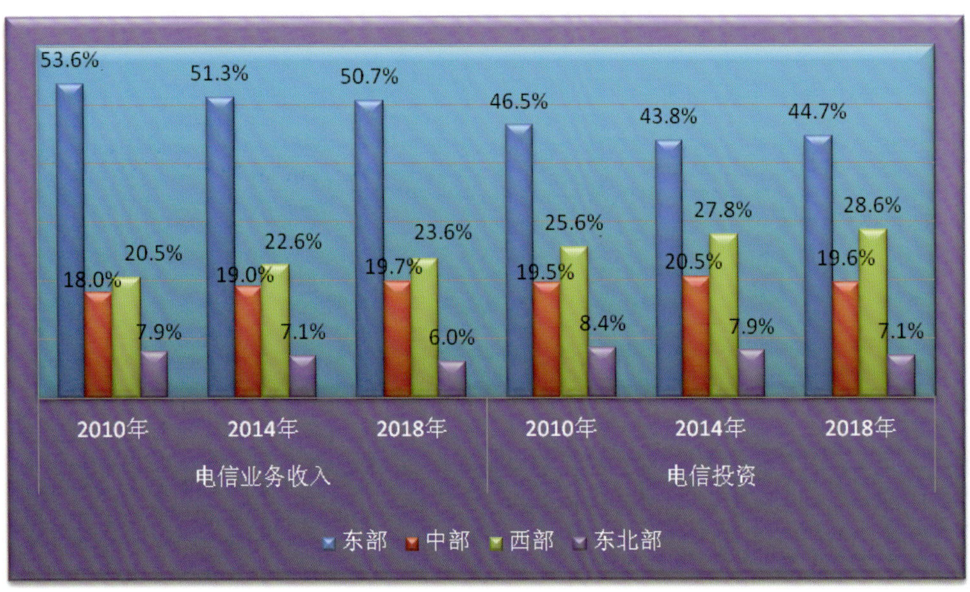

2017—2018 年电信投资结构比较

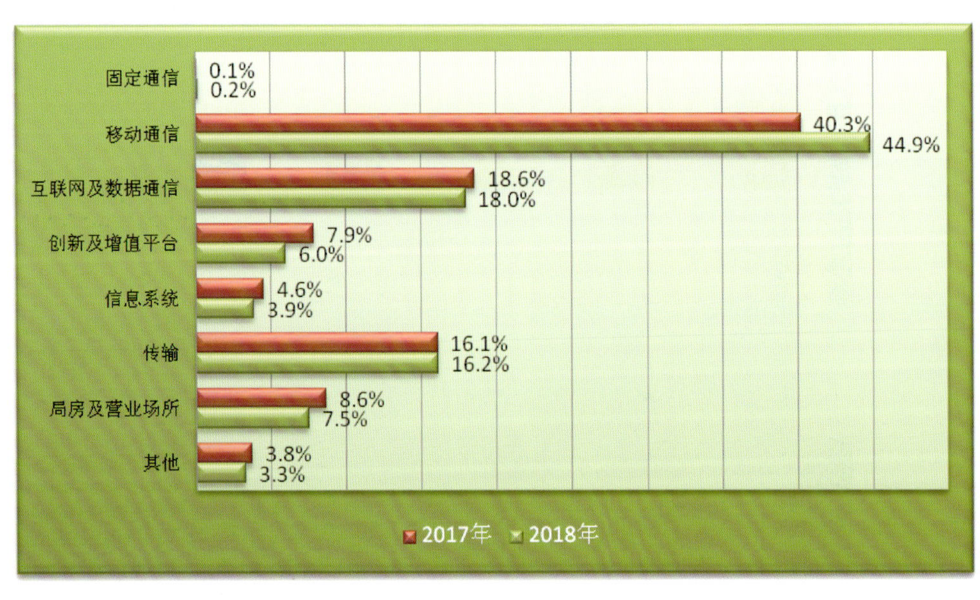

2014—2018 年电信收入结构（固定和移动）

2014—2018 年电信收入结构（语音和非语音）

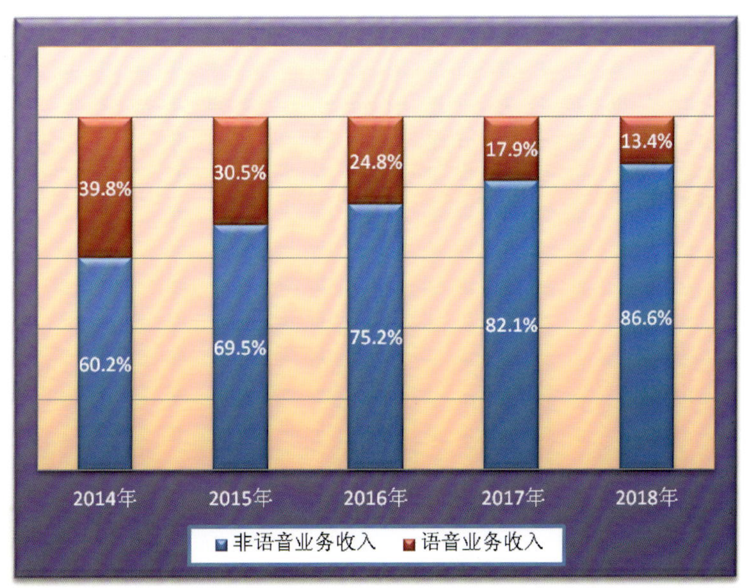

2014—2018 年电信运营企业收入结构

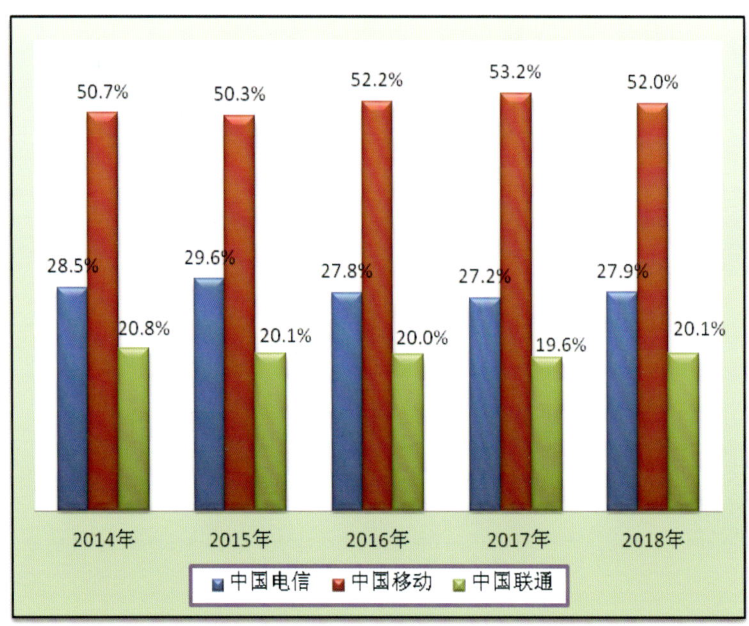

2014—2018 年电信运营企业投资结构

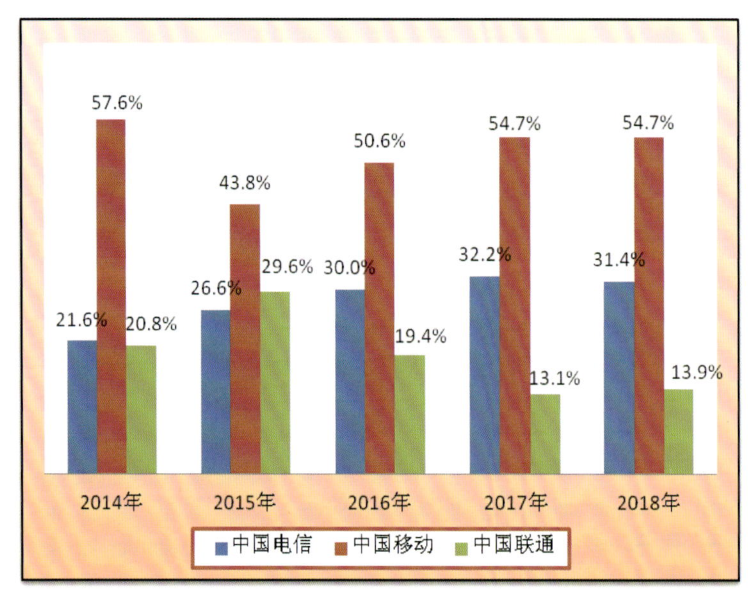

1949—2018 年固定电话、移动电话用户发展情况

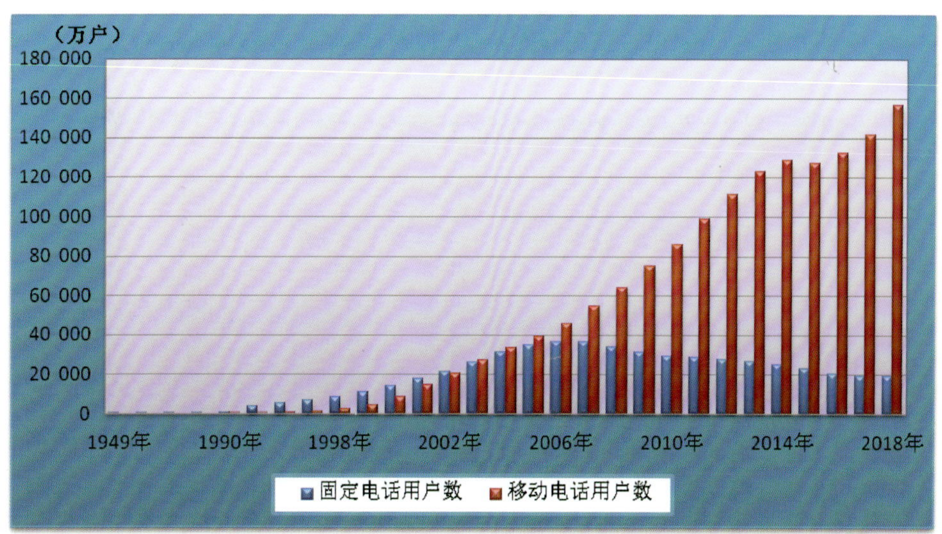

1949—2018 年固定电话、移动电话普及率

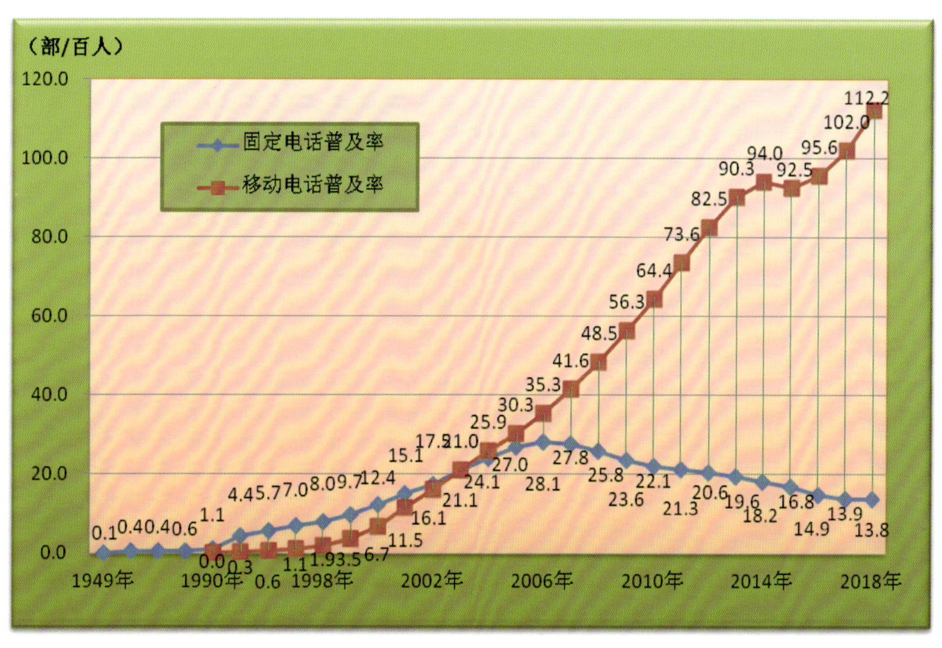

2014—2018 年移动宽带（3G/4G）电话用户发展情况

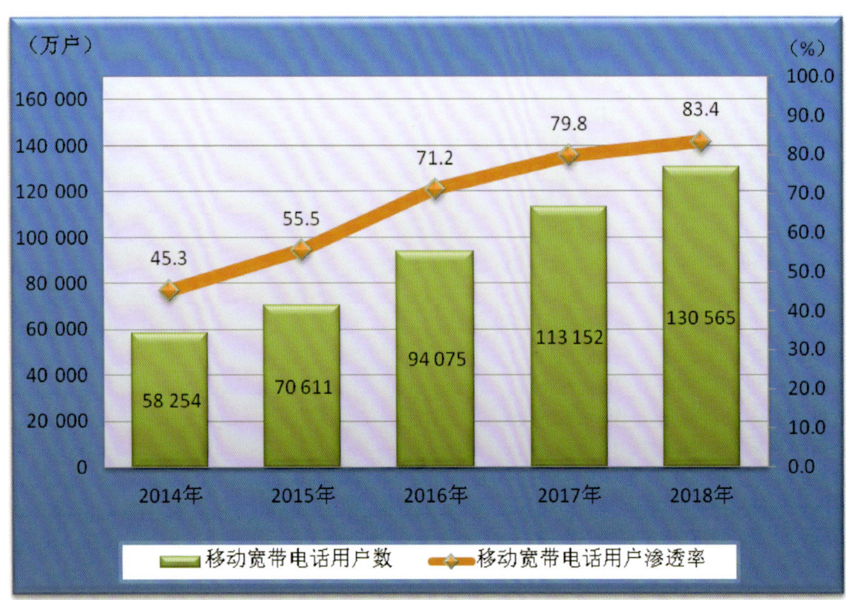

2004—2018 年(固定)互联网宽带接入用户发展情况

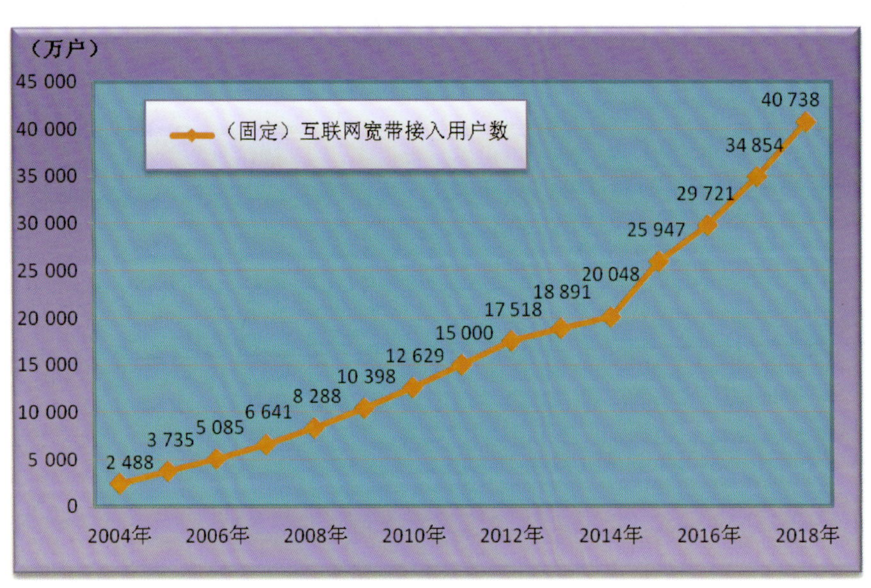

2014—2018 年全国互联网和相关服务业主要指标发展情况

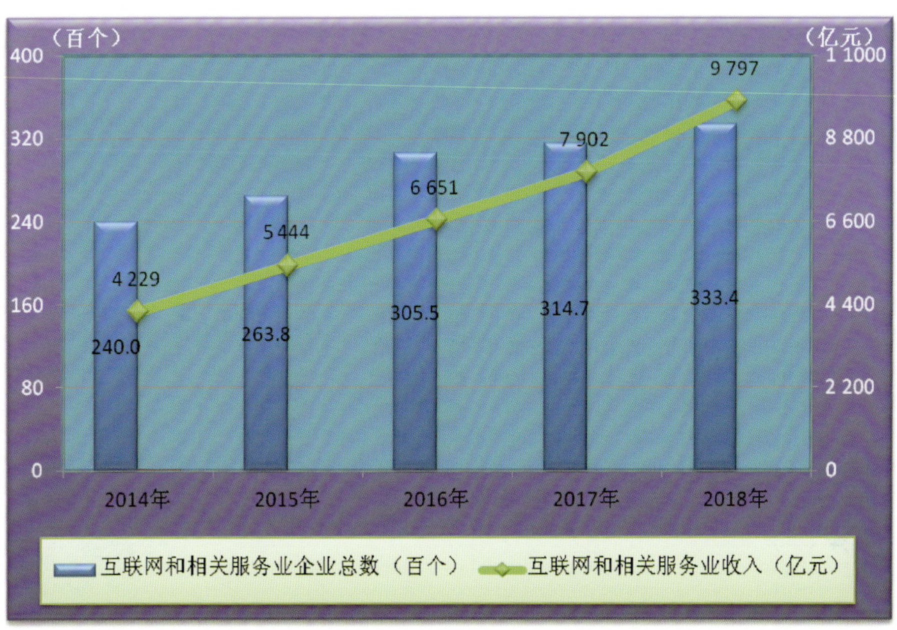

2018 年全国互联网和相关服务业收入结构

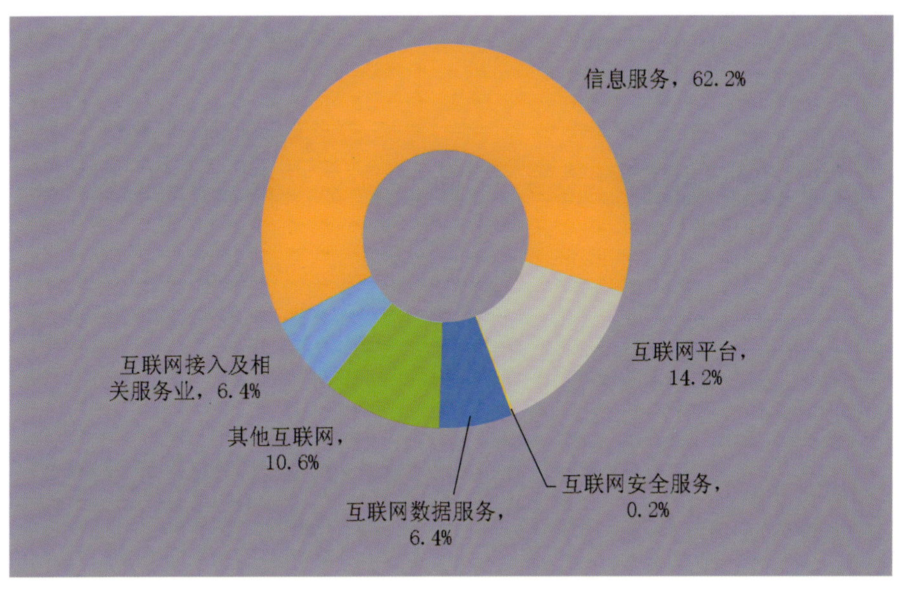

2009—2018 年全球（固定）电话主线、蜂窝移动电话用户、互联网网民数

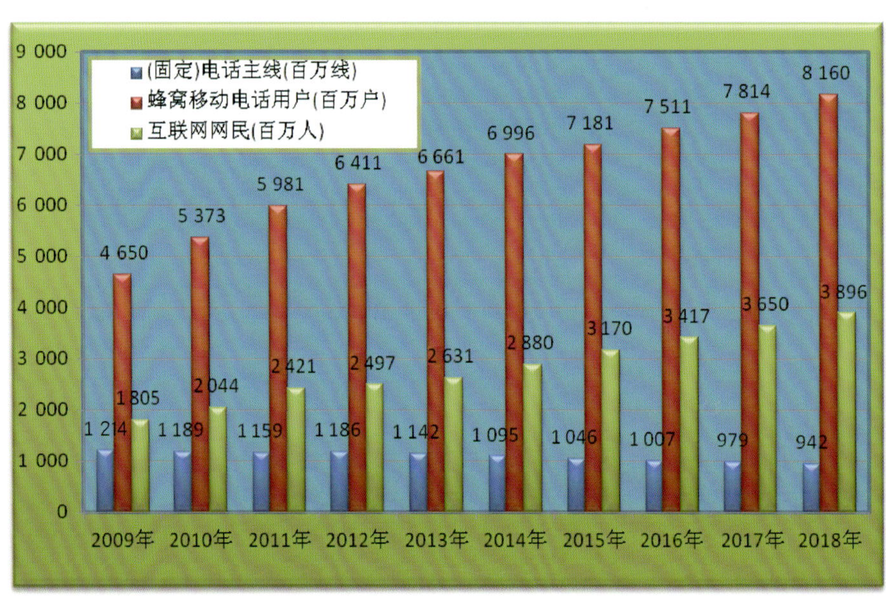

2009—2018 年全球每百人（固定）电话主线、蜂窝移动电话用户、互联网网民数

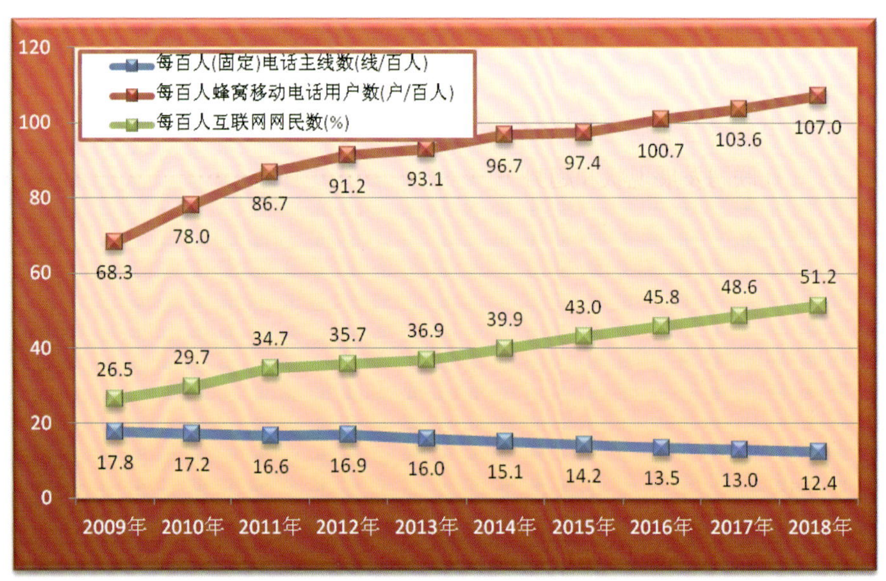

目　录

第一部分　综　述

第二部分　统计数据

第三部分　附　　录

第一部分　综　述

中国电信业 2018 年发展综述

中国基础电信业 2018 年发展综述

一、综述

（一）电信业发展主要指标

2018 年，我国电信业务总量[1]达 65 634 亿元，同比增长 137.8%。全国电信业务收入累计完成 13 006 亿元，同比增长 2.9%。

截至 2018 年年末，我国电话用户数达到 17.6 亿户，较 2017 年年末增加 1.47 亿户。其中，移动电话用户增加 1.49 亿户，总数达 15.7 亿户，移动电话用户普及率达 112.2 部 / 百人，比 2017 年提高 10.2 部 / 百人。固定电话用户总数 1.9 亿户，比 2017 年减少 167.3 万户，普及率为 13.8 部 / 百人。固定宽带接入用户加速增长，全年增加 5 884 万户，用户规模达 4.1 亿户，同比增长 16.9%。

光纤宽带网络加速普及，2018 年，全国新建光缆线路 536.7 万千米，光缆线路总长度达到 4 319 万千米，同比增长 14.2%。固定互联网宽带接入端口达到 8.7 亿个，同比增长 11.8%，其中 FTTH/O 端口达到 7.7 亿个，占比提升至 88.9%，比 2017 年提高 4.5 个百分点。

（二）电信业发展主要特点

1. 行业发展稳中有进，对国民经济和社会发展支撑作用不断增强

电信业务总量加速增长。2018 年，在我国电信业务总量中，固定语音业务总量为 224.5 亿元，固定数据及互联网业务总量为 2 534 亿元，固定增值及其他业务总量为 1 630 亿元，移动语音业务总量为 2 789 亿元，移动数据及互联网业务总量为 56 562 亿元，移动增值及其他业务总量为 1 895 亿元。其中，移动数据及互联网占电信业务总量比重最高，占比为 86.2%。

电信业务收入增长进入周期性下降通道。2018 年，我国电信业务收入达到 13 006 亿元，同比增长 2.9%，比 2017 年下降了 3.7 个百分点。其中，固定数据及互联网业务收入同比增长 6.4%，移动数据及互联网业务收入同比增长 9.1%，移动增值业务收入同比下降 12.3%。其中，

1. 电信业务总量采用 2015 年不变单价。

移动数据及互联网业务收入占比达到 46.0%，比 2017 年提高 2.6 个百分点。

线上线下融合是政务服务创新发展方向。随着“互联网+政务服务”的深入推进，各地区在“广度”和“深度”上同时发力，依托实体办事大厅，运用互联网思维，充分利用网上服务大厅、实体大厅、手机终端、政务公众号和电话热线等渠道，构建“线上线下、虚实一体、多级联动”的“全天候、无缝隙”便民惠民政务服务体系。目前，29 个省级地方已建立了“互联网+政务服务”平台，其中 16 个地方平台已覆盖省、市、县三级，线上线下立体化的政务服务平台体系初步形成[2]。

2．移动连接数快速增长，高速率宽带加快普及

移动宽带用户占比持续提升。2G、3G 用户继续向 4G 用户迁移，4G 用户规模达 11.7 亿户，成为全球最大的 4G 用户市场。移动宽带用户（3G 和 4G）渗透率达到 83.4%，比 2017 年提高 3.6 个百分点。

高速率宽带加速普及。2018 年，固定互联网宽带接入用户（简称宽带接入用户）加速增长，全年增加 5 884 万户，用户规模达 4.1 亿户，增速达 16.9%。其中，光纤接入用户 3.7 亿户，在宽带接入用户中占比达 90.4%，比 2017 年提高 6.1 个百分点。100Mbit/s 以上速率的宽带接入用户总数占宽带接入用户总数的比重达 70.3%，比 2017 年提高 31.4 个百分点，用户向高带宽升级的趋势更加明显。

融合业务用户增长显著。2018 年，IPTV（网络电视）用户达到 2.6 亿户；蜂窝物联网终端用户达到 6.7 亿户，比 2017 年年末增长 4.0 亿户，同比增长 148.1%。

互联网惠及全民取得新进展。截至 2018 年年末，我国网民规模达 8.3 亿人，全年新增网民 5 653 万人，互联网普及率为 59.6%，较 2017 年年末提升 3.8 个百分点。我国网民规模继续保持平稳增长。

3．网络强国建设扎实推进，5G 技术创新和产业化进程加快

持续提升新一代信息通信基础设施能力。2018 年，我国光纤宽带部署规模进一步扩大，接入网基本实现全光纤化，光纤接入端口占比提升至 88.9%，光纤宽带覆盖水平进入全球领先行列。4G 网络建设进入平稳发展期，全国城区及人口密度较大的中东部农村地区覆盖进一步完善，4G 基站总规模达到 372.4 万个，网络质量和承载能力持续优化。NB-IoT 网络建设稳步推进，截至 2018 年年底，NB-IoT 基站规模达到 37.1 万个。骨干网新平面建设初步完成，扁平化改造同步深入推进。基础电信企业启动第三张网建设，打造智能化承载网络。IPv6 规模部署快速推进，2018 年全国互联网骨干网络设备均已具备支持 IPv6 的能力，骨干互联互通设备已全部支持 IPv6，部分直联点设备已开启 IPv6 双栈功能。IDC 建设全面加速，2018 年，全国 IDC 机架规模[3]达 215 万架，年增长率超过 30%。IDC 云化进程加快，IDC 云化率[4]（IDC 云机架数与总机架数的比值）平均水平为 23.9%。

提前超额完成网络提速降费年度目标。我国百兆宽带普及提速，4G 网络覆盖和速率持续提升，宽带下载速率进入全球前列。截至 2018 年年末，100Mbit/s 及其以上速率的固定宽带用

2．数据来源：经济日报。
3．数据来源：中国信息通信研究院。

户占比达七成，4G 用户占比近 75%，移动互联网用户月户均流量 6 401MB/ 户 / 月，同比增长 1.3 倍。互联网骨干直联点达到 13 个，网间互联带宽新扩容 1 950Gbit/s，网间通信时延平均值同比降低 9.99%。固定宽带和移动宽带 4G 网络平均下载速率[5]较 2017 年同期分别增长 47.6% 和 21.3%。互联网网间结算价格从 12 万元 /GB/ 月下降到 8 万元 /GB/ 月，国内移动流量漫游资费全面取消，基础电信运营商推出大流量资费套餐等，移动数据流量全年平均资费已降至 10 元 /GB 以下，降幅达 64%，超额完成政府工作报告所提出的年内至少降低 30% 的目标。基础电信运营商全年累计让利超过 1 200 亿元[6]。

电信普遍服务提前实现“十三五”规划目标。前三批试点累计投入 400 多亿元，支持 27 个省份的 13 万个行政村实施宽带网络建设和升级改造，行政村通光纤和贫困村通宽带比例均超过 97%。2018 年，我国启动第四批电信普遍服务试点申报工作，重点转向农村及偏远地区 4G 网络覆盖，支持行政村、边疆地区和海岛地区 4G 网络建设 4G 基站 1.4 万个。

加快 5G 研发和产业化进程。2018 年，移动宽带标准组织 3GPP 完成 5G 国际标准第一版本的研制和发布，5G 进入商用部署的关键阶段。截至 2018 年年末，我国 5G 技术研发试验第三阶段测试工作基本完成，5G 基站与核心网设备均可支持非独立组网和独立组网模式，达到预商用水平。国内运营企业积极开展规模试验，优化产品性能，积累运营经验。

4. 电信领域加快改革开放步伐，混改试点深入推进

市场多元供给主体竞合发展。移动通信转售业务转为正式商用，截至 2018 年年末，42 家试点企业中已有 31 家获得移动转售正式商用许可证。移动转售用户总规模超过 8 000 万户，占全国移动用户总数的比重达到 5.0%。固定互联网宽带接入网业务的试点范围进一步扩大，开放黑龙江、浙江、江西、山东、海南 5 省全部城市，新增廊坊、秦皇岛、包头、鄂尔多斯、曲靖、玉溪、楚雄、红河等 8 个城市（州），试点时间延长至 2020 年年末。三网融合全面推进，广电企业获得电信业务经营许可数量持续上升，截至 2018 年年末，全国广电企业已发展有线宽带家庭用户近 3 900 万户，并已获批参与 5G 网络建设。

基础电信企业混改试点深入推进。2018 年，中国联通混改试点向纵深推进：引入 BATJ 在内的 5 位战略投资者进入董事会，完善治理结构；有序实施员工限制性股票激励计划，全面推进基层生产单元全场景“划小承包”改革，强化激励；全面推进互联网化运营，在新零售、云计算、大数据、物联网等新经济领域与民营互联网企业持续开展合作；持续推进组织机构改革精简优化，压缩管理层级，深入挖潜，降本增效，提高企业全要素生产率。中国电信混改迈开关键步伐，旗下支付公司混改试点工作稳步推进，与民营企业转化集团成立合资公司，建设物流信息化平台。中国移动已开展子公司层面的混改研究工作。

5. 互联网信息服务快速增长，行业进入新一轮创新周期

互联网行业规模保持平稳增长。截至 2018 年 12 月 10 日，国内外上市互联网企业总市值

4. 数据来源：中国信息通信研究院。
5. 数据来源：宽带发展联盟《中国宽带速率状况报告第 22 期（2018Q4）》。
6. 数据来源：国务院国有资产监督管理委员会。

达 1.2 万亿美元，受国际形势、政策环境等因素影响，较 2018 年年初下降 27.2%。移动互联网应用程序数量缓步增长，我国市场上监测到的 App 数量全年净增 42 万款，总量达到 449 万款，其中我国本土第三方应用商店的 App 超过 268 万款，第三方应用商店分发累计数量超过 18 000 亿次。

新技术新业务创新高度活跃。互联网发展已进入“多点技术融合”驱动创新阶段，融合移动技术、新终端形态、区块链、人工智能技术形成发展合力，引领互联网产业进入智能融合的新发展周期。2018 年，我国互联网全行业研发投入达 490 亿元，同比增长 19%。互联网新模式新业态频现，对传统的社交、电商等互联网基础业务产生显著影响。在社交领域，以短视频为代表的创新业态快速崛起，抖音海外版 Tik Tok 市场影响快速飙升，冲击全球社交市场格局。在电商领域，以拼多多为代表的拼团农村电商发展迅速，用户下载量、活跃度明显提高，电商业务格局正经历深刻重构。

互联网初创企业持续壮大。根据胡润研究院数据，截至 2018 年年底我国独角兽企业 186 家，区块链行业企业首次上榜。其中，小米于 2018 年 7 月在港交所上市，拼多多于 7 月在纳斯达克上市，美团点评于 9 月在港交所上市，腾讯音乐于 12 月在纽交所上市。拼多多市值超过 280 亿美元，跻身我国上市互联网企业市值 10 强。与此同时，互联网领军企业全力拓展新领域，以资本纽带全力扩展护城河。2018 年，美团收购摩拜，阿里收购饿了么，BAT 历经多年打造形成的三大互联网业务生态阵营中，腾讯与阿里巴巴呈现“两超”格局。在估值超过 300 亿元人民币的独角兽中，和阿里、腾讯有关的独角兽企业占比达到三分之二。

二、电信业对国民经济贡献分析

数字孪生城市推动智慧城市建设进入新阶段。当前智慧城市正迈向从局部到系统、融合创新的发展新阶段，新型智慧城市对巨型复杂系统的深度洞察能力要求催生了数字孪生城市。2018 年数字孪生城市的概念和技术逐步成熟，国内外陆续开展应用探索。长沙经济开发区智慧园区和郑州市智慧水务数据仿真平台以资源整合为核心，将已建城市设施数字化、模型化，解决城市发展痛点难点问题，均加快推动了数字孪生城市应用落地。

工业互联网政策落地推进，加快应用探索。2018 年是我国工业互联网全面实施之年，工业和信息化部发布《工业互联网发展行动计划（2018—2020 年）》，提出初步建成工业互联网基础设施和产业体系，构建工业互联网标识解析体系，推动 30 万家以上工业企业上云，培育超过 30 万个工业 App，建立工业互联网安全保障体系等工作目标。年内工业互联网政策密集发布，2018 年工业互联网创新发展工程共支持 91 个项目，核定 72 个工业互联网试点示范项目。工业互联网平台发展迅猛，国内具备一定产业影响力的工业互联网平台数量已超过 50 个[7]，平台应

7．数据来源：工业和信息化部摸底数据分析和中国信息通信研究院调研统计。

用日渐繁荣，模式创新活跃，应用场景集中于资产性能监控优化与生产运营分析，垂直领域聚焦能源、高端装备制造、工程机械等重点行业。

云计算、大数据与实体经济深度融合。云计算产业发展势头迅猛，服务能力大幅提升，应用范畴持续拓展，与实体经济各领域的融合渗透不断深入，已发展成为承载各行业应用的关键基础设施。2018 年 8 月工业和信息化部印发《推动企业上云实施指南（2018—2020 年）》，强化政策保障，推动“企业上云”行动纵深发展。大数据在各行业的应用逐渐加快，进入稳步成长阶段，互联网、电信、金融、政务、交通、医疗等领域大数据应用不断深化。《中国大数据发展调查报告（2018 年）》显示，分布于全国各地区各行业、规模各异的 1 572 家被调查企业中，近四成已经应用了大数据。

三、基础电信业务发展分析

（一）电话用户发展情况

1．移动用户总量持续增加，4G 用户占比超七成

2018 年，4G 用户数持续增长，全年新增 1.7 亿户，总数达到 11.7 亿户，如图 2 所示，在移动电话用户中的渗透率达到 74.4%。2G 移动电话用户减少 0.3 亿户，占移动电话用户的比重下降至 16.6%。3G 用户全年净增 0.1 亿户，总数达 1.4 亿户，占移动用户的比重下滑至 9.0%。

2．固定电话用户持续萎缩，占比仅为十分之一

2018 年，全国固定电话用户为 1.9 亿户，较 2017 年减少 167.3 万户，如图 3 所示，同比下降 0.9%，占电话用户总数比重仅为 10.9%。

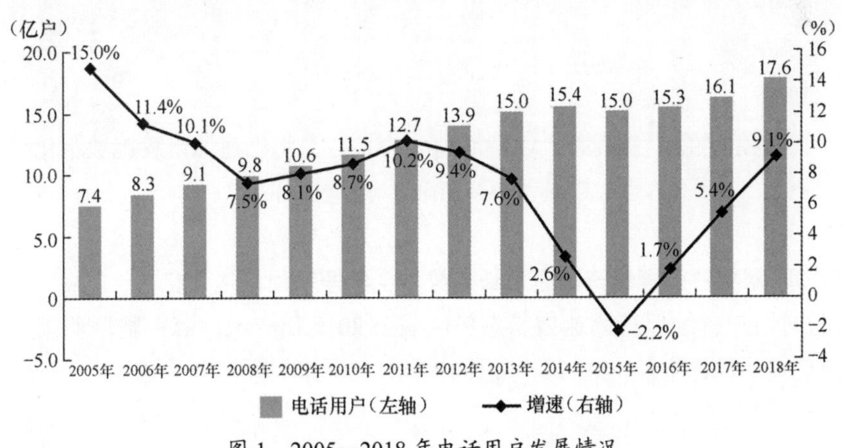

图 1　2005—2018 年电话用户发展情况

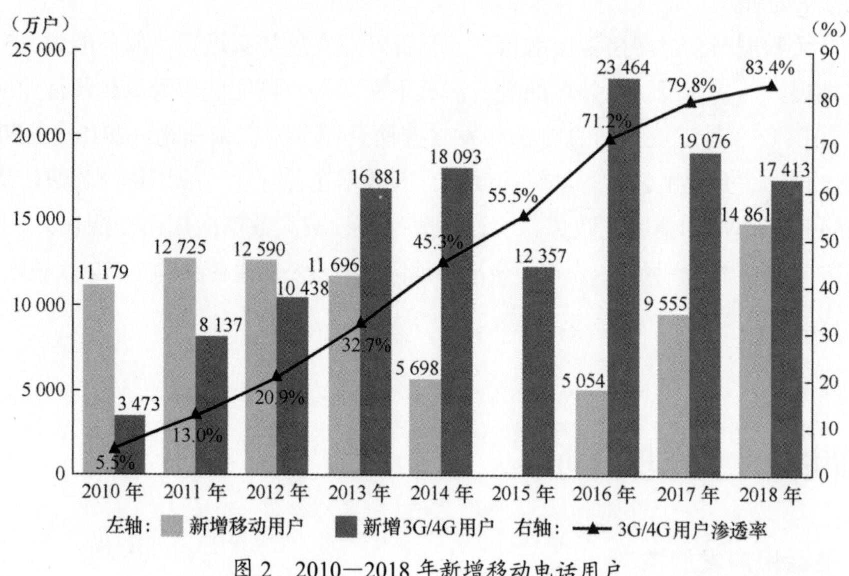

图 2　2010—2018 年新增移动电话用户

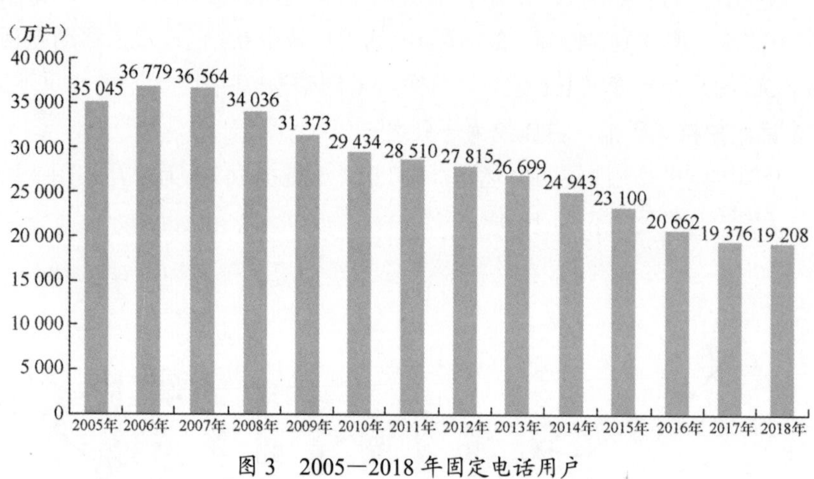

图 3　2005—2018 年固定电话用户

3．蜂窝物联网用户持续保持高速增长态势，全年净增用户达 4 亿户

蜂窝物联网用户持续保持高速增长态势，截至 2018 年年末，蜂窝物联网用户全年净增 4 亿户，达 6.7 亿户，同比增长 148.1%，如图 4 所示。

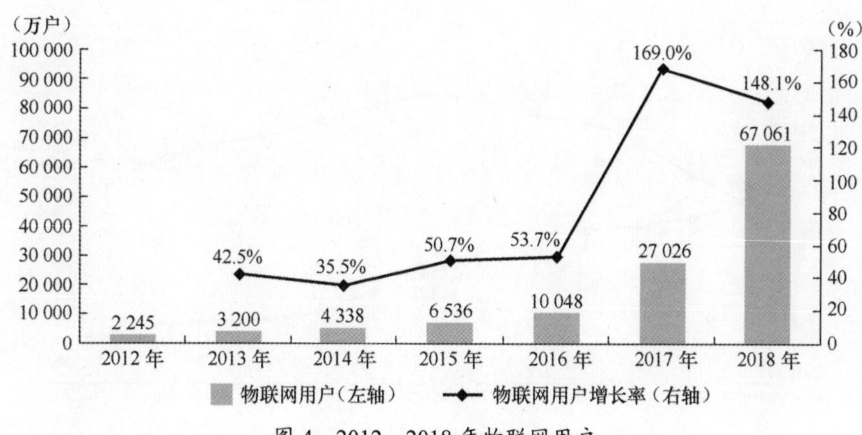

图 4　2012—2018 年物联网用户

（二）通话量发展情况

1．移动和固定通话量均持续下降，下降速度加快

2018 年，全国移动电话通话时长累计达到 51 125 亿分钟，同比下降 5.3%，如图 5 所示。本地电话通话时长累计达到 1 500 亿分钟，同比下降 18.6 %。

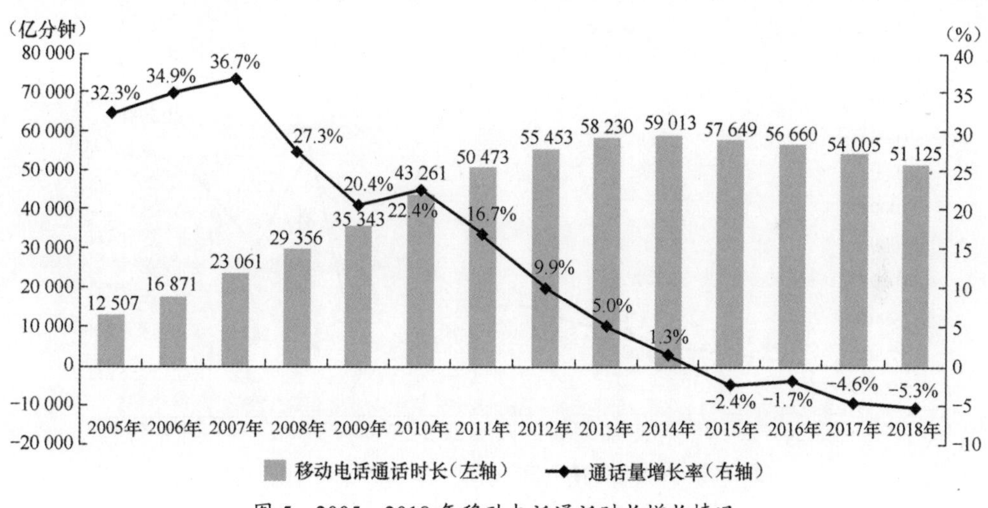

图 5　2005—2018 年移动电话通话时长增长情况

2．移动电话户均通话量和固定电话户均通话量延续下滑态势

2018 年，移动电话每用户每月通话时长为 272 分钟，同比下降 14.3%，连续 7 年下降；固定电话每用户每月通话时长继续减少，2018 年为 65 分钟，同比下降 17.9%，如图 6 所示。由于移动互联网类通信业务替代、多卡用户比例上升等多因素综合作用以及单用户话务量的减少，运营企业从语音经营向流量经营的转变将成为大势所趋。

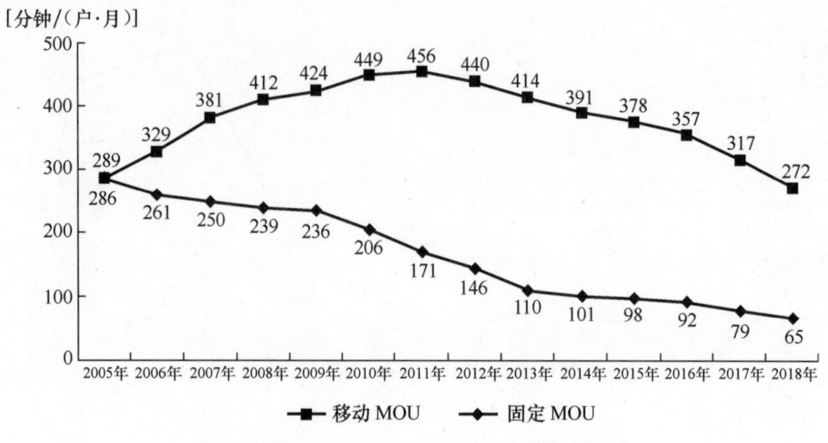

图 6 2005—2018 年移动与固定电话 MOU

（三）互联网接入业务发展情况[8]

1. 固定宽带接入用户数继续提升，百兆以上光纤接入用户占比超七成

固定宽带接入用户数持续提升。截至 2018 年 12 月底，固定宽带接入用户累计达 4.1 亿户，全年净增 5 884 万户，同比增长 16.9%，如图 7 所示。

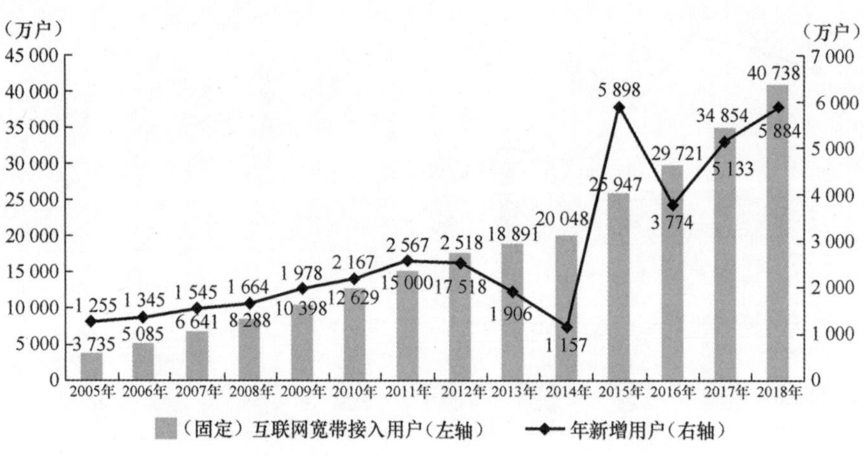

图 7 2005—2018 年（固定）互联网宽带接入用户发展情况

百兆接入速率成为固定互联网宽带接入的主流。截至 2018 年年末，光纤接入（FTTH/O）用户达到 3.7 亿户，同比增长 25.3%，占固定互联网宽带接入用户总数的 90.4%，较 2017 年年末提高 6.1 个百分点。宽带接入用户持续向高速率迁移，100Mbit/s 及其以上接入速率的固定

8. 本节中除互联网接入用户、移动互联网流量，其余数据来源于 CNNIC《中国互联网络发展状况统计报告（2019.2）》。

互联网宽带接入用户总数达 2.9 亿户，占固定宽带用户总数的 70.3%，占比较 2017 年年末提高 31.4 个百分点。

2. 互联网普及率继续稳步提升，移动互联网用户渗透率超八成

2018 年，我国互联网网民规模达到 8.3 亿人，全年共计新增网民 5 653 万人。互联网普及率为 59.6%，较 2017 年末提升 3.8 个百分点，如图 8 所示。

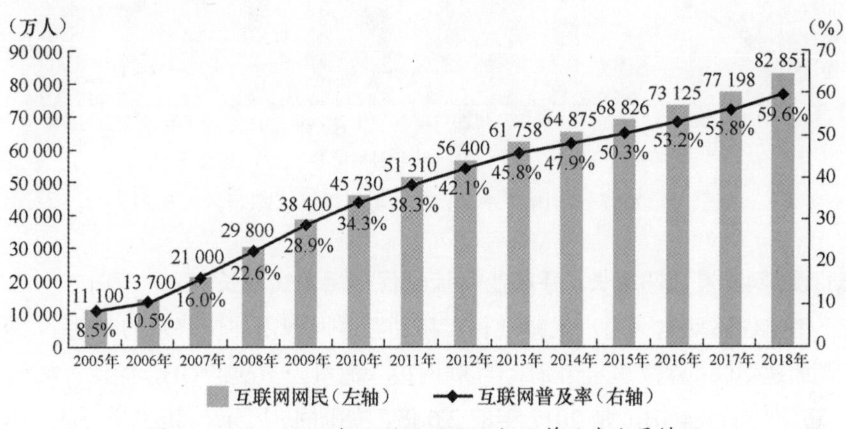

图 8　2005—2018 年互联网网民人数及普及率发展情况

截至 2018 年年末，我国移动互联网用户[9]规模达 12.7 亿户，对移动电话用户的渗透率达 81.4%，如图 9 所示。

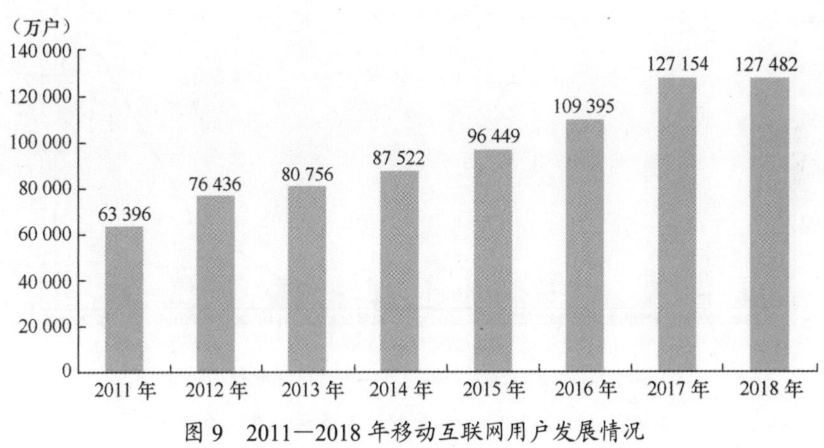

图 9　2011—2018 年移动互联网用户发展情况

3. 手机网民用户持续增长，网民手机上网比例攀升

2018 年，手机网民用户继续呈现增长态势，全年净增 6 433 万户，规模达到 8.17 亿户，网民中使用手机上网人群由 2017 年的 97.5% 提升至 98.6%，如图 10 所示，网民手机上网比例持续攀升。

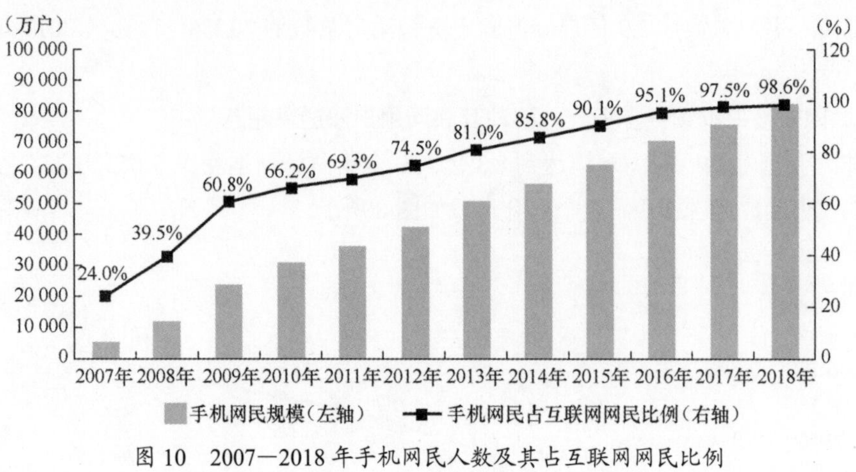

图 10　2007—2018 年手机网民人数及其占互联网网民比例

4. 移动互联网流量加速增长，手机上网流量保持爆发式增长

2018 年，在 4G 移动电话用户大幅增长、移动互联网应用加快普及的带动下，移动互联网接入流量呈现加速增长的态势。全年移动互联网接入流量为 709 亿 GB，同比大幅增长 188.3%，月户均接入流量突破 4.4GB，是 2017 年的 2.6 倍，如图 11 所示。其中，手机上网流量继续保持爆发式增长态势，总量达 702.1 亿 GB，同比增速高达 198.7%，在总流量中的比重达到 99.0%，成为推动移动互联网流量高速增长的主要因素。

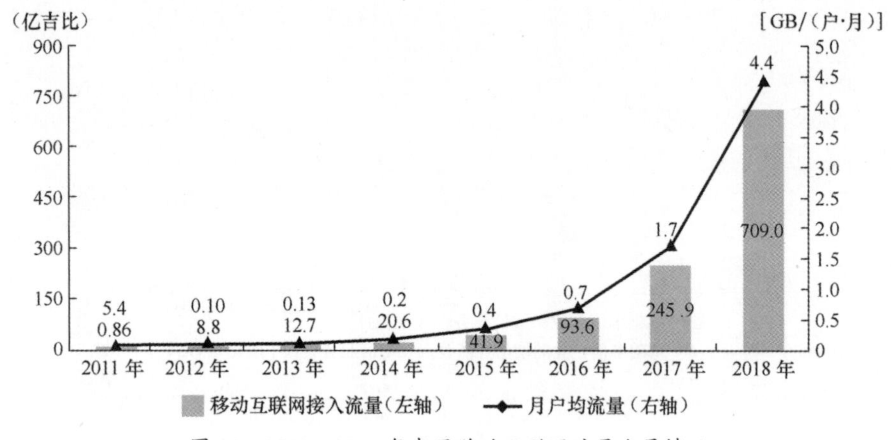

图 11　2011—2018 年我国移动互联网流量发展情况

5. IPv6 地址加速增长，基础设施升级改造稳步推进

2018 年，我国 IPv6 地址数量达到 41 079 块 /32（即获得了 41 079 个网络号为 32 位的 IPv6 地址块），较 2017 年同期增长 75.3%，如图 12 所示，与 2017 年相比加速增长。网络基础设施 IPv6 升级改造稳步推进，运营商骨干网已完成 IPv6 改造，支持 IPv6 的网站和应用逐步上线。

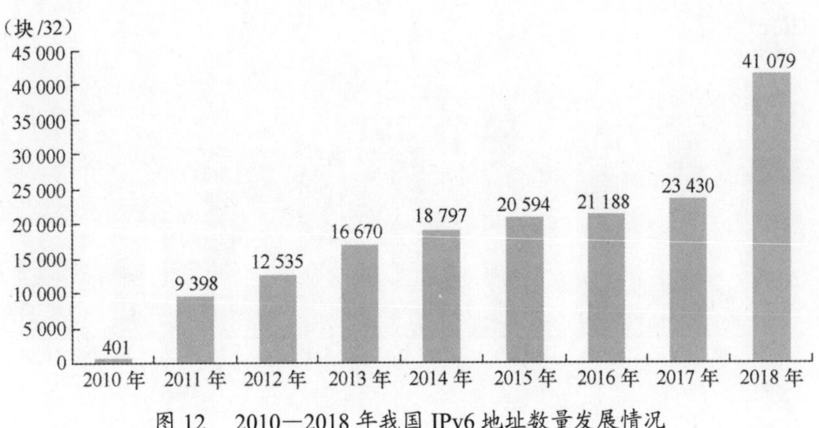

图 12 2010—2018 年我国 IPv6 地址数量发展情况

（四）增值业务发展情况

1. 增值业务收入小幅上升，增值业务收入占比略有上升

2018 年，电信业务收入规模达 13 006 亿元，同比增长 2.9%，基础企业增值业务收入规模达 2 163 亿元，同比增加 8.8%；基础企业增值业务收入占电信业务收入的比重为 16.6%，较 2017 年上升 4.4 个百分点，如图 13 所示。

图 13 2011—2018 年基础企业的增值业务收入发展情况

2. 移动增值业务收入持续下滑，固定增值业务收入高速增长

2018 年，基础电信运营商的移动增值业务收入继续下滑，规模达到 1 079 亿元，固定增值业务收入规模达到 1 084 亿元，如图 14 所示。

3. IPTV（网络电视）、数据中心、集成业务成为拉动固定增值业务增长的主要力量

2018 年，固定增值业务中 IPTV（网络电视）业务收入规模为 235.6 亿元，占固定增值业务收入的比重为 22%，如图 15 所示；数据中心业务收入规模为 462.2 亿元，占固定增值业务收入的比重为 43%；集成业务收入规模为 296.4 亿元，占固定增值业务收入的比重为 27%。

图 14　2011—2018 年基础企业的移动和固定增值业务收入

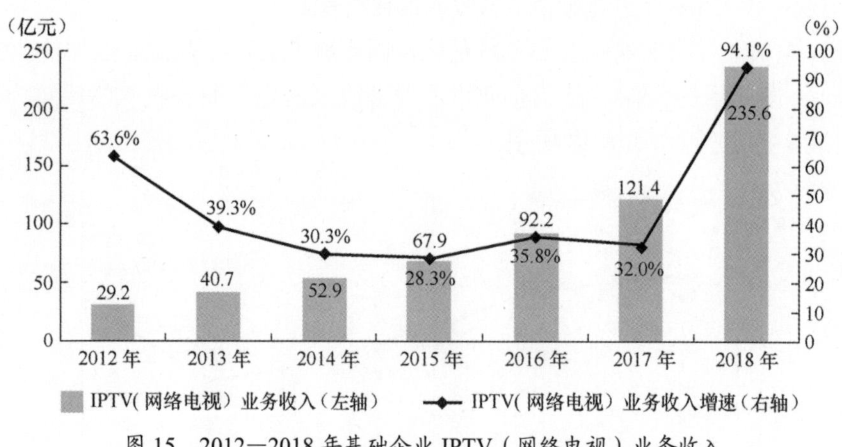

图 15　2012—2018 年基础企业 IPTV（网络电视）业务收入

四、电信网络能力分析

（一）固定及移动电话网规模分析

1．固定电话网容量大幅下降，移动电话网扩容持续提升

2018 年，局用交换机容量为 1.1 亿门，较 2017 年减少 6 958 万门，同比下降 37.8%，如图 16 所示。移动电话网的扩容速度加快，移动交换机容量达到 25.9 亿门，同比增长 7.1%，如图 17 所示。

2．局用交换机实装率大幅提升，移动交换机实装率保持稳定

设备利用率方面，2018 年，由于局用交换机容量下降，实装率达到 167.9%，较 2017 年提升了 28.9 个百分点。移动交换机扩容速度保持稳定，实装率仍为 60.4% 基本持平。

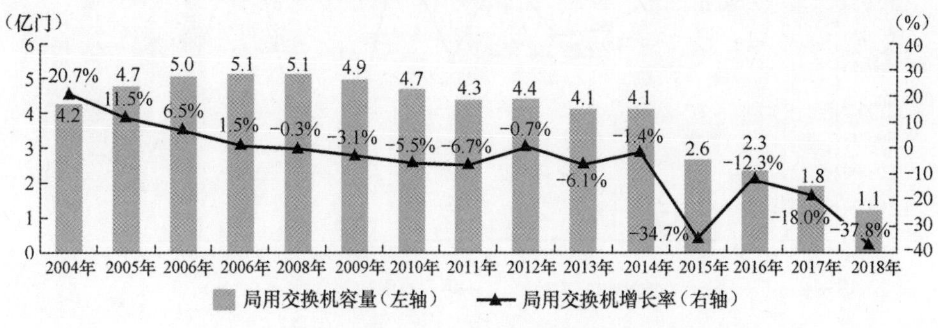

图 16　2004—2018 年局用交换机容量

图 17　2004—2018 年移动交换机容量

（二）数据通信网规模分析

1．互联网规模持续攀升，光网改造工作成果显著

2018 年，在“网络强国”“提速降费”等政策推动下，互联网规模和能力持续提升。互联网宽带接入网端口数量提升至 86 752 万个，增长了 11.8%，如图 18 所示。同时，宽带网络加速向全光网升级，高速率宽带接入能力显著提高。2018 年，我国光纤接入（FTTH/O）端口达 77 138 万个，同比增长 17.8%，占互联网宽带接入端口总数比重提升至 88.9%，提高 4.5 个百分点。

2．国际出口带宽持续增长，总量超 8 700Gbit/s

2018 年，我国国际出口带宽持续增长，年末增长至 8 737Gbit/s，较 2017 年同期增长了 22.2%，如图 19 所示。目前，国际通信网络优化建设需求日益增加，2018 年以来，山西省转型综合改革示范区、广东省珠海市横琴新区和浙江省桐乡市先后新建 3 条国际互联网数据专用通道。

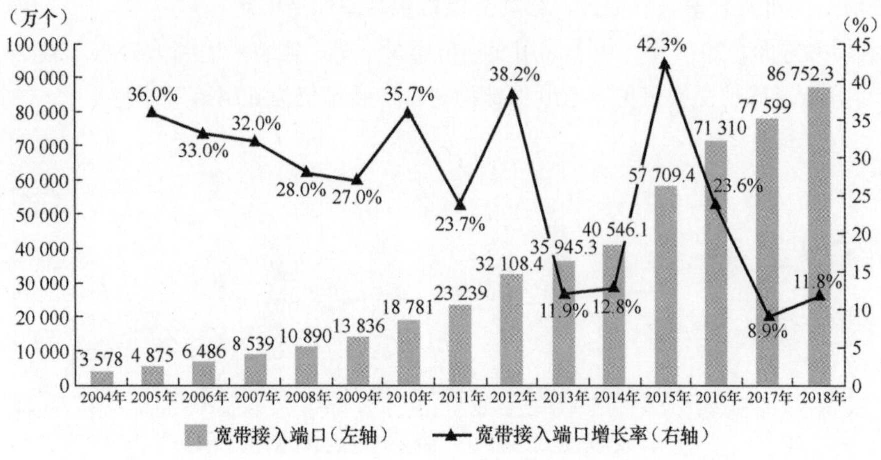

图 18　2004—2018 年宽带接入网端口数量

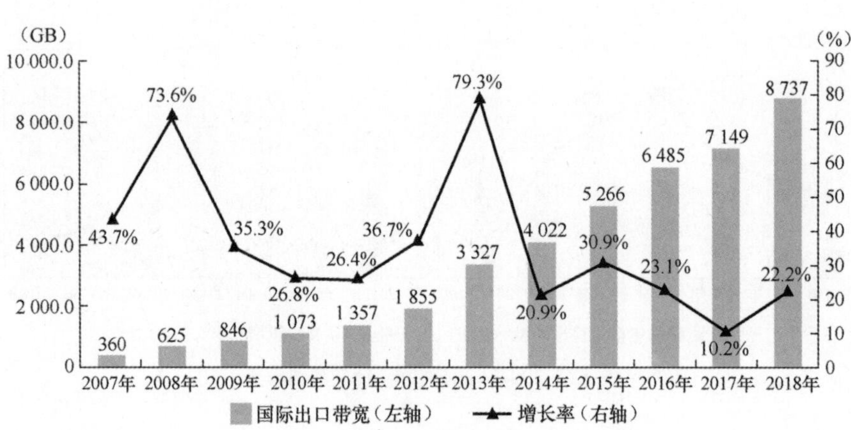

图 19　2007—2018 年国际出口带宽及增长率

（三）传输网规模分析

1. 骨干传输网全面进入 100Gbit/s 时代，网络承载能力日新月异

2018 年，光网改造工作效果显著，光纤宽带部署规模不断扩大，完成骨干网 IPv6 部署，构建云网互联平台，夯实为各行业提供服务的网络能力。全国新建光缆线路 537 万千米，光缆线路总长度达到 4 317 万千米，同比增长 14.2%，如图 20 所示。

2. 接入网光缆和本地中继光缆保持快增长，长途光缆小幅扩容

2018 年，接入网光缆、本地中继光缆、长途光缆长度分别到达 2 807 万千米、1 410 万千米、99 万千米，同比增速分别为 15.0%、14.3%、-4.9%，如图 21 所示。全国新建光缆以接入网光缆为主。接入网光缆、本地网中继光缆和长途光缆线路所占比重分别为 65%、32.7% 和 2.3%。

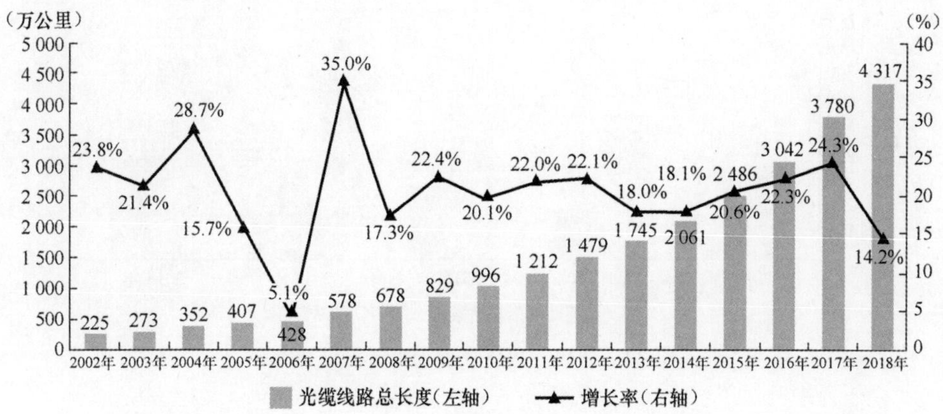

图 20　2002—2018 年光缆线路总长度及增长率

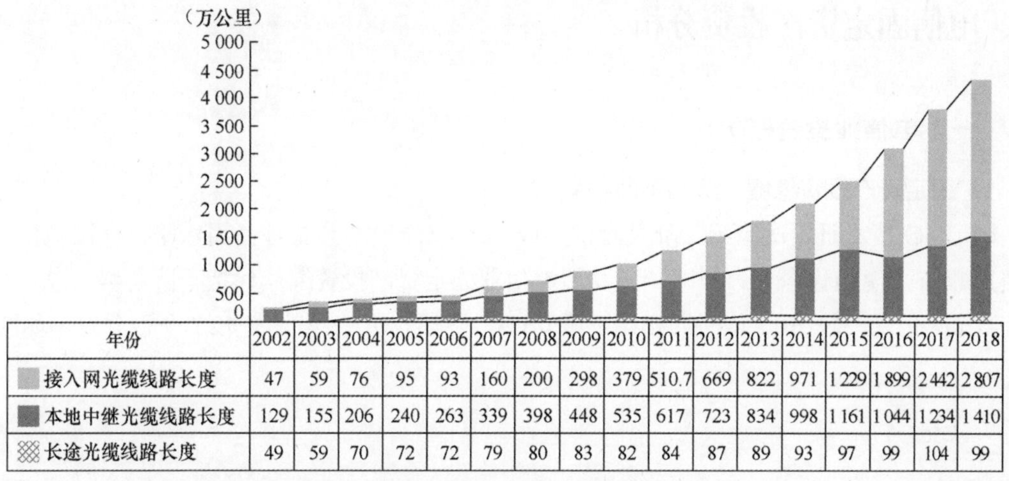

年份	2002	2003	2004	2005	2006	2007	2008	2009	2010	2011	2012	2013	2014	2015	2016	2017	2018
接入网光缆线路长度	47	59	76	95	93	160	200	298	379	510.7	669	822	971	1 229	1 899	2 442	2 807
本地中继光缆线路长度	129	155	206	240	263	339	398	448	535	617	723	834	998	1 161	1 044	1 234	1 410
长途光缆线路长度	49	59	70	72	72	79	80	83	82	84	87	89	93	97	99	104	99

图 21　2002—2018 年各种光缆线路长度

（四）4G 网络规模分析

1. 4G 网络规模不断扩大，基站占比超过五成

2018 年，全国净增移动通信基站 48.5 万个，总数达 667.2 万个。其中 4G 基站快速部署，较 2017 年末新增 43.9 万个，累计达到 372.4 万个，如图 22 所示，占移动基站的比重达 55.8%，4G 网络已经覆盖了全国所有城市和主要乡镇。

2. 共建共享进一步推进，有力支撑了 4G 网络建设

2018 年，工业和信息化部与国务院国有资产监督管理委员会联合印发《关于 2018 年推进电信基础设施共建共享的实施意见》，2018 年电信基础设施共建共享工作将以提升网络供给和质量效益为着力点，在深挖行业内共建共享潜力的基础上，积极推动电信基础设施和能源、交通等领域社会资源的共建共享，实施主体首次加入国家电网、南方电网两家电力企业。

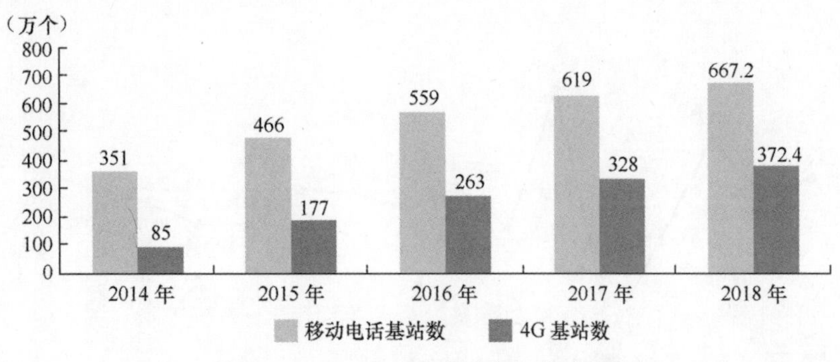

图 22　2014—2018 年移动电话基站数量

五、电信固定资产投资分析

（一）电信业投资概况

1. 固定资产投资稳健，降幅不断收窄

随着 5G 技术研发试验第三阶段测试完成，5G 系统设备具备预商用水平，我国电信业固定资产投资呈现趋稳态势。2018 年，我国电信业固定资产投资继续保持下降趋势，投资总额仅为 3 276 亿元，较 2017 年同期相比下降 0.1%，降幅较 2017 年收窄 12.2 个百分点，如图 23 所示。

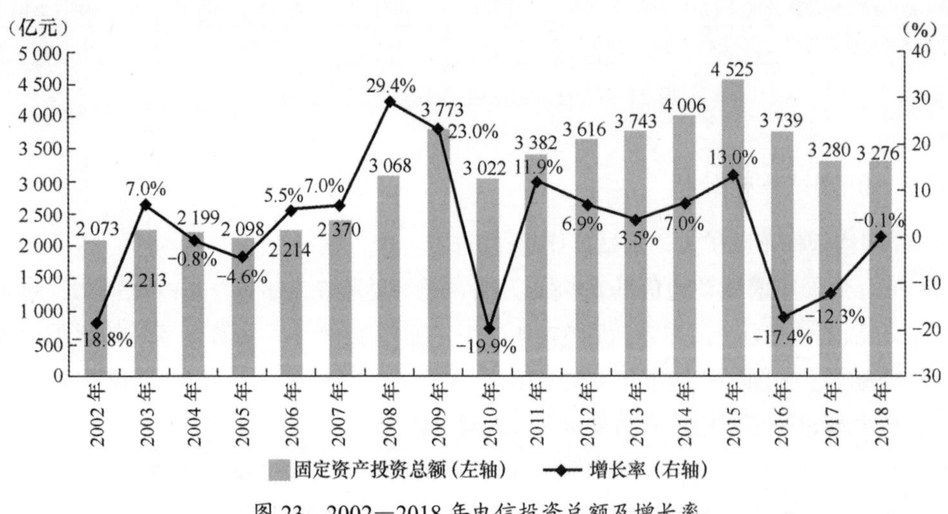

图 23　2002—2018 年电信投资总额及增长率

2. 移动、互联网和传输是投资重点，创新及增值平台、信息系统、局房及营业场所投资逆势上升

2018 年，移动通信网、互联网及数据通信、传输投资额占行业固定资产投资的比重分别为

36.6%、20.0%、17.3%，是投资的重点。分项看，移动通信投资额为 1 200 亿元，比 2017 年下降 3.4%，连续三年呈下降趋势，但下降幅度收窄。其中，4G 投资随着大规模建设的完成继续负增长，2018 年 4G 投资额为 1 088.4 亿元，较 2017 年同期下降 7.9%，下降趋势明显放缓。互联网及数据通信投资额为 653.5 亿元，同比下降 2.5%。其中，互联网宽带接入是投资重点，占互联网及数据通信投资的 69.9%，占比较 2017 年下降 2.9 个百分点。传输投资额为 566.3 亿元，同比下降 6.0%。创新及增值平台投资、信息系统投资、局房及营业场所投资数据亮眼，在整体投资规模下降的情况下，2018 年分别实现投资额为 275.5 亿元、156.0 亿元、303.3 亿元，较 2017 年分别上升了 23.2%、9.5% 和 7.9%。

（二）电信业投资效果分析

1. 投资有效支撑互联网及光纤网络建设

4G 及互联网投资有效推动了移动用户结构优化升级以及宽带的提速。2018 年，我国 4G 移动电话用户增加 1.7 亿户，达到 11.7 亿户，较 2017 年增长 16.9%，占移动电话用户比重提升至 74.4%，渗透率提高了 4.1 个百分点。此外，在“宽带中国”战略、电信普遍服务等系列政策推动下，互联网宽带接入端口较 2017 年增长 11.8%，接入网光缆线路长度较 2017 年增长 15.0%，有效推动互联网带宽接入用户增长。基础电信企业互联网宽带接入用户净增 5 884 万户，总数达到 4.1 亿户，同比增长 16.9%。光纤入户稳步推进，FTTH/O 用户净增 7 440 万户，用户总量达 3.7 亿户，比 2017 年提高了 25.3%，占宽带用户总数的比重达到 90.4%。受此影响，速率在 100Mbit/s 以上的宽带用户达到 2.9 亿户，占固定互联网宽带接入用户比重突破七成，达到 70.3%，宽带提速效果明显。2018 年通信业主要通信能力指标增长情况见表 1。

表 1　2018 年通信业主要通信能力指标增长情况

指 标 名 称	单位	2018年年末达到	比2017年年末净增	比2017年年末增长
长途光缆线路长度	公里	994 130	−50 868	-4.9
接入网光缆线路长度	公里	28 071 942	3 651 606	15.0
局用交换机容量	万门	11 440.4	−6 958.3	-37.8
其中：接入网设备容量	万门	10 641.4	−5 319.2	-33.3
移动电话交换机容量	万户	259 453.1	17 267.4	7.1
互联网宽带接入端口	万个	86 752.3	9 153.2	11.8

2. 投资收入比连续三年下降，行业投资效益继续提升

从投入产出水平来看，2018 年我国电信行业固定资产投资收入比为 25.2%，较 2017 年下降 0.8 个百分点，如图 24 所示，行业整体投资效益连续三年持续提升。随着 4G 业务持续快速发展，网络提速降费助力信息消费井喷式增长，移动流量业务收入快速增加，占电信业务收入的比重增加到 46.0%，电信业务收入较 2017 年增长 2.9%。

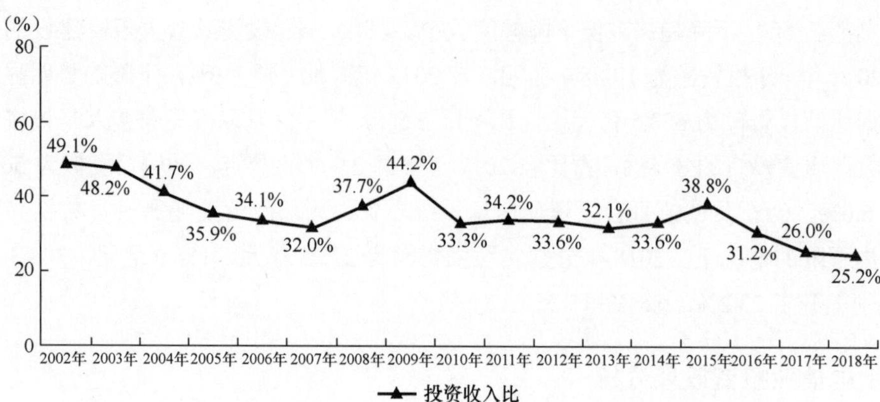

图 24 2002—2018 年电信行业投资收入比

六、电信业经营效益分析

（一）收入增长情况

1. 电信业务总量与收入增速差距增大到 134.8 个百分点

2018 年，电信业务总量与电信业务收入增速的剪刀差达到 134.8 个百分点，剪刀差比 2017 年年末扩大 64.7 个百分点，增量不增收的问题日趋严重，如图 25 所示。

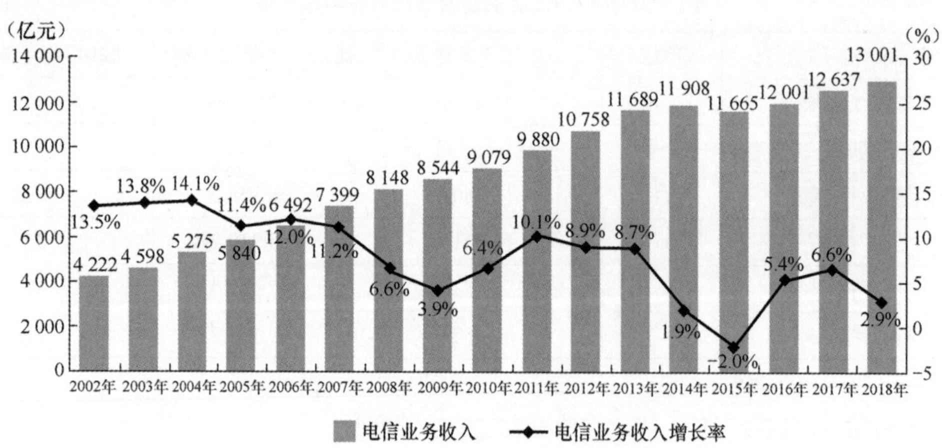

图 25 2002—2018 年业务收入增长情况

2. 移动数据业务收入是第一增长引擎，未来增长空间有限

2018 年，行业发展对语音业务的依赖继续减弱，移动数据及互联网收入继续高速增长，累

计达 5 984 亿元，按可比口径计算同比增长 9.1%，比 2017 年下降 18.5 个百分点，移动数据及互联网业务收入对收入增长的贡献率达到 135.0%，如图 26 所示。但从增长情况看，近年移动数据流量增速连续两年持续下降，反映了现有业务情况下，移动流量增长即将面临增长的天花板。

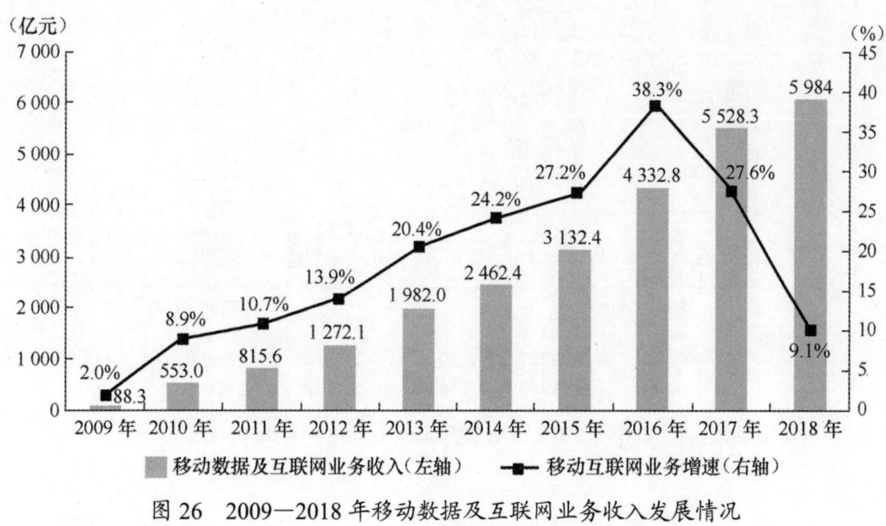

图 26　2009—2018 年移动数据及互联网业务收入发展情况

3. IPTV（网络电视）、物联网、数据中心、集成业务等新业务稳步发展

2018 年 IPTV（网络电视）用户突破 2.6 亿户，业务收入达到 235.6 亿元。物联网用户达到 6.7 亿户，受此影响，2017 年物联网业务收入达到 104.3 亿元。政企业务的快速拓展带动数据中心和集成业务快速发展，2018 年数据中心业务完成收入 462.2 亿元，集成业务完成收入 296.4 亿元，占固定通信业务的比重分别达到 12.2% 和 7.8%。

（二）利润增长情况

1. 电信业务成本费用增速放缓，行业利润总额提高 8%

2018 年，电信业务成本总额为 8 744 亿元，较 2017 年提高了 4.6%，增速较 2017 年下降 0.8 个百分点，如图 27 所示。从分项看，2018 年管理费用较 2017 年提高了 5.8%，但营业费用较 2017 年下降 7.8%。受此影响，收入增速较 2017 年放缓，2018 年电信利润总额实现 1 767 亿元，较 2017 年提高 8.0%。

2. 受流量收入增长和有效的成本控制影响，行业利润率小幅提升

近年来，受互联网业务影响，语音业务收入呈现持续下降趋势。提速降费政策使流量等业务单价不断降低，但在流量的爆发增长下，流量及互联网业务收入，特别是移动流量及互联网业务保持较快增长，基本弥补了语音业务下降带来的影响，同时，有效的营业费用控制有效降低了业务成本。受此影响，2018 年我国电信利润总额达到 1 767 亿元，较 2017 年提高 8.0%，电信行业利润率为 13.6%，比 2017 年提升 0.7 个百分点，如图 28 所示。

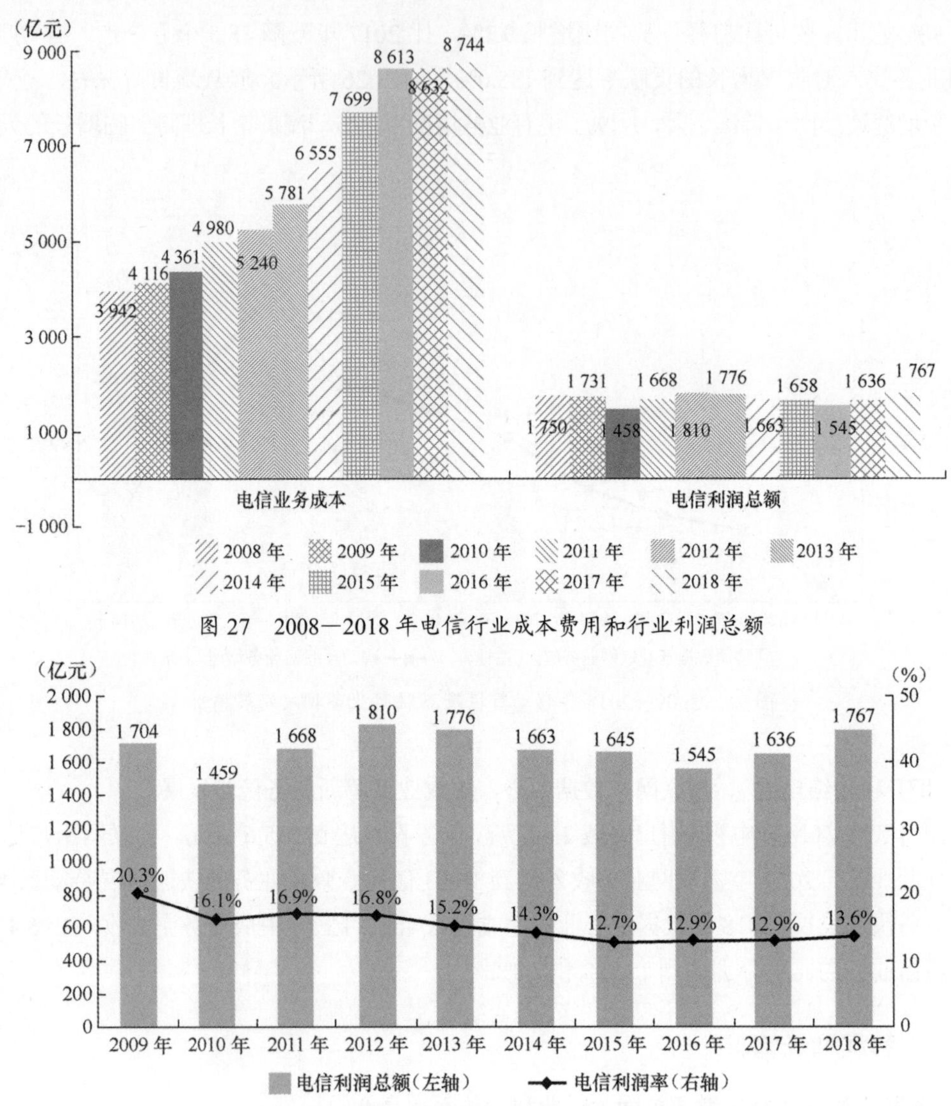

图 27　2008—2018 年电信行业成本费用和行业利润总额

图 28　2009—2018 年电信利润情况

七、电信业地域[9]发展分析

（一）区域收入和业务消费差距分析

1．东部、中部、西部地区电信业务收入份额较稳定，东部地区电信业务收入继续占据半壁江山

2018 年，东部地区实现电信业务收入 6 416 亿元，占全国电信业务收入的比重为 53.5%，

9．东部省份：北京、天津、河北、辽宁、上海、江苏、浙江、福建、山东、广东、海南；
中部省份：山西、吉林、黑龙江、安徽、江西、河南、湖北、湖南；
西部省份：内蒙古、广西、重庆、四川、贵州、云南、西藏、陕西、甘肃、青海、宁夏、新疆。

与 2017 年持平；中部地区收入占 22.9%，比 2017 年下降 0.1 个百分点；西部地区收入占 23.6%，比 2017 年提升 0.1 个百分点，如图 29 所示。

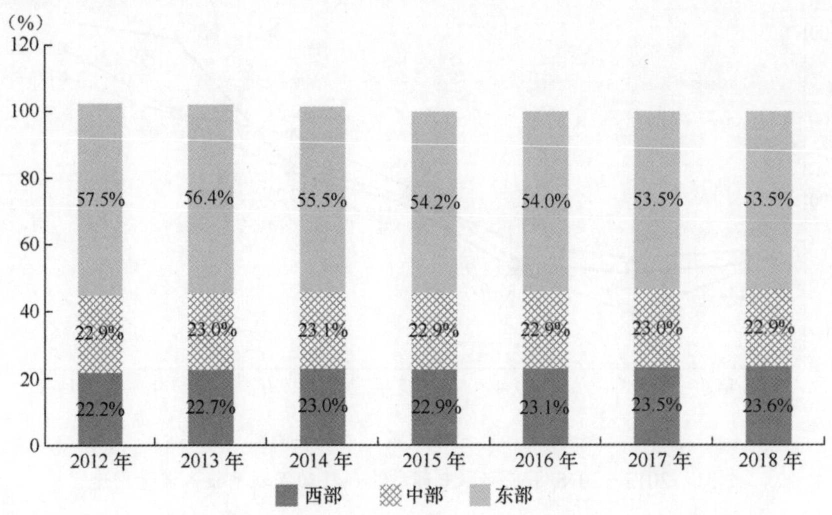

图 29 2012—2018 年东部、中部、西部地区电信业务收入比重

2. 东部百兆及其以上固定互联网宽带接入用户占比领先

2018 年，东部、中部、西部地区 100Mbit/s 及其以上固定互联网宽带接入用户分别达到 14 003 万户、7 767 万户和 6 871 万户，比 2017 年分别增长 89.9%、149.5% 和 124.7%，在本地区宽带接入用户中占比分别达到 71.7%、70.6% 和 67.4%，如图 30 所示。中部地区增速明显加快，增速比东部和西部分别快 59.6 个和 24.8 个百分点；东、中部地区 100Mbit/s 及其以上宽带接入用户占比较 2017 年大幅提高 36.2 个百分点。

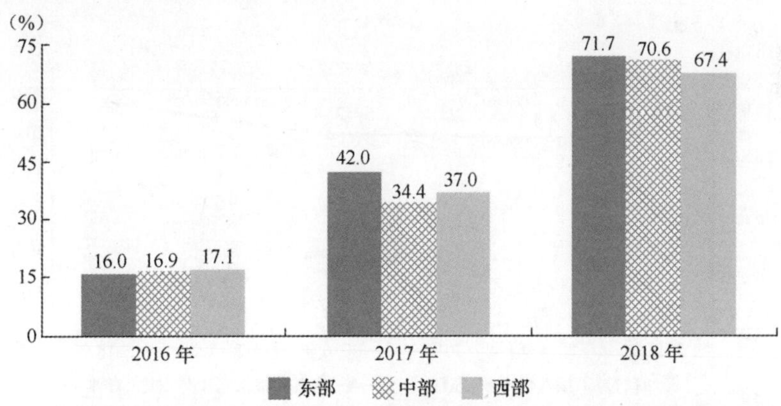

图 30 2016—2018 年东部、中部、西部地区 100Mbit/s 及其以上固定宽带接入用户渗透率情况

3. 东部、中部、西部移动数据业务均呈现加快发展态势，西部增长超两倍

2018 年，东部、中部、西部地区移动互联网接入流量分别达到 334 亿 GB、175 亿 GB 和 201 亿 GB，比 2017 年分别增长 175.5%、191.8% 和 208.9%，西部增速比东部高 33.4 个百分点，比中部高 17.1 个百分点，如图 31 所示。

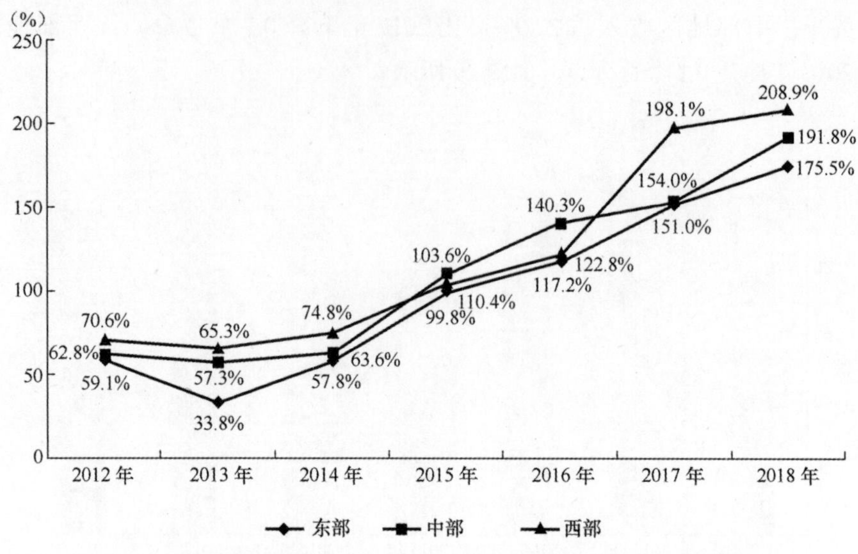

图 31　2012—2018 年东部、中部、西部移动互联网接入流量增速

(二) 城乡发展与差距分析

1. 城市高速率宽带用户加速升级，农村普遍服务继续推进

2018 年，城市宽带接入用户净增 3 519.8 万户，总数达 2.9 亿户，同比增长 13.8%。农村宽带用户全年净增 2 364 万户，总数达 1.17 亿户，比 2017 年增长 25.2%，增速较城市宽带用户高 11.4 个百分点，在固定宽带接入用户中占 28.8%，占比较 2017 年提高 1.9 个百分点，如图 32 所示。

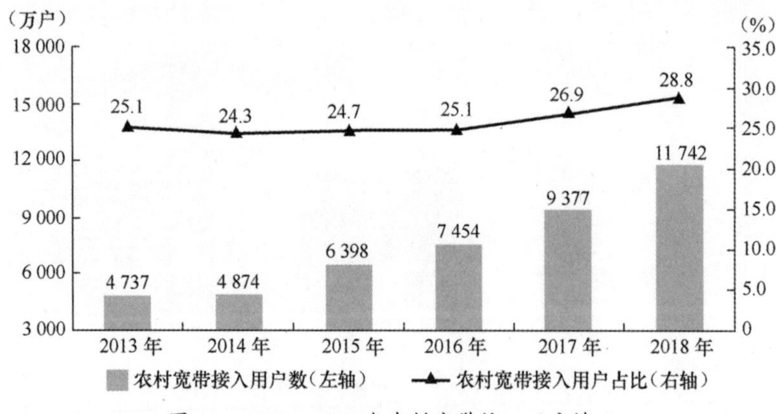

图 32　2013—2018 年农村宽带接入用户情况

2. 城乡固定宽带普及水平差距有所缩小

城市宽带接入用户达 2.9 亿户，占全国城镇总人口的 34.9%。农村宽带用户达 1.17 亿户，占全国农村总人口的 20.8%，与城市宽带人口普及率的差距为 14.1 个百分点，较 2017 年下降 0.9 个百分点，如图 33 所示。

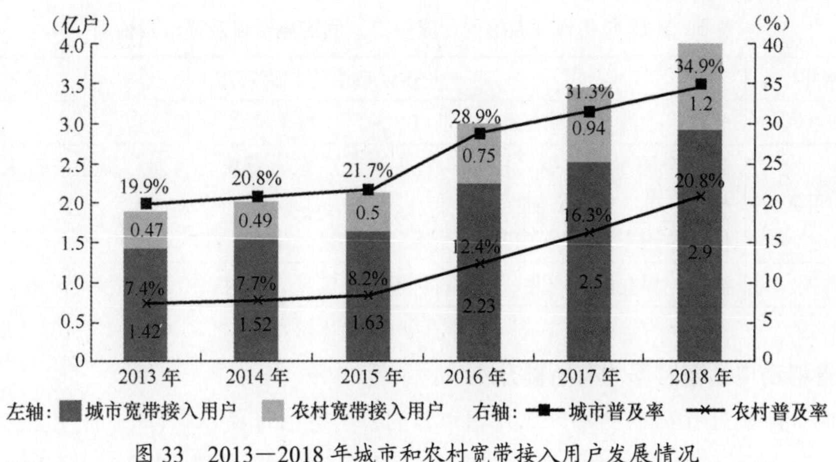

图 33　2013—2018 年城市和农村宽带接入用户发展情况

八、各省电信业发展情况对比分析

（一）各省电信业务发展情况对比

1．多数省份固定电话普及率有所下降

2018 年，天津、浙江、山东、海南、安徽、河南、广西、重庆、四川、西藏、陕西、甘肃、青海 13 个省（自治区、直辖市）的固定电话普及率有所上升，云南省与 2017 年持平，其他 17 个省均有不同程度的下降。其中，北京的降幅最大，下降 3.1 个百分点。2018 年各省（自治区、直辖市）固定电话普及率如图 34 所示。2018 年各省（自治区、直辖市）固定电话普及率分层情况见表 2。

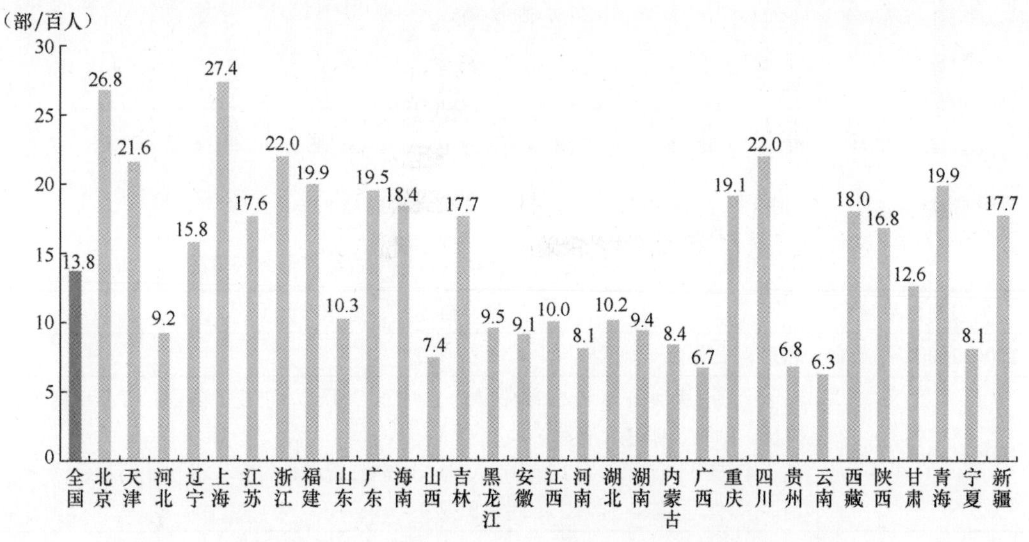

图 34　2018 年各省（自治区、直辖市）固定电话普及率

表2　2018年各省（自治区、直辖市）固定电话普及率分层情况

普及率水平	省（自治区、直辖市）
20～30部/百人	北京、上海、四川、天津、浙江
10～20部/百人	高于全国平均水平（13.1部/百人）：广东、重庆、青海、福建、西藏、海南、吉林、江苏、新疆、陕西、辽宁 低于全国平均水平（13.1部/百人）：甘肃、山东、江西、湖北
<10部/百人	湖南、黑龙江、河北、内蒙古、安徽、宁夏、河南、山西、贵州、云南、广西

2. 各省移动电话普及率均有所提升

2018年，全国31个省（自治区、直辖市）的移动电话普及率均有不同程度的提升。其中，上海、江苏、广东、安徽、江西、湖北、广西、贵州、青海、新疆10个省（自治区、直辖市）涨幅超过10个百分点。2018年各省（自治区、直辖市）移动电话普及率如图35所示。2018年各省（自治区、直辖市）移动电话普及率分层情况见表3。

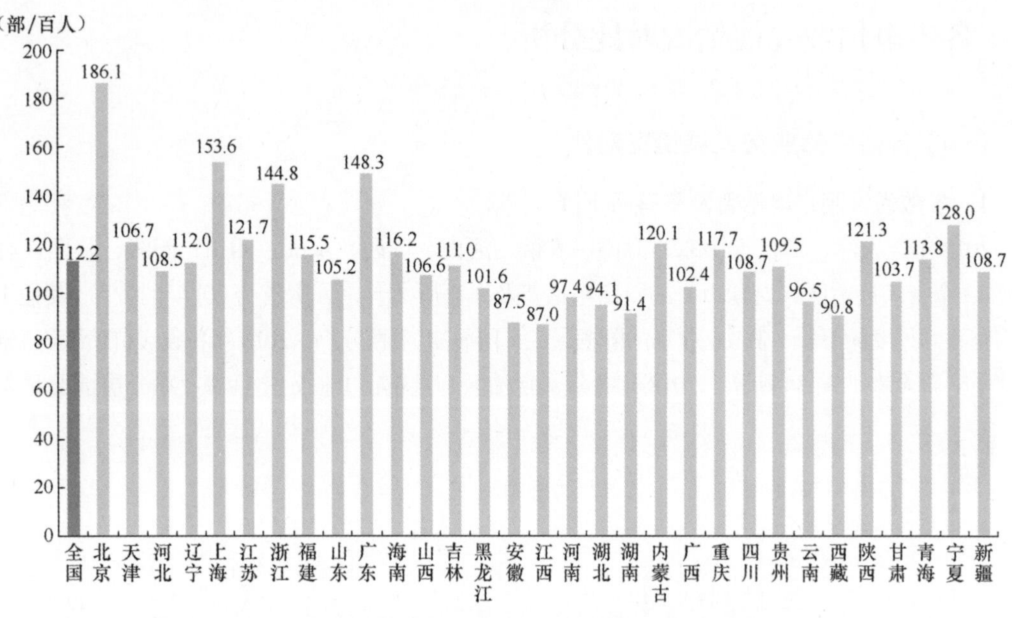

图35　2018年各省（自治区、直辖市）移动电话普及率

表3　2018年各省（自治区、直辖市）移动电话普及率分层情况

普及率水平	省（自治区、直辖市）
150～200部/百人	北京、上海
100～150部/百人	高于全国平均水平（112.2部/百人）：广东、浙江、宁夏、陕西、江苏、内蒙古、重庆、海南、福建、青海 低于全国平均水平（112.2部/百人）：辽宁、新疆、吉林、贵州、四川、河北、山西、天津、山东、甘肃、广西、黑龙江
<100部/百人	河南、云南、湖北、西藏、湖南、安徽、江西

3. 各省互联网宽带接入普及率均有所提升

2018 年，全国互联网宽带接入普及率平均水平为 29.2%，浙江最高为 46.3%，贵州最低为 20.3%，相差 26 个百分点，差距较大。东部省份互联网宽带接入普及率领跑全国，在位于全国平均水平之上的 10 个省份中占据 7 个，其中，浙江、江苏、福建 3 个省份互联网宽带接入普及率超过 40%，如图 36 所示。2018 年各省（自治区、直辖市）互联网宽带接入普及率分层情况见表 4。

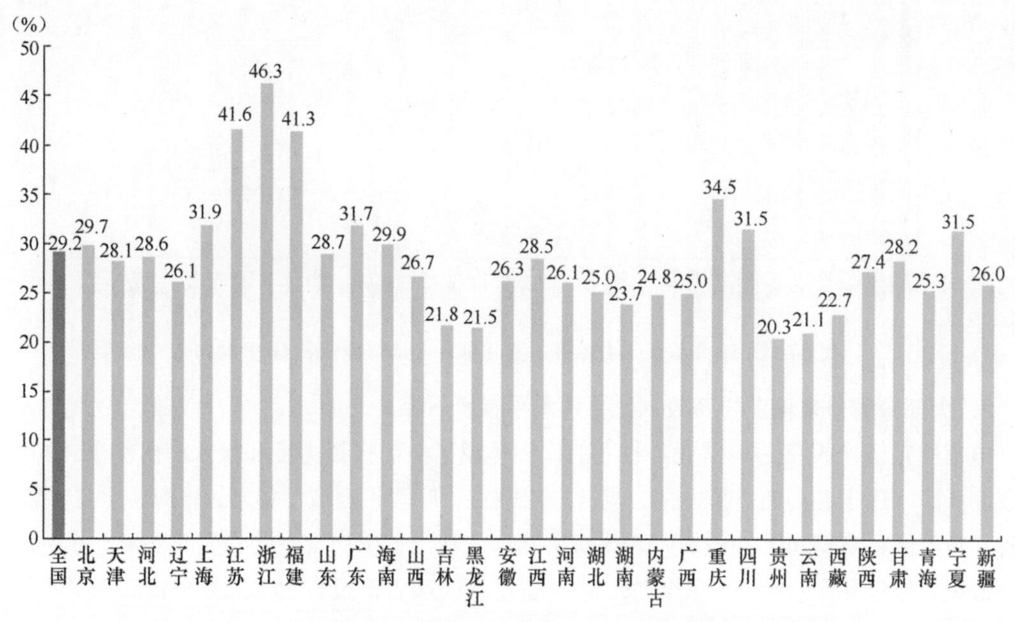

图 36　2018 年各省（自治区、直辖市）互联网宽带接入普及率

表 4　2018 年各省（自治区、直辖市）互联网宽带接入普及率分层情况

普及率水平	省（自治区、直辖市）
>40%	浙江、江苏、福建
30%～40%	重庆、广东、上海、宁夏、四川
20%～30%	高于全国平均水平（29.2%）：海南、北京 低于全国平均水平（29.2%）：山东、河北、江西、甘肃、天津、陕西、山西、安徽、新疆、河南、辽宁、青海、广西、湖北、内蒙古、湖南、西藏、吉林、黑龙江、云南、贵州

（二）各省电信业经济贡献和投资效益对比

1. 各省电信业对当地经济的直接贡献差异有所下降

2018 年，各省电信增加值占 GDP 的比重为 0.38% ～ 1.11%，最大值与最小值之间的差异较 2017 年下降了 0.66 个百分点。其中，北京、海南、贵州、云南、广东、上海、浙江、甘肃、青海、广西、四川 11 个省（自治区、直辖市）的贡献率高于全国 0.73% 的平均水平，如图 37 所示。

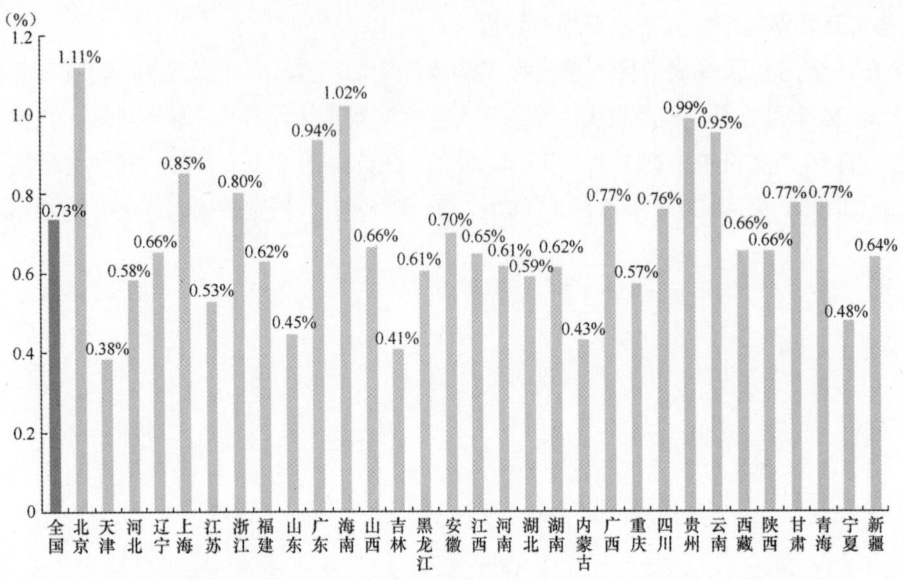

图 37　2018 年各省（自治区、直辖市）电信增加值占 GDP 的比重

2．大部分省份电信业投资收入比平均水平有所下降

电信固定资产投资占电信业务收入的比例体现了电信投资力度和投入产出水平。2018 年，北京、天津、辽宁、山西、黑龙江、湖北、内蒙古、广西、西藏、甘肃、青海、宁夏、新疆 13 个省（自治区、直辖市）的投资收入比有所回升，其他省份均有不同程度的下降，其中，重庆降幅最大，接近 4 个百分点。相比东、中部省份，西部省份投资收入比处于较高水平，比全国平均水平 25.2% 高出 4 个百分点，其中，西藏的投资收入比最高，为 65.1%。较 2017 年回升了 10.4 个百分点。2018 年各省（自治区、直辖市）投资收入比如图 38 所示。

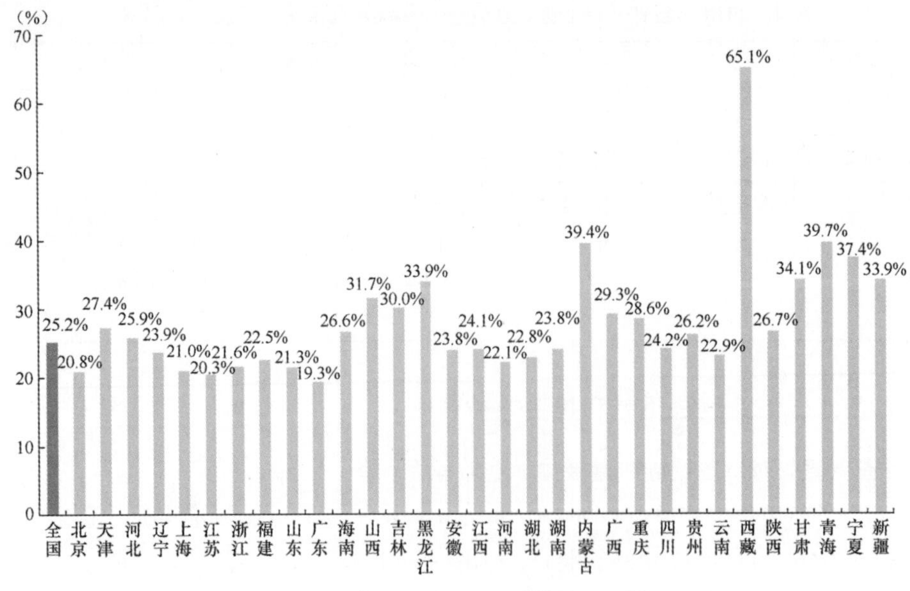

图 38　2018 年各省（自治区、直辖市）投资收入比

九、基础电信企业发展情况对比分析

（一）用户发展对比

1．移动电话和 4G 市场格局趋于平衡，中国移动的移动用户占比首次降至六成以下

随着中国电信和中国联通加大 4G 业务推广力度，其市场份额不断提升，2018 年中国联通、中国电信的市场份额分别达到 20.7% 和 19.6%，较 2017 年同期分别提升 0.7 个百分点和 2.0 个百分点。中国移动市场份额虽然仍呈现一家独大态势，但占比不断下降，2018 年中国移动的移动用户市场份额首次跌破 60%，达到 59.8%，较 2017 年下降 2.6 个百分点，如图 39 所示。

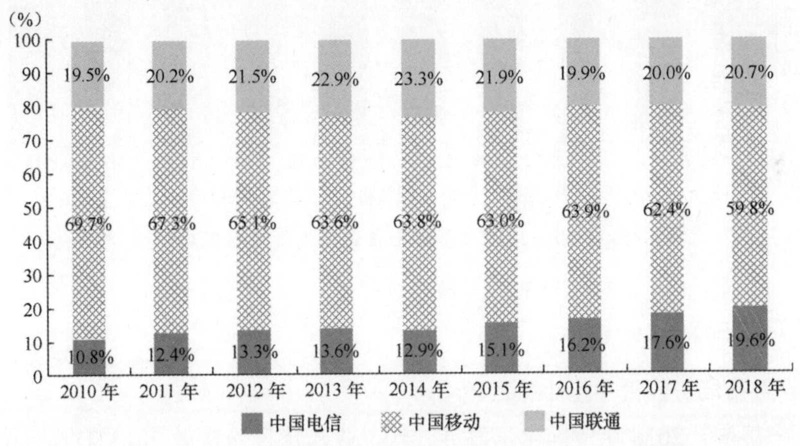

图 39　2010—2018 年基础电信企业移动电话用户市场份额

中国联通不断推出高性价比的流量套餐，中国电信依托融合业务发力 4G 业务，推动两家 4G 用户稳步增长。2018 年两家运营商 4G 用户市场份额分别达到 18.7%、20.6%，较 2017 年同期分别增加 1.3 个百分点和 2.6 个百分点。中国移动用户占比继续下降，市场份额降至 60.7%，较 2017 年同期下降 3.9 个百分点，如图 40 所示。但从总体情况看，4G 用户市场格局趋于平衡。

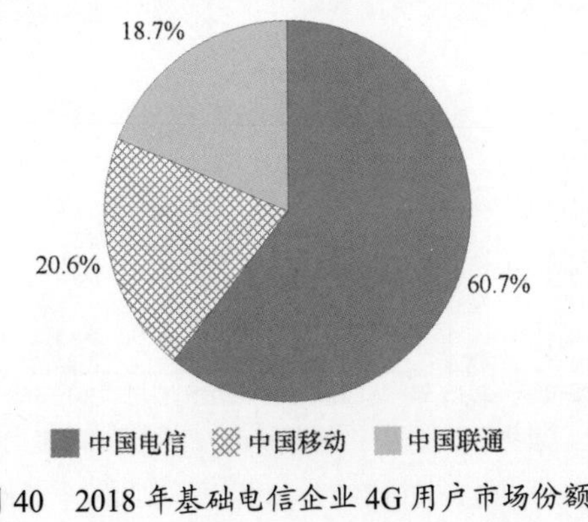

图 40　2018 年基础电信企业 4G 用户市场份额

2．有线宽带市场格局大幅调整，中国移动超越中国电信成为榜首

宽带用户市场上，中国移动利用价格优势，在家庭宽带市场的用户份额首次超越中国电信，实现了份额领先，中国联通市场份额继续下降。2018 年，中国移动凭借低价和融合套餐推广，快速拓展市场份额，达到 40.9%。中国电信、中国联通宽带用户市场份额持续下降，分别较 2017 年同期下降 3.4 个百分点和 2.7 个百分点，如图 41 所示。

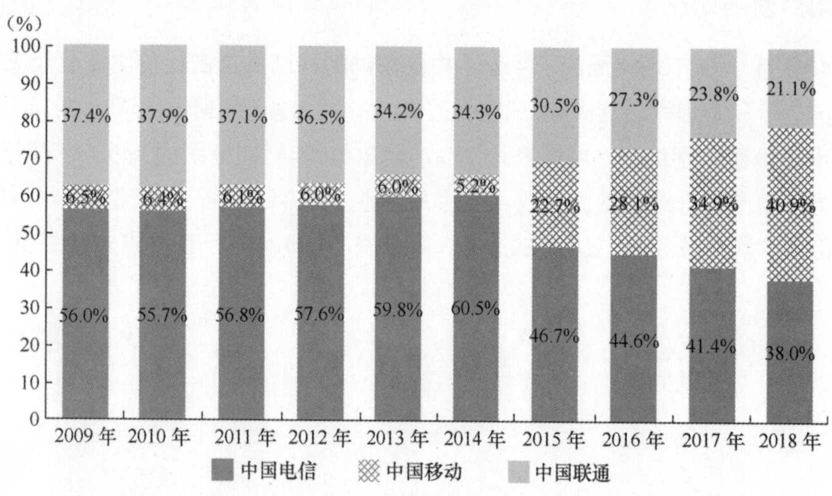

图 41　2009—2018 年基础电信企业宽带接入市场份额

（二）经营效益对比分析

1．业务收入市场份额集中度小幅回落

从市场集中度看，2018 年中国电信发展较快，收入市场份额较 2017 年增加 0.8 个百分点，达到 27.3%。中国联通收入市场份额自 2014 年以来首次提升，较 2017 年提升 0.7 个百分点。中国移动收入市场份额小幅下降，较 2017 年下降 1.5 个百分点，如图 42 所示。

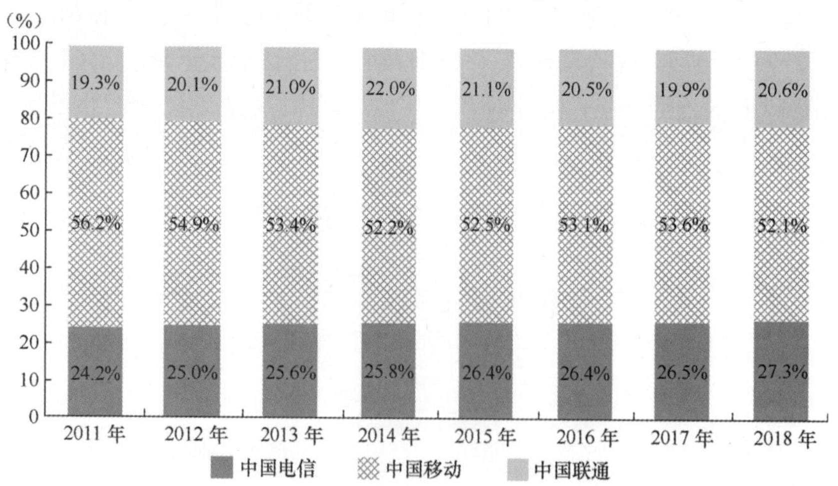

图 42　2011—2018 年基础电信企业收入市场份额

2. 利润市场集中度略有下降，中国联通市场份额小幅提升

中国联通积极创新商业模式，加大力度推动互联网化转型，移动业务快速发展，实现利润市场份额快速提升。2018 年，中国联通利润市场份额达到 6.8%，较 2017 年提升 5.5 个百分点。受益于移动业务和新业务的快速发展，中国电信利润市场份额小幅提升至 14.2%。中国移动受到提速降费等政策影响，利润市场份额略有下降，较 2017 年下降 6.0 个百分点，如图 43 所示。

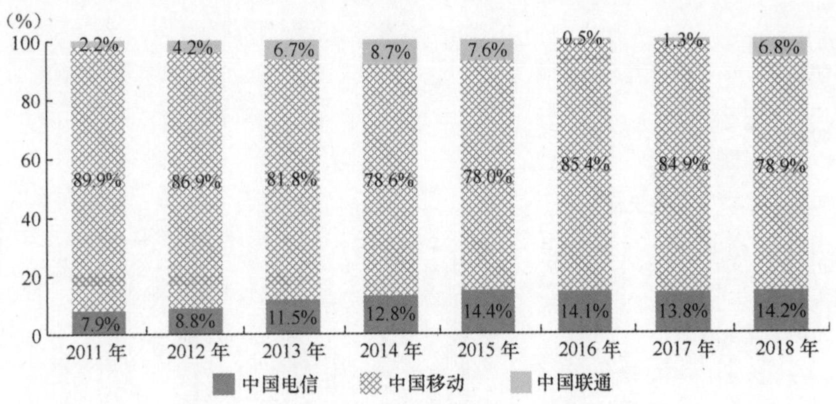

图 43　2011—2018 基础电信企业利润占比情况

3. 落实提速降费政策，用户 ARPU 值持续回落

在提速降费政策和运营商流量经营的推进下，移动电话用户 ARPU 方面，三家电信运营商均呈小幅下降趋势。2018 年，中国移动、中国联通、中国电信 ARPU 分别达到 53.1 元 /（月 · 户）、45.7 元 /（月 · 户）、50.5 元 /（月 · 户），较 2017 年年末下降 4.6 元 /（月 · 户）、2.3 元 /（月 · 户）、4.6 元 /（月 · 户），如图 44 所示。对比三家运营商，中国移动由于在 4G 方面的先发优势，实现移动业务 ARPU 最高，中国电信凭借融合业务 ARPU 略低于中国移动，中国联通则由于推出资费优惠的互联网套餐，移动业务 ARPU 值最低。

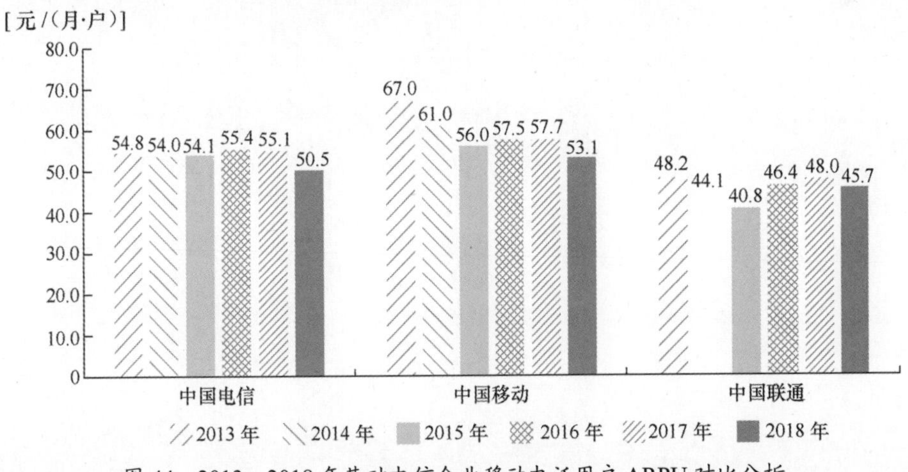

图 44　2013—2018 年基础电信企业移动电话用户 ARPU 对比分析

在提速降费的影响下，互联网宽带接入用户的 ARPU 值方面，中国电信小幅下降 5.5 元 /

月 · 户，达到 44.3 元 /（月 · 户）；中国联通 ARPU 降至 44.6 元 /（月 · 户），较 2017 年下降 1.7 元 /（月 · 户）；中国移动在“高起点、高品质、高价值”的发展理念下，2018 年家庭宽带综合 ARPU 提高 1.1 ～ 34.4 元 /（月 · 户），如图 45 所示。从三家运营商互联网接入用户 ARPU 值看，中国电信的用户价值最高，中国联通次之，中国移动由于受前期低价策略影响，价值最低，但呈现逐步提升态势。

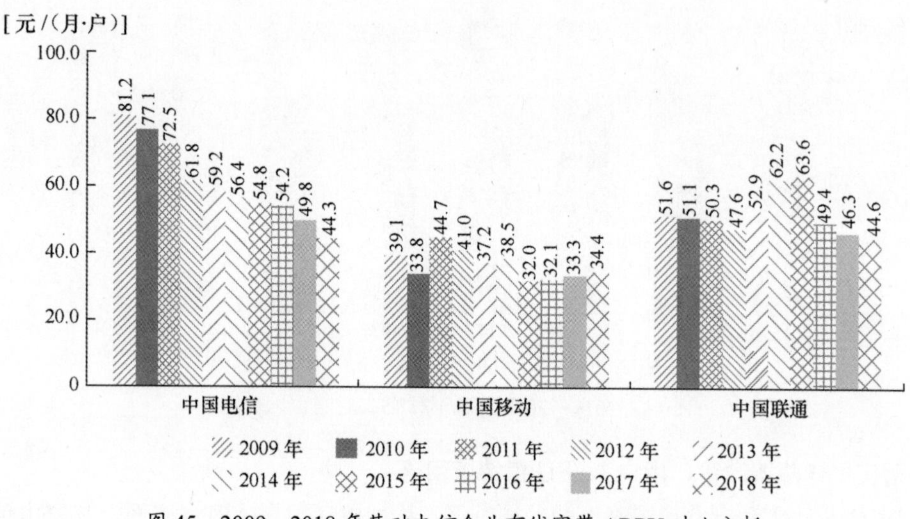

图 45　2009—2018 年基础电信企业有线宽带 ARPU 对比分析

中国互联网和相关服务业 2018 年发展综述

2018 年，中国互联网产业深入贯彻落实网络强国和制造强国发展战略，以高质量发展为目标，推进互联网与实体经济深度融合，在推动传统产业数字化转型等方面发挥了重要的作用。在物联网、大数据、云计算等信息技术和资本力量共同催化作用下，互联网行业业务不断创新拓展，共享经济、数字支付、跨界电商等新兴业态不断孕育发展壮大，激发居民消费需求加快升级，对经济社会发展的支撑作用不断增强。

一、互联网和相关服务业发展主要指标

2018 年，全国互联网和相关服务业[1]实现收入 9 797 亿元，同比增长 24.0%，对数字经济贡献显著。互联网和相关服务企业数量达到 33 337 个，互联网和相关服务业研发人员总数达 73.6 万人。发展的互联网接入宽带用户总数达 4 562 万。

二、互联网和相关服务业主要发展特点

（一）互联网和相关服务业发展保持平稳增长

2018 年，我国互联网和相关服务业继续保持良好的增长势头。全年完成业务收入 9 797 亿元，占全行业收入[2]比重约为 81.9%，比 2017 年（83.7%）降低 1.8 个百分点，在全行业新增的 2 519 亿元收入中，互联网和相关服务企业收入增长贡献 75.2%，比 2017 年（100.2%）下滑 25 个百分点，如图 1 所示。

（二）民营控股企业占据市场主体地位

2018 年互联网和相关服务业市场经营主体数量增加 1 867 家，企业总数为 33 337 家。民营控股企业数量为 29 785 家，占企业总数的 89.3%，比 2017 年（87.7%）提高 1.6 个百分点，始

1．不含基础电信企业的互联网和相关服务业务，下同。

2．按包含基础电信企业与互联网和相关服务企业收入在内的全口径计算。

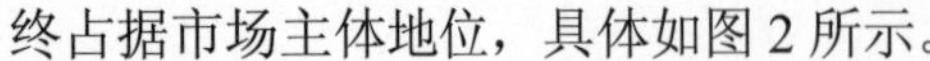
终占据市场主体地位，具体如图 2 所示。

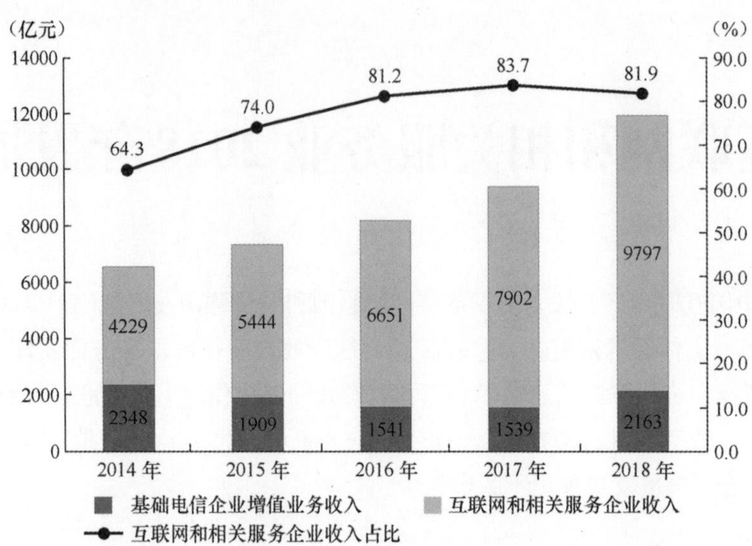

图 1　2014—2018 年互联网和相关服务企业与基础电信企业增值业务收入对比情况

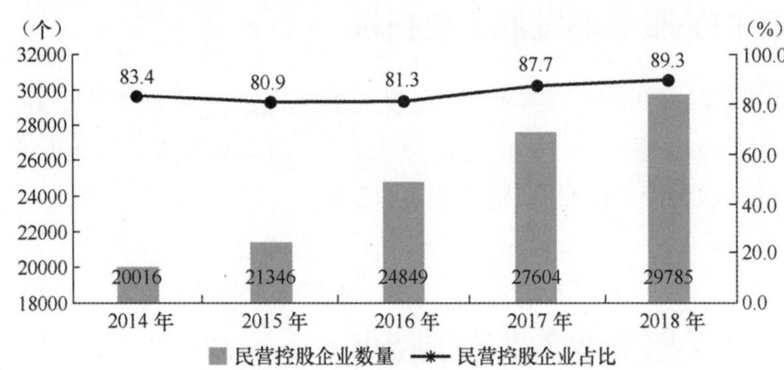

图 2　2014—2018 年民营控股互联网和相关服务企业数量对比情况

（三）信息服务业务收入占比超六成

2018 年，以网络游戏、新闻内容、阅读信息内容服务为主的信息服务业务收入达 6 091 亿元，占互联网和相关服务业总收入的 62.2%，是最主要的收入来源和增长动能，如图 3 所示。以各类生活服务、第三方支付、网络销售等为主的互联网平台业务收入达 1 392 亿元，占互联网和相关服务业比重达 14.2%。互联网接入及相关服务业务、互联网数据服务业务和互联网安全服务业务分别占总收入的 6.4%、6.4% 和 0.2%。

（四）宽带接入用户规模大幅扩大

2018 年，在宽带中国战略和深化宽带接入网业务开放试点等政策的推进下，民营资本持续进入宽带接入市场，用户数量稳步增长。全年互联网企业共发展宽带接入用户 4 562 万户，比

2017 年增长 7.0%。

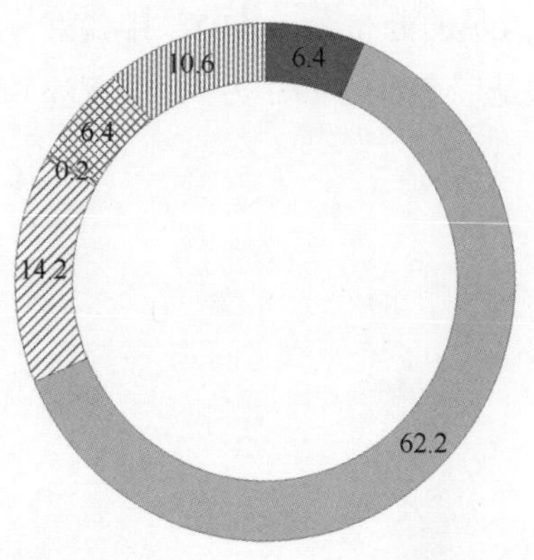

图 3　2018 年互联网和相关服务业收入结构

（五）东部地区[3]聚集近四分之三企业

2018 年全国互联网和相关服务业企业共 33 337 家，其中东部 10 省企业数量达到 24 496 家，占企业总数的 73.5%，占比较 2017 年基本持平。东部企业集中了行业 90.3% 的收入。中部 6 省企业数量为 3 495 家，占比为 10.5%。西部地区企业达到 3 734 家，占企业总数的 11.2%。东北部地区企业达到 1 612 家，占企业总数的 4.8%，如图 4 所示。

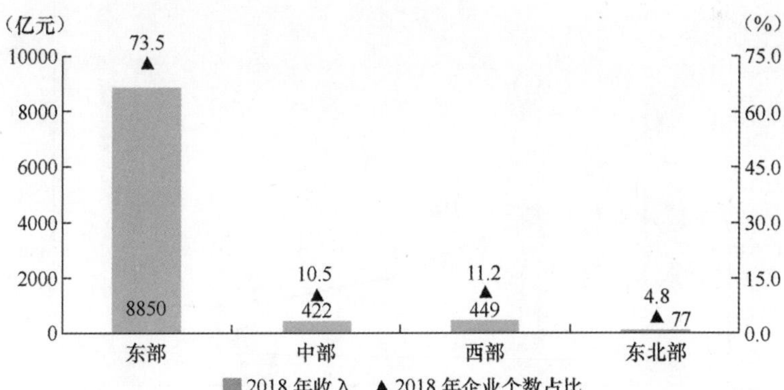

图 4　2018 年全国东中西东北部企业收入及个数对比情况

3. 东部省份：北京、天津、河北、上海、江苏、浙江、福建、山东、广东、海南；
中部省份：山西、安徽、江西、河南、湖北、湖南；
西部省份：内蒙古、广西、重庆、四川、贵州、云南、西藏、陕西、甘肃、青海、宁夏、新疆；
东北省份：辽宁、吉林、黑龙江。

（六）近一半行业人才汇集北京、广东

从互联网和相关服务业研发人员的分布看，其中，排名第一的北京市互联网和相关服务业研发人员达 17.5 万，排名第二的是广东省的 17.1 万人，两省 / 市研发人员占全国的 47.0%，如图 5 所示。

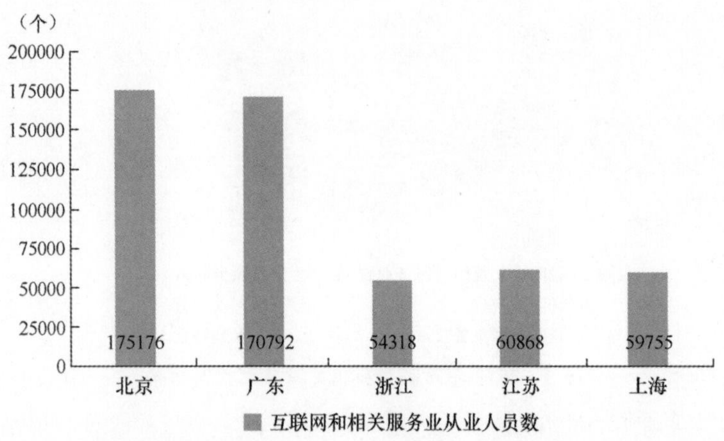

图 5　2018 年全国排名前五地区的互联网和相关服务业从业人员数情况

（七）行业内企业个数和收入集中北上广江浙

互联网和相关服务业区域聚集特点显著，北京、广东、浙江、江苏、上海等经济发达地区是主要聚集地，有 63.1% 企业集中在五个地区，贡献了全行业 82.3% 的业务收入，如图 6 所示。

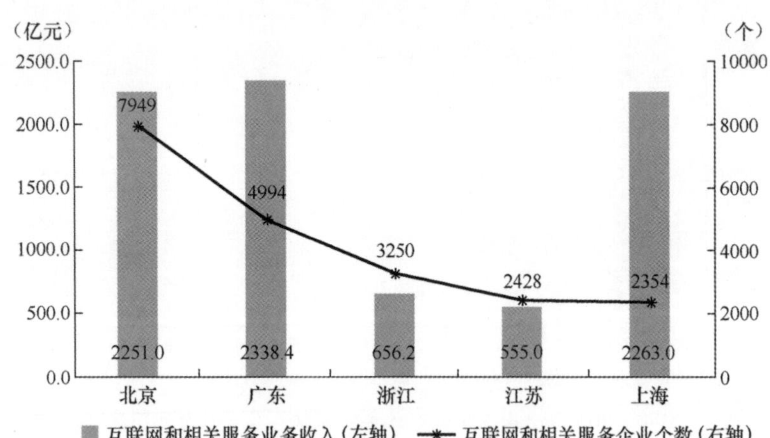

图 6　2018 年全国排名前五地区的互联网和相关服务业务收入和企业个数情况

（八）应用场景愈加丰富多元

2018 年，中国消费呈现线上与线下消费多渠道全面融合，消费行为高度数字化，新技术、

新产业、新业态、新模式不断涌现。在数字经济的引领下，我国互联网企业迅速发展壮大，电子商务、共享经济、移动支付等新业态引领世界潮流。互联网企业深化消费互联网发展，已对衣、食、住、行等各方面进行了全场景覆盖，业务涵盖互联网公共服务、网络媒体、音乐与视频、社交网络、科技创新与知识产权等多个领域，全方位提升人民群众的生活、工作、文化、娱乐、教育等方面的生活质量。

同时，随着中西部城市整体经济的不断发展，四川、湖北、重庆、湖南、安徽等中西部省份行业发展势头良好，在消费互联网及产业互联网等方面崛起了一批优秀企业。中西部地区有 12 家企业入围 2018 年中国互联网百强企业，东北地区互联网百强企业数量保持 2 家。各区域产业结构不断优化，推进中西部形成新格局，更加有效的区域协调发展新机制加速形成。

（九）营销模式不断创新

目前，我国已成为全球电子商务渗透率最高的市场。以中小城市及农村地区为代表的下沉市场拓展了网络消费增长空间，电商平台加速渠道下沉。下沉市场网络消费交易额增速正逐步赶超一二线大城市，用户规模也有很大的增长空间。在营销模式上，直播带货、工厂电商、社区零售等新模式蓬勃发展，成为网络消费增长的新亮点。电商与直播、短视频平台开展深度融合，如淘宝上线独立直播平台、拼多多联合快手进行直播推广。此外，电商平台着力推动工厂电商模式，如网易考拉开设线下全球工厂等。产业链不断整合、深化，挖掘消费潜能，带动制造业高质量发展。最后，产业生态日益完善。社交电商、社区团购等创新模式，支撑我国电子商务保持中高速增长。

中国互联网2018年发展综述

一、我国互联网发展概况

2018年，我国网民数量保持稳定增长态势。根据中国互联网络信息中心（CNNIC）发布的《第43次中国互联网络发展状况统计报告》显示，截至2018年年末，我国网民规模达到8.29亿人，全年新增网民5 653万人，增长率为7.3%，较2017年提高1.7个百分点。我国互联网普及率达到59.6%，较2017年年底提高3.8个百分点。手机网民规模增长较传统互联网网民规模增幅更快，是拉动网民总数攀升的主要动力。2018年年末，手机网民规模达8.17亿人，2018年全年新增手机网民6 433万人，手机网民在全部网民中的占比从2017年年末的97.5%提升至98.6%，具体如图1所示。

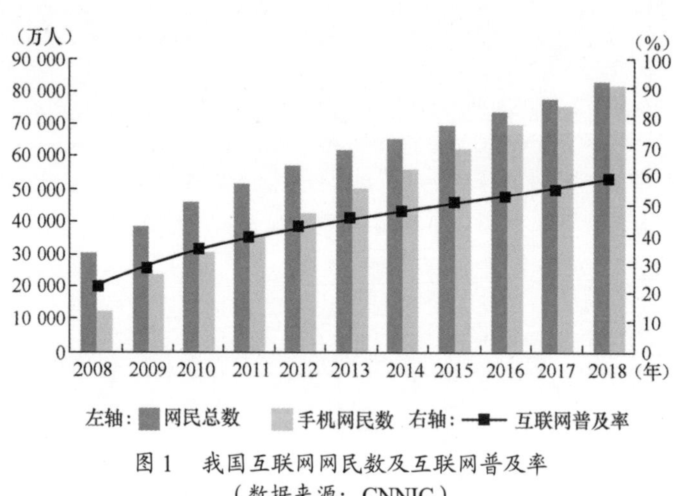

图1　我国互联网网民数及互联网普及率
（数据来源：CNNIC）

在互联网基础资源方面，2018年年末，我国IPv4地址数量已达到3.39亿个，较2017年增加22.0万个；拥有IPv6地址41 079块/32，比2017年增长75.3%。IPv6的发展解决IPv4时代地址资源枯竭问题，在支撑物联网、云计算等新兴互联网应用方面能够起到积极作用。2018年，我国加大互联网领域的安全治理力度，网站数量小幅回落，达到523万个。域名总数达到

3 792.8 万个，较 2017 年减少 1.4%。其中，“.COM”域名数量为 1 278.3 万个，占我国域名总数的比重由 2017 年的 29.4% 上升至 33.7%；“.CN”域名为 2 124.3 万个，占比由 2017 年的 54.2% 提高至 56.0%；“. 中国”域名总数达到 172.4 万个。网页数量规模达到 2 816 亿个，比 2017 年增长 8.2%。互联网上的内容更加丰富，每个网站的平均网页数达到 5.38 万个，较 2017 年增长 10.2%。

在互联网基础设施建设方面，2018 年，全国光缆线路长度净增 537 万公里，达到 4 317 万公里。基础电信企业互联网宽带接入端口净增 9 153 万个，达到 8.7 亿个。我国国际出口带宽达到 8 946 570Mbit/s，增长 22.2%。基础电信运营商围绕“宽带中国”战略，推进“光进铜退”“提速降费”“宽带应用水平大幅提升”“移动互联网广泛渗透”等公共政策，大幅提升信息基础设施水平。互联网宽带接入端口“光进铜退”趋势更加明显，光纤接入（FTTH/O）端口比 2017 年净增 11 641 万个，达到 7.7 亿个，占互联网接入端口的比重由 2017 年的 82.7% 提升至 88.9%。2018 年，基础电信企业新增移动通信基站 48.5 万个，增速为 7.8%, 总数达 667.2 万个。移动网络服务质量和覆盖范围继续提升。

我国网络和信息安全形势总体平稳。国家互联网应急中心（CNCERT）发布的《2018 年我国互联网网络安全态势综述》显示，我国网络安全防护和网络安全事件应急响应水平得到提升，网络安全国际合作进一步加强。2018 年 , 我国境内感染计算机恶意程序的主机数量约 655 万台，同比下降 47.8%，位于境外的约 4.9 万个计算机恶意程序控制服务器控制了我国境内约 526 万台主机。2018 年，CNCERT 组织基础电信企业、域名服务机构等成功关闭 772 个控制规模较大的僵尸网络。根据第三方的统计报告，位于我国境内的僵尸网络控制端数量保持逐年稳步下降趋势。

近五年来，国家信息安全漏洞共享平台（CNVD）所收录的安全漏洞数量持续走高，但 2018 年有所降低。自 2014 年以来，CNVD 收录安全漏洞数量年平均增长率为 15.0%，与 2017 年相比，2018 年收录安全漏洞数量减少 11.0%，达 14 201 个。2018 年，CNVD 持续推进移动互联网、电信行业、工业控制系统和电子政务 4 类子漏洞库的建设工作，分别新增收录安全漏洞数量 1 150 个（占全年收录数量的 8.1%）、720 个（占 5.1%）、461 个（占 3.2%）和 171 个（占 1.2%）。2018 年全年通报涉及政府机构、重要信息系统等关键信息基础设施安全漏洞事件约 2.1 万起，同比下降 23.6%。

据 CNCERT 抽样监测，2018 年境内发起 DDoS 攻击的活跃控制端数量同比下降 46%、被控制端数量同比下降 37%；境内反射服务器、跨域伪造流量来源路由器、本地伪造流量来源路由器等可利用的攻击资源消亡速度加快、新增率降低。CNCERT 抽样监测发现我国境内峰值超过 10Gbit/s 的大流量分布式拒绝服务攻击（DDos 攻击）事件数量平均每月超过 4 000 起，超过 60% 的攻击事件为僵尸网络控制发起。僵尸网络主要偏好发动 TCP SYN FLOOD 和 UDP FLOOD 攻击，在线攻击平台主要偏好发送 UDP Amplification FLOOD 攻击。

网络仿冒事件数量大幅下降。2018 年，CNCERT 监测发现约 5.3 万个针对我国境内网站的仿冒页面，页面数量较 2017 年增长了 7.2%。其中，仿冒政务类网站数量明显上升，占比高达 25.2%。为有效防范网页仿冒引发的危害，CNCERT 重点针对金融行业、电信行业网上营业厅的仿冒页面进行处置，全年共协调处置仿冒页面 3.5 万余个。从承载仿冒页面 IP 地址归属情况来看，绝大多数位于境外。

二、我国互联网发展主要特点

（一）5G 试商用开启产业互联网新阶段

2018 年，5G 发展进入新发展阶段。一是基础电信企业获得 5G 中低段频率试用许可。2018 年 12 月 10 日，工业和信息化部向中国电信、中国移动、中国联通发放了 5G 系统中低频段试验频率使用许可。其中，中国电信和中国联通获得 3 500MHz 频段试验频率使用许可，中国移动获得 2 600MHz 和 4 900MHz 频段试验频率使用许可。5G 系统试验频率使用许可的发放，有力地保障了各基础电信运营企业开展 5G 系统试验所必须使用的频率资源，进一步推动我国 5G 产业链的发展与成熟。二是首个 5G NR 标准冻结。2018 年 6 月 14 日，3GPP 全会（TSG#80）批准了第五代移动通信技术标准 5G NR 独立组网功能冻结。加之 2017 年 12 月完成的非独立组网 NR 标准，5G 已经完成第一阶段全功能标准化工作，进入了产业全面冲刺新阶段。

（二）人工智能技术深度融合应用

2018 年 4 月，教育部出台《高等学校人工智能创新行动计划》，要求优化高校人工智能领域科技创新体系，完善人工智能领域人才培养体系，推动高校人工智能领域科技成果转化与示范应用。10 月 31 日，习近平总书记在主持中共中央政治局第九次集体学习时强调，人工智能是新一轮科技革命和产业变革的重要驱动力量，加快发展新一代人工智能是事关我国能否抓住新一轮科技革命和产业变革机遇的战略问题。人工智能具有多学科综合、高度复杂的特征，有溢出带动性很强的“头雁”效应。在移动互联网、大数据、超级计算、传感网、脑科学等新理论新技术的驱动下，人工智能呈现出跨界融合、人机协同等新特征。我国人工智能与各行各业结合加速落地。中国信息通信研究院发布的《人工智能发展白皮书——产业应用篇（2018）》显示，目前，人工智能相对成熟的产品主要集中在安防监控设备等局部细分领域，人机混合智能将成为人工智能典型应用模式。

（三）持续推进 IPv6 规模部署

2017 年 11 月，中共中央办公厅、国务院办公厅印发了《推进互联网协议第六版 (IPv6) 规模部署行动计划》，明确提出了未来五到十年我国基于 IPv6 的下一代互联网发展的总体目标、路线图、时间表和重点任务。2018 年 5 月 2 日，工业和信息化部关于贯彻落实《推进互联网协议第六版（IPv6）规模部署行动计划》涉及六大面二十一项举措，针对各省（自治区、直辖市)、各级通信管理局、四大运营商及以 BAT 为代表的云企业、CDN 企业等提出了详尽的工作计划和改造要求。2018 年年底，三大运营商已建成了大规模的 IPv6 商用网络，运营商的核心网络已经能做到全部支持 IPv6，并且在向 IPv6 演进的过程中，实现上亿级用户的过渡运营体系。2018 年以来，我国持续推动 IPv6 大规模部署，构建高速率、广普及、全覆盖、智能化的下一代互联网，进一步规范 IPv6 地址分配与追溯机制，有效提升 IPv6 安全保障能力，推动 IPv6 的全面应用。

（四）区块链深度赋能实体经济

2018 年 3 月，工业和信息化部发布的《2018 年信息化和软件服务业标准化工作要点》，提出要推动组建全国信息化和工业化融合管理标准化技术委员会、全国区块链和分布式记账技术标准化委员会。6 月，工业和信息化部印发《工业互联网发展行动计划（2018—2020 年)》，鼓励推进边缘计算、深度学习、区块链等新兴前沿技术在工业互联网的应用和研究。中国区块链产业进入高速发展阶段，区块链的应用已从金融领域延伸到实体领域，包括电子信息存证、版权管理和交易、产品溯源、数字资产交易、物联网、智能制造、供应链管理等领域。区块链技术开始与实体经济产业深度融合，形成一批“产业区块链”项目，迎来产业区块链“百花齐放”的大时代。

（五）中国数字经济推动经济高质量发展

2018 年 4 月 22 日，习近平同志在致首届数字中国建设峰会的贺信中强调：“加快数字中国建设，就是要适应我国发展新的历史方位，全面贯彻新发展理念，以信息化培育新动能，用新动能推动新发展，以新发展创造新辉煌”。软件和信息技术服务业、互联网行业发展较快。电子政务建设取得突破，全国一体化在线政务服务平台加快推进。信息惠民不断完善，基本公共服务信息化水平明显提升。各地区不断强化数字中国建设相关政策协同，31 个省（自治区、直辖市）全部制订出台本地区信息化或智慧城市建设规划。

（六）我国网络安全政策措施持续加码

随着中国逐渐步入大数据时代，网络安全问题开始成为威胁国家安全和社会稳定发展的隐患，信息泄露、黑客袭击、病毒传播等互联网信息安全问题层出不穷。习近平同志在参加全国网络安全和信息化工作会议时指出，我们必须敏锐抓住信息化发展的历史机遇，加强网上正面宣传，维护网络安全，主动参与网络空间国际治理进程，自主创新推进网络强国建设。2018 年，我国针对网络安全出台了各项政策法规，成就显著。2018 年 3 月，公安部发布《网络安全等级保护测评机构管理办法》，进一步加强网络安全等级保护测评机构管理，规范测评行为，提升测评能力和质量，保障国家网络安全等级保护制度深入贯彻实施。2018 年 4 月，国务院办公厅公布《科学数据管理办法》，进一步加强和规范科学数据管理，保障科学数据安全。2018 年 6 月 1 日《网络安全法》正式实施。法制建设扎实推进，网络安全保障能力不断增强，信息化发展环境进一步改善。2018 年 9 月，全国人大常委会发布《十三届全国人大常委会立法规划》，个人信息保护、数据安全、电子商务、密码等被列入立法规划。

三、我国互联网发展趋势分析

（一）垂直行业将是 5G 发展的蓝海

4G 改变生活，5G 改变社会。我国率先启动 5G 技术研发试验，组织华为、中兴、诺基亚、爱立信、高通等国内外企业构建了全球最完整的室内外一体化公共测试环境，分阶段有序推进相关测试工作，加快 5G 关键技术研究和系统、芯片研发进程。而随着未来 5G 的 SA 建网模式逐渐开展，5G 网络将具备切片功能，并逐步实现低时延和广连接的特性，5G 将与工业设施、医疗仪器、交通工具等进行深度融合，全面实现万物互联，将大幅拓展制造业转型的空间、网络融合的空间、科技创新的空间。

（二）工业互联网建设不断深入

制造业与互联网进一步融合发展，依托 5G 和 NB-IoT 等技术的新型工业互联网为传统制造业的集成创新提供有力支撑。在工业互联网平台建设层面，推动工业设备上云计划与工业 App 培育工程，促进创新技术服务、检测分析服务、工业大数据服务、标准管理服务的发展，并催生一批独立经营的企业级平台。同时，企业工业互联网应用的普及将促进企业资源库与需求池的高效配置，形成智能化生产、网络化协同、个性化定制和服务化延伸等创新应用场景。在产业生态方面，除制造企业外，互联网企业、研究院所、高校对工业互联网的共同参与将进一步提升工业互联网关键共性技术研究的研发效率，并推进边缘计算、深度学习、增强现实、区块链等新兴前沿技术在工业互联网的应用研究，实现制造业的创新发展。

（三）大数据 + 人工智能将开启“智慧生活”

我国大数据、人工智能产业已具备一定基础，技术创新不断进步，应用示范逐步拓展，对行业升级转型的带动力度不断加大，对经济社会的创新驱动、融合带动作用显著增强。目前，国内大数据与人工智能的产业融合主要体现在垂直领域应用方面，“科技金融”已经成为金融行业的趋势和特征，人工智能和大数据在预测、反欺诈、征信和风控、安全监控和预警、投资决策方面有着广泛的应用。在医疗行业，基于大数据和深度学习的“智慧 + 医疗”产业呈现良好的发展前景，通过将大量的个案数据进行神经网络模型训练，模型能够准确对特定疾病作出诊断。大数据、人工智能与汽车产业的深度融合发展受到了国家的高度重视，汽车产业的智能化、互联网化已经成为全球发展趋势。此外，智慧教育加速推进教学创新，智慧交通提升城市管理水平，各类“智慧 +”应用不断推进。

四、国际互联网发展情况

据国际电信联盟（ITU）发布的数据显示，2018 年全球网民数量达 38.96 亿人，互联网普及率达到 51.2%。在全球各地区中，亚太地区的网民数量最多，达到 19.55 亿人，占全球网民总数的 50.2%；美洲地区的网民数量居第二位，达到 7.47 亿人，占全球网民的 19.2%；欧洲名列第三，网民数量达 5.51 亿人，占全球网民的 14.1%。

在网民规模增长速度方面，非洲、阿拉伯国家和亚太地区的网民数量增速较快，这几个地区 2018 年的网民数量增长率分别为 8.9%、8.3% 和 6.7%。欧洲增长速度仅为 3.9%，但其互联网普及率属全球最高，达到 79.6%，具体见表 1。

表 1　全球各地区互联网网民数　（单位：百万人）

	2014年	2017年	2018年	2018年增长率（%）	五年复合增长率（%）
全球	2 830.2	3 674.6	3 895.8	6.0	6.6
非洲	165.5	245.9	267.7	8.9	10.1
阿拉伯国家	137.9	191.9	207.8	8.3	8.6
亚太地区	1 332.2	1 832.1	1 955.1	6.7	8.0
独联体国家	140.0	157.8	167.9	6.4	3.7
欧洲	487.3	529.8	550.5	3.9	2.5
美洲	567.4	717.1	746.8	4.1	5.6

数据来源：ITU

在互联网普及程度方面，虽然亚太地区网民总量最多，但与发达国家相比，该地区的互联网普及率仍处于较低水平，仅为 47.0%，低于全球平均水平 4.2 个百分点，仅高于非洲。同时，亚太地区的互联网普及率增长速度较快，在 2019 年增长了 2.7 个百分点，仅低于阿拉伯国家，高于全球总体的增长幅度。互联网普及率增加速度最快的地区是阿拉伯国家，独联体增速与亚太地区并列第二，具体如图 2 所示。

2018 年全球互联网用户增速放缓。尽管人数增长陷入疲软，但互联网使用时长依然在稳定增加，美国数字媒体消费时长在 2018 年达到平均每个成年人 6.3 小时，同比增长 7%。全球智能手机出货量继 2017 年出现同比零增长后，在 2018 年出现首次同比下滑，同比降幅达 4%，而 2016 年增长 3%，2015 年增长 10%，2014 年为 28%，增速持续放缓。移动端用户占比最高的几大应用分别是 Facebook、YouTube、WhatsApp、微信、Instagram、Facebook Messenger、Twitter、Snapchat、Pinterest、Twitch。由此可以看出，用户在移动端的时间三大主要行为是：社交、视频以及图片分享。2018 年，全球网络广告支出超过 1 000 亿美元，同比增长 22%，2017 年增长 21%。其中，移动广告支出大幅增长，PC 广告支出较 2017 年持平。2018 年全球互联网市值最高的公司营收同比增速为 11%，低于 2017 年 13% 的水平。从过往的趋势来看，互联网巨头营收增速从 2016 年第一季度开始加速，直到 2018 年第一季度达到最高的近 30%，随后进入增速持续放缓阶段。2018 年云计算普及率大幅提高。以欧洲和美国为例，截至 2019 年第一季度，PaaS 平台和 LaaS 平台的覆盖率分别为 37% 和 49%，而这一数字在 2018 年第一季度是 27%、39%。2018 年中国短视频崛起，从 2017 年 4 月，到 2019 年 4 月，中国短视频 App 日均使用时长从不到 1 亿小时，增长到了 6 亿小时。2018 年，中国移动互联网用户已达到 8.2 亿，移动互联网数据流量同比增长 189%。相比之下，印度为 12%，美国为 8%。其中，短视频对中国互联网流量和使用时长的增长功不可没。

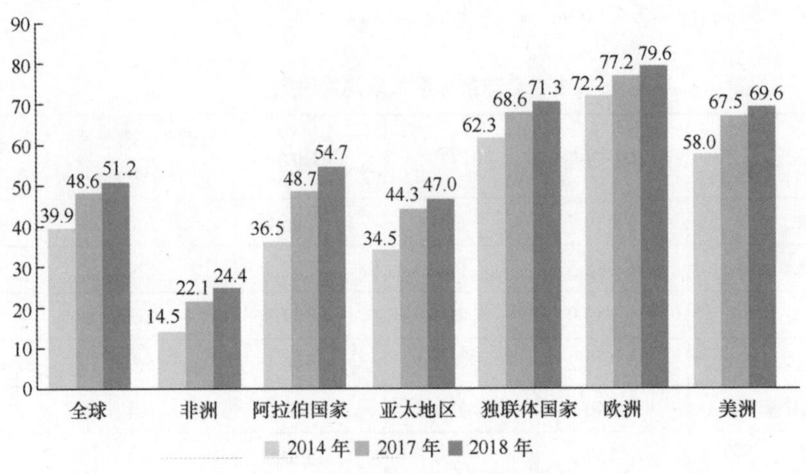

图 2 全球各地区互联网普及率
（数据来源：ITU）

2018 年，全球 5G 移动通信时代脚步越来越近，各国政府纷将 5G 建设及应用发展视为国家重要目标。2018 年 10 月 1 日，Verizon 宣称在美国 4 个城市推出了 5G Home 服务；AT&T 在 2018 年 12 月 21 日宣布，在美国十几个城市中正式推出符合 3GPP 标准的“5G+”服务。早期的 5G 服务已在美国启动并运行，但仍受制于“5G 商用手机尚未商用上市”。目前，主要用途还是通过一款类似于 Wi-Fi 路由器的设备来实现，只不过有了移动属性。2018 年 12 月 1 日，韩国三大移动通信运营商 SK telecom、KT、LGU+ 共同宣布韩国 5G 网络正式商用，韩国成为全球第一个使用 5G 的国家。2019 年 3 月，韩国三大移动通信商拟正式推出面向个人用户群体的 5G 服务后，韩国 5G 面向企业和个人用户提供服务。欧盟一直以来是通信标准的主要推动方，2016 年 9 月，欧盟委员会正式公布了 5G 行动计划，意味着欧盟的 5G 网络进入试验和部署规划阶段，同时也被视为对早先美国公布 5G 计划的一个回应。根据德国发布的 5G 战略，2020 年德国 5G 将全面商用。2018 年，欧盟委员会、欧盟议会和欧盟理事会就欧洲电子通信规范（EECC）达成规范，将采取措施加强 5G 和其他下一代网络技术的推出。日本 2020 年东京奥运会以及残奥会成了日本发展5G的重要助力。为配合2020年东京奥运会和残奥会的举办，日本各运营商将在东京都中心等部分地区启动5G的商业利用，随后逐渐扩大区域。2018年12月5日，日本软银（Soft Bank）株式会社公开了28GHz频段的5G通信实测实验情况，日本总务省为5G准备了3.7GHz、4.5GHz、28GHz三个频段，其中28GHz将是频宽最大的频段。此外，日本三大移动运营商NTT DoCoMo、KDDI和软银计划将于2020年在一部分地区启动5G服务，预计在2023年左右将5G的商业利用范围扩大至日本全国，而总投资额或达5万亿日元之多。

2018年，人工智能从基础研究、技术到产业，都进入了高速增长期。根据中国电子学会的统计：2018年全年，全球人工智能核心产业市场规模超过555.7亿美元，相较于2017年同比增长50.2%。全球人工智能的发展呈现三足鼎立之势，主要集中在美国、欧洲、中国。美国硅谷是当今人工智能基础层和技术层产业发展的重点区域，聚集了人工智能企业2905家。中国人工智能行业的企业总数达到670家，占全球的11.2%，在论文总量和高被引论文数量上都排在世界第一，同时已成为全球人工智能专利布局最多的国家。欧洲人工智能企业总数为657家，占全球的10.88%。值得关注的是，印度成为人工智能领域的后起之秀。目前，已有500多家印度公司部署人工智能，在医疗保健、农业、教育、智慧城市和城市交通5个应用领域发力。

当前，网络信息技术加速引领新一轮科技革命，在人人互联加速向万物互联迈进的时代趋势下，网络空间传统IPv4地址资源紧缺等问题日益凸显，以IPv6为代表的的下一代互联网技术应运而生，加快部署高速率、广覆盖、智能化的下一代互联网成为当务之急。美国颁布《政府IPv6应用指南/规划路线图》，欧盟发布文件要求运营商和大型网络部署IPv6，用政府采购促进和带动IPv6发展和布局；德国、加拿大、日本、韩国、印度、澳大利亚、新加坡等都相继发布了国家层面的IPv6引导政策，当前，比利时、美国、德国等国家在IPv6的用户数、内容源、流量等方面均居于世界前列。截至2019年5月，我国已申请IPv6地址资源总量达到47282块/32，IPv6的活跃用户数达到1.3亿，大概占我国互联网用户的15%，与全球平均水平相近。随着物联网、车联网、工业互联网快速发展，我国未来对于IPv6地址的需求量依然较大。未来，以IPv6为起点不断融合网络新技术、提升互联网承载能力和服务水平、培育新应用新业态，已成为全球下一代互联网发展的核心方向，也是支撑我国互联网升级演进的关键。

附：我国互联网相关组织介绍

（一）国家互联网应急中心

国家互联网应急中心（全称为国家计算机网络应急技术处理协调中心，英文简称为CNCERT或CNCERT/CC）成立于1999年9月，是工业和信息化部领导下的国家级网络安全应急机构，致力于建设国家级的网络安全监测中心、预警中心和应急中心，以支撑政府主管部门履行网络安全相关的社会管理和公共服务职能，支持基础信息网络的安全防护和安全运行，支援重要信息系统的网络安全监测、预警和处置。

2003年，CNCERT在全国31个省成立分中心，完成了跨网络、跨系统、跨地域的公共互联网网络安全应急技术支撑体系建设，形成了全国性的互联网网络安全信息共享、技术协同能力。目前，CNCERT作为国家公共互联网网络安全应急体系的核心技术协调机构，在协调国内网络安全应急组织（CERT）共同处理公共互联网网络安全事件方面发挥着重要作用。

CNCERT的业务能力主要包括：依托“863-917网络安全监测系统”实现网络安全事件的监测发现，“863-917网络安全监测系统”已具备对安全漏洞、恶意代码、网页篡改、网页挂马、拒绝服务攻击、域名劫持、路由劫持等各种网络威胁或攻击；依托对丰富数据资源的综合分析和多渠道的信息获取实现网络安全威胁的分析预警、网络安全事件的情况通报、宏观网络安全状况的态势分析等，并承担通信行业互联网网络安全信息通报工作；依托与运营商、域名注册商、安全服务厂商等相关部门的快速工作机制和涉及国计民生的重要信息系统部门及执法机关密切合作机制实现网络安全事件的快速处置。同时，CNCERT作为国际著名网络安全合作组织FIRST和APCERT的重要成员，与多个世界著名的网络安全机构和各个国家级应急组织建立了网络安全事件处理合作机制，面向国内外用户手里网络安全事件报告，掌握和处置突发重大网络安全事件。

（二）中国互联网协会

中国互联网协会于2001年5月25日成立，由从事互联网行业的网络运营商、服务提供商、设备制造商、系统集成商以及科研、教育机构等70多家互联网从业机构共同发起成立。协会现有会员单位400余家，下设12个工作委员会。

中国互联网协会的宗旨是遵守国家宪法、法律和法规，遵守社会道德风尚；坚持以创新的思维、协作的文化、开放的平台、有效的服务的指导思想，为会员的需要服务、为行业发展服务、为政府决策服务。自成立以来，中国互联网协会通过开展行业自律、举办年度中国互联网大会、开展反垃圾邮件和抵制恶意软件工作、开展互联网公益活动和“信息无障碍”活动等各项工作，为建设人人受益的互联网做出了不懈努力。

中国互联网协会的基本任务包括：1. 团结互联网行业相关企业、事业单位和社会团体，向政府主管部门反映会员和业界的愿望及合理要求，向会员宣传国家相关政策、法律、法规。2. 制订并实施互联网行业规范和自律公约，协调会员之间的关系，促进会员之间的沟通与协作，充分发挥行业自律作用，维护国家信息安全，维护行业整体利益和用户利益，促进行业服务质量的提高。3. 开展我国互联网行业发展状况的调查与研究工作，促进互联网的发展和普及应用，向政府有关部门提出行业发展的政策建议。4. 组织开展有益于互联网发展的研讨、论坛等活动，促进互联网行业内的交流与合作，发挥互联网对我国社会、经济、文化发展的积极作用。5. 积极开展国际交流与合作，组织国内互联网相关企事业单位参与国际互联网有关组织的活动，在国际互联网事务中发挥积极作用。6. 办好协会网站、刊物，组织编撰出版中国互联网发展状况年度报告，为业界提供互联网信息服务等。

（三）中国互联网络信息中心

中国互联网络信息中心（China Internet Network Information Center，CNNIC）是于 1997 年 6 月 3 日组建的互联网管理和服务机构，作为中国信息社会基础设施的建设者和运行者，CNNIC 以“为我国互联网络用户提供服务，促进我国互联网络健康、有序发展”为宗旨，负责管理维护我国互联网地址系统，引领我国互联网地址行业发展，权威发布我国互联网统计信息，代表中国参与国际互联网社群。

CNNIC 的主要职责包括：1. 互联网地址资源注册管理：负责运行和管理国家顶级域名 .CN、中文域名系统、通用网址系统及无线网址系统，为全球用户提供不间断的域名注册、域名解析和 Whois 查询服务。CNNIC 是亚太互联网络信息中心（APNIC）的国家级 IP 地址注册机构成员（NIR）。同时，以 CNNIC 为召集单位的 IP 地址分配联盟负责为我国的网络服务提供商和网络用户提供 IP 地址和 AS 号码的分配管理。2. 互联网调查与相关信息服务：负责开展中国互联网络发展状况等多项互联网络统计调查工作，描绘中国互联网络的宏观发展状况，记录其发展脉络。3. 目录数据库服务：负责建立并维护全国最高层次的网络目录数据库，提供对域名、IP 地址、自治系统号等方面信息的查询服务。4. 互联网寻址技术研发：跟踪国际互联网技术的最新发展，承担相关研发工作和国家有关科研项目。5. 国际交流与政策调研。

基础电信企业 2018 年发展综述

中国电信集团有限公司 2018 年发展综述 *

中国电信集团有限公司（以下简称本公司）是一家全球大型的领先的全业务综合信息服务提供商，主要在国内提供固定及移动通信服务、互联网接入服务、信息服务，以及其他增值电信服务。于 2018 年年底，本公司拥有约 3.03 亿移动用户、约 1.46 亿有线宽带用户及约 1.16 亿固定电话用户。本公司发行的 H 股及美国存托股份分别在香港联合交易所有限公司（香港联交所）和纽约证券交易所挂牌上市。

一、财务重点

财务重点见表 1。

表 1　财务重点

指标	2016年	2017年	2018年
经营收入（人民币百万元）	352 534	366 229	377 124
EBITDA[1]（人民币百万元）	95 162	102 171	104 207
EBITDA率[2]	30.7%	30.9%	29.7%
净利润[3]（人民币百万元）	18 018	18 617	21 210
资本开支（人民币百万元）	96 817	88 712	74 940
自由现金流[4]（人民币百万元）	（7 648）	7 267	22 457
债务权益比[5]（%）	35.7	32.0	27.9
每股净利润（人民币元）	0.2226	0.2300	0.2621
每股股息（港元）	0.105	0.115	0.125

注：[1]EBITDA计算方法为经营收入减去经营费用加上折旧及摊销。

[2]EBITDA率计算方法为EBITDA除以服务收入。

[3]净利润为本公司股东应占利润。

[4]自由现金流的计算方法为EBITDA扣减资本支出和所得税。

[5]权益为本公司股东应占权益。

* 内容选自 2018 年中国电信集团有限公司上市财报。

二、业务概览

2016 年、2017 年、2018 年主要经营数据见表 2。

表 2　2016—2018 年公司主要经营数据

指标	单位	2016年	2017年	2018年	2018年较2017年的变化率（%）
移动用户数	百万户	215.00	249.96	303.00	21.2
其中：4G用户数	百万户	121.87	182.04	242.43	33.2
移动语音通话总分钟数	百万分钟	720 566	769 152	827 724	7.6
手机上网总流量	kTB	1 277	3 597	14 073	291.2
4G用户月均流量（DOU）	GB/月/户	1.0	2.0	5.5	182.3
有线宽带用户数	百万户	123.12	133.53	145.79	9.2
其中：光缆宽带（FTTH）用户数	百万户	105.99	126.17	140.66	11.5
天翼高清用户数	百万户	61.33	85.76	105.35	22.8
物联网连接数	百万	14.19	44.30	106.93	141.4
翼支付月均活跃用户数	百万户	16.21	33.00	43.41	31.5
固定电话用户数	百万户	126.86	121.80	116.48	−4.4
固定电话本地语音通信总次数	百万次	93.403	75.144	60 213	−19.9

2018 年，公司坚持新的发展理念，深化改革创新，持续推进网络智能化、业务生态化、运营智能化，加快规模发展，提升质量效率，企业价值持续增长。

1．收入规模稳健增长，业务结构持续优化

2018 年，公司实现经营收入人民币 3 771 亿元，较 2017 年增长 3.0%；服务收入人民币 3 504 亿元，较 2017 年增长 5.9%。收入结构持续优化，新兴业务收入占服务收入为 51.9%，较 2017 年提升近 6 个百分点；其中，手机上网和 DICT 业务收入分别较 2017 年增长 22.4% 和 21.4%，是收入增长的主要驱动力。

2．紧抓大流量发展机遇期，移动业务规模发展再创新高

2018 年，公司移动用户净增 5 304 万户，同比增长 51.7%，创公司历史新高，用户规模突破 3 亿户；市场份额达到 19.6%，较 2017 年年底提升 2.0 个百分点；其中 4G 用户净增 6 039 万户，达到 2.42 亿户。

公司紧抓流量需求升级窗口期，移动用户规模发展全面提速，净增份额达到 43.6%，行业排名第一。公司坚持大流量套餐主导，优化套餐体系，精简套餐数量，聚焦头部视频类、消费类互联网公司合作，主推大流量、内容、应用、权益融合，发挥翼支付红包、橙分期等差异化优势，强化渠道协同，提升用户感知，拉动流量价值和消费提升，手机上网总流量同比增长 291%，手机上网收入同比增长 22.4%，手机上网满意度行业第一。坚持全网通终端引领，促进产业链发展，发布业内首个全网通 AI 手机白皮书，行业全网通终端累计规模已超 10 亿部，全网通占比稳定在 80% 以上。2018 年，公司全网通终端自注册量 1.6 亿部，较 2017 年增长 23%。

3. 智能家庭全面升级，宽带品质优势彰显

2018 年，公司有线宽带用户净增 1 226 万户，达到 1.46 亿户，其中百兆及以上用户占比达到 66%；天翼高清用户净增 1 959 万户，达到 1.05 亿户。

公司坚持千兆引领和融合发展，以高速高品质宽带、大流量、天翼高清、智能家庭应用融合套餐满足个人和家庭消费需要，打造智能宽带引领新优势，宽带用户净增创近 6 年新高。围绕家庭客户需求，规模化导入智能家庭应用，建成全国集约增值业务平台，统一宽带、天翼高清账号，紧抓热点内容打造天翼高清影视、教育、体育会员包，从连接收费向会员制运营转变，驱动天翼高清业务价值经营。优化家庭云场景化体验，家庭云用户超过 2 600 万户。打造专业化智慧家庭工程师队伍，推动智能组网服务标准化，智能组网全年服务次数近 2 000 万次。保持宽带服务领先优势，加快装维体系和能力升级，推进服务、产品、装维一体化，“当日装、当日修、慢必赔”服务履约率显著提升，宽带满意度保持行业领先。

4. 业务生态融通互促，新兴业务增长强劲

2018 年，公司智能应用生态圈收入加速增长，占服务收入达 16.9%，同比提升 2.2 个百分点，对增量服务收入的贡献超过 50%，拉动收入增长 3.3 个百分点。

公司进一步加快生态圈赋能，提升核心产品能力，业务生态化战略加速推进。DICT 业务快速发展，积极构建以云网融合为核心的产品能力，打造行业专网、入云专线，行业云网整体解决方案能力显著提升。深耕垂直领域，“互联网 +”服务传统行业升级，年化收入千万元以上项目超百个。DICT 收入同比增长 21.4%，其中，云业务收入同比增长 85.9%。物联网业务发展驶入快车道，以“云 – 管 – 端 – 用”思路推进物联网核心能力建设，提供一站式物联网行业应用解决方案。物联网净增用户同比翻番；连接规模超过 1 亿户，物联网收入同比翻番。互联网金融生态圈取得新突破，公司借助线下传统渠道优势广泛拓展消费场景，创新聚合支付提供全面收付款解决方案，翼支付活跃商户增长超过两倍，月均活跃用户超过 4 300 万户。翼支付红包，橙分期等创新发展模式拉动移动用户新增约 20%，实现生态圈融通互促、协同发展。

5. 推动三个体系建设，夯实规模发展能力基础

围绕“融合扩规模、融通促应用、融智提效率”的“三位一体”价值经营体系，推动生态产品、客户经营、综合渠道三个体系建设，打造“要素 + 能力”的竞争优势，为五大生态圈规模发展奠定能力基础。

推动生态产品体系建设，加快资源整合与机制创新，形成云、DICT 应用、智能家庭、物联网等能力中心新布局，培育高质量产品，强化供给侧能力提升。聚焦客户感知和价值经营，构建全生命周期客户经营体系，利用大数据精准营销为渠道注智赋能，促进存量客户向多业务融合、大流量套餐升级，常态化开展客户提升工作，大数据精准营销覆盖率超过 60%，宽带用户三重融合率同比提升 12.7 个百分点。适应新零售形势下渠道转型升级趋势，构建“自有 + 社会”“线上 + 线下”“平台 + 触点”的综合渠道体系，提升渠道效率效益，高销网点占比较 2017 年进一步提升。自营厅智慧升级树立行业标杆，社会渠道创新合作扩大销售触点，与新零售门店广泛合作，实现泛渠道规模化拓展。渠道运营能力不断提升，推进企业建设，为企业营销服务和运营管理注智，业务办理平均系统用时大幅减少，营业效率和客户感知明显提升。

6．网络能力稳步增强，服务感知明显提升

公司以客户感知为导向，持续推进网络质量提升和智能升级。做强基础网络，大数据支撑开展 4G 网络重点场景深度覆盖和动态扩容，基站总量达到 138 万个，VoLTE 业务全国开展试商用；服务区域城镇实现光网全覆盖，积极布局千兆市场，180 个城市具备千兆宽带能力，IP 城域网、骨干网带宽保持行业领先。持续优化 NB-IoT 网络，按需扩大 eMTC 试点，保持物联网全覆盖领先优势。加快云网融合，IDC 和云资源协同布局，持续提升服务能力；打通云资源池与承载网连接，实现网随云动；引入 SDN/NFV 新技术，规模部署智能随选网络和 SDN 家庭网关，支持分钟级开通和快速上网入云；以完善 NFVI 标准和建设虚拟化核心网为抓手，为未来网络云化奠定基础。

构建“全方位、全过程、全员”的“三全”服务体系，提升客户服务能力。优化移动网络感知，落实新老用户同权和透明消费，提升宽带速率感知和视频服务质量，健全云网融合、物联网服务体系，提供一站式服务，百万用户申诉率行业最低，综合满意度行业最优。智能客服能力优势显现，智能 10000 号建设加速推进，客服机器人服务量达 4.6 亿次。

三、财务概览

（一）概要

2018 年，公司坚持新发展理念，持续推进转型升级，全面深化改革创新，加快规模发展，服务收入增幅持续高于行业平均水平，同时，公司深化价值经营，合理优化配置资源，加强成本精细管理，运营效率和效益持续提升，整体经营业绩实现良好增长。2018 年，经营收入为人民币 3 771.24 亿元，较 2017 年增长 3.0%；服务收入[1]为人民币 3 504.34 亿元，较 2017 年增

1．服务收入为经营收入减去（移动商品销售收入）（2018 年：人民币 188.36 亿元；2017 年：人民币 267.59 亿元）、（固网商品销售收入）（2018 年：人民币 56.59 亿元；2017 年：人民币 64.46 亿元）和（其他非服务收入）（2018 年：人民币 21.95 亿元；2017 年：人民币 19.80 亿元）。

长 5.9%；经营费用为人民币 3 484.10 亿元，较 2017 年增长 2.8%；本公司股东应占利润为人民币 212.10 亿元，较 2017 年增长 13.9%，每股基本净利润为人民币 0.26 元；EBITDA[2] 为人民币 1 042.07 亿元，较 2017 年增长 2.0%，EBITDA 率[3] 为 29.7%。

（二）经营收入

公司紧抓数字经济发展的机遇，深化融合经营，用户规模增长创历史新高，收入继续保持良好增长，收入结构持续优化。2018 年，经营收入为人民币 3 771.24 亿元，较 2017 年增长 3.0%；服务收入为人民币 3 504.34 亿元，较 2017 年增长 5.9%（若剔除执行《国际财务报告准则第 15 号》对本年服务收入的影响，较 2017 年增长 7.2%）。其中：移动服务收入为人民币 1 677.05 亿元，较 2017 年增长 9.1%；固网服务收入为人民币 1 827.29 亿元，较 2017 年增长 3.1%。

2017 年和 2018 年各项经营收入的金额和他们的变化率见表 3。

表 3　2017 年和 2018 年各项经营收入的金额和变化率

（除百分比数字外，单位皆为人民币百万元）

经营收入	分别截至各年度12月31日		
	2018年	**2017年**	**变化率（%）**
语音	50 811	61 678	−17.6
互联网	190 871	172 554	10.6
信息及应用服务	83 478	73 044	14.3
通信网络资源及设施服务	20 211	19 125	5.7
其他[4]	31 753	39 828	−20.3
经营收入合计	377 124	366 229	3.0

1. 语音

2018 年，持续受 OTT 等移动互联网业务替代的影响，语音业务收入为人民币 508.11 亿元，较 2017 年下降 17.6%，占经营收入的比重为 13.5%。语音收入占收比不断下降，收入结构持续改善。

2. 互联网

2018 年，互联网业务收入为人民币 1 908.71 亿元，较 2017 年增长 10.6%，占经营收入的比重为 50.6%。公司积极应对取消国内流量漫游费的政策影响，优化流量经营体系，推进大流量套餐，充分释放流量价格弹性红利，流量收入保持快速增长势头，手机上网收入人民币

2. EBITDA 计算方法为经营收入减去经营费用加上折旧及摊销。由于电信业是资本密集型产业，资本开支、债务水平和财务费用可能对具有类似经营成果的公司净利润产生重大影响。因此，对于中国电信而言，EBITDA 有助于对公司经营成果的分析。虽然 EBITDA 在世界各地的电信业被广泛用作为反映经营业绩、借债能力和流动性的指针，但是按公认会计原则，它不作为衡量经营业绩和流动性的尺度，也不代表经营活动产生的净现金流量。此外，中国电信的 EBITDA 也不一定与其他公司的类似指针具有可比性。

3. EBITDA 率计算方法为 EBITDA 除以服务收入。

4. 2018 年其他收入是指客户合同收入中的商品销售及其他，以及其他来源收入的合计金额。

1 112.18 亿元，较 2017 年增长 22.4%。

公司持续推进宽带用户规模发展，加大融合力度，加快从基础连接向客户价值经营拓展，以更优质的网络和服务增强用户黏性。截至 2018 年年底，宽带用户净增 1 226 万户，达到 1.46 亿户。由于市场竞争日益加剧，有线宽带接入收入为人民币 742.62 亿元，较 2017 年下降 3.2%。

3．信息及应用服务

2018 年，公司业务生态融通互促成效显著，信息及应用服务收入为人民币 834.78 亿元，较 2017 年增长 14.3%，占经营收入的比重为 22.1%，成为收入强劲的增长点。增长主要得益于 IDC、云业务、天翼高清等新兴业务的快速发展。

4．通信网络资源及设施服务

2018 年，通信网络资源及设施服务业务收入为人民币 202.11 亿元，较 2017 年增长 5.7%，占经营收入的比重为 5.4%，增长的主要原因是数字电路服务业务和 IP-VPN 业务收入实现良好增长。

5．其他

2018 年，其他收入为人民币 317.53 亿元，较 2017 年下降 20.3%，占经营收入的比重为 8.4%，下降的主要原因是手机终端更多利用开放渠道销售，自有渠道的终端销售收入有所下降。

（三）经营费用

公司紧抓规模发展机遇期，适度增加资源投入，同时，持续开展资源精准配置和多维划小，提高成本使用效率，费用增幅低于收入增幅，有效支撑企业规模发展和价值提升。2018 年，经营费用为人民币 3 484.10 亿元，较 2017 年增长 2.8%，经营费用占经营收入的比重为 92.4%，较 2017 年下降 0.2 个百分点。

2017 年和 2018 年各项经营费用的金额和它们的变化率见表 4。

表 4　2017 年和 2018 年各项经营费用的金额和变化率

（除百分比数字外，单位皆为人民币百万元）

经营费用	分别截至各年度12月31日		
	2018年	**2017年**	**变化率（%）**
折旧及摊销	75 493	74 951	0.7
网络运营及支撑成本	116 062	103 969	11.6
销售、一般及管理费用	59 422	58 434	1.7
人工成本	59 736	56 043	6.6
其他经营费用	37 697	45 612	-17.4
经营费用合计	348 410	339 009	2.8

1．折旧及摊销

2018 年，折旧及摊销为人民币 754.93 亿元，较 2017 年增长 0.7%，与 2017 年基本持平，占经营收入的比重为 20.0%。

2. 网络运营及支撑成本

2018 年，网络运营及支撑成本为人民币 1 160.62 亿元，较 2017 年增长 11.6%，占经营收入的比重为 30.8%。其增长的主要原因是公司为持续优化提升网络质量和能力，支撑新兴业务快速发展，适度增加资源投入，以进一步提升公司竞争力，并为公司未来发展奠定基础。

3. 销售、一般及管理费用

2018 年，销售、一般及管理费用为人民币 594.22 亿元，较 2017 年增长 1.7%，占经营收入的比重为 15.8%。销售费用为人民币 507.94 亿元，较 2017 年增长 0.9%，公司为保证市场竞争力度，适当投入营销资源，促进用户规模增长，同时，公司持续优化营销模式，加强营销资源精确管理，以及受执行《国际财务报告准则第 15 号》的影响，销售费用增速有所放缓。一般及管理费用为人民币 86.28 亿元，较 2017 年增长 6.7%，主要是为支撑公司转型发展及新业务的创新研究开发，即公司加大研发投入。

4. 人工成本

2018 年，人工成本为人民币 597.36 亿元，较 2017 年增长 6.6%，占经营收入的比重为 15.8%。增长的主要原因是公司加大了对一线员工绩效业绩的倾斜和对新兴业务及技术人才引入的激励。

5. 其他经营费用

2018 年，其他经营费用为人民币 376.97 亿元，较 2017 年下降 17.4%，占经营收入的比重为 10.0%，主要是随着终端销售收入下降，终端设备销售支出同比下降。

（四）财务成本净额

公司抓住较好的市场机会，灵活配置低成本的融资产品，同时加大资金集中力度，有效控制债务规模，提升资金周转和使用效率，2018 年财务成本净额为人民币 27.08 亿元，较 2017 年下降 17.7%。2018 年汇兑净收益为人民币 0.79 亿元，汇兑损益的变动主要是由于人民币兑美元汇率变动的影响所致。

（五）盈利水平

1. 所得税

公司的法定所得税率为 25%。2018 年，所得税费用为人民币 68.10 亿元，实际税率为 24.2%。实际税率与法定税率存在差异的原因是部分子公司和处于西部地区的部分分公司享受税收优惠政策，同时，中国铁塔股份有限公司（中国铁塔）上市所享有的一次性处置收益在本年度免税。

2. 本公司股东应占利润

2018 年，本公司股东应占利润为人民币 212.10 亿元，较 2017 年增长 13.9%。

3. 现金流量

2018 年，现金及现金等价物净减少为人民币 29.39 亿元，2017 年的现金及现金等价物净减少为人民币 49.08 亿元。

2017 年和 2018 年现金流情况见表 5。

表 5　2017 年和 2018 年现金流

（单位皆为人民币百万元）

项目	分别截至各年度 12 月 31 日	
	2018 年	**2017 年**
经营活动产生的现金流量净额	99 298	96 502
投资活动所用的现金流量净额	（85 954）	（85 263）
融资活动所用的现金流量净额	（16 283）	（16 147）
现金及现金等价物减少净额	（2 939）	（4 908）

（六）会计政策变更

公司于 2018 年 1 月 1 日首次执行《国际财务报告准则第 15 号——与客户之间的合同产生的收入》《国际财务报告准则第 9 号——金融工具》。

（七）资本支出及现金流量

1．资本支出

2018 年，公司继续实施大数据精准投资，持续建设精品网络，同时加强资本支出管控力度，2018 年资本支出为人民币 749.40 亿元，较 2017 年下降 15.5%。

2018 年，经营活动产生的现金净流入为人民币 992.98 亿元，净流入较 2017 年上升 2.9%，与收入增幅基本相当。

2018 年，投资活动所用的现金净流出为人民币 859.54 亿元，净流出较 2017 年上升 0.8%。

2018 年，融资活动所用的现金净流出为人民币 162.83 亿元，净流出较 2017 年上升 0.8%。

2．营运资金

公司一贯坚持稳健审慎的财务政策和严格的资金管理制度。2018 年底，营运资金（即总流动资产减总流动负债）为短缺人民币 1 859.15 亿元，比 2017 年（短缺）减少短缺人民币 179.43 亿元，公司流动性持续改善。截至 2018 年 12 月 31 日，未动用信贷额度为人民币 1 506.93 亿元（2017 年为人民币 1 547.93 亿元）。考虑到经营活动净现金流入保持稳定以及良好的信贷信用，公司有足够的营运资金满足生产经营需要。2018 年年底，现金及现金等价物为人民币 166.66 亿元，其中，人民币现金及现金等价物占 64.0%（2017 年为 81.6%）。

（八）资产负债情况

2018 年，公司财务状况继续保持稳健。截至 2018 年年底，总资产由 2017 年年底的人民币 6 611.94 亿元增加至人民币 6 633.82 亿元，增长 0.3%；总债务由 2017 年年底的人民币 1 043.77

亿元减少至人民币 957.44 亿元。债务资本比[5]由 2017 年年底的 24.3% 下降至 21.8%。

2017 年年底和 2018 年年底的债务分析见表 6。

表 6　2017 年年底和 2018 年年底债务分析

（单位皆为人民币百万元）

项目	分别截至各年度 12 月 31 日	
	2018 年	2017 年
短期贷款	49 537	54 558
一年内到期的长期贷款	1 139	1 146
长期贷款	44 852	48 596
融资租赁应付款项（含一年内到期的部分）	216	77
总债务	95 744	104 377

2018 年年底，公司总债务为人民币 957.44 亿元，较 2017 年年底减少了人民币 86.33 亿元，主要原因是公司开展资金集约化管理，有效压降付息债规模。总债务中，人民币贷款、美元贷款和欧元贷款分别占 99.4%（2017 年为 99.4%）、0.4%（2017 年为 0.4%）和 0.2%（2017 年为 0.2%）。债务中，固定利率贷款占 99.8%（2017 年为 99.5%），其余为浮动利率贷款。

于 2018 年 12 月 31 日，本公司或其附属公司并无抵押任何资产作债务之抵押品（2017 年为无）。

公司大部分业务获得的收入和支付的费用都以人民币进行交易，因此公司并无任何因外汇波动而引致的重大风险因素。

（九）于中国铁塔的投资

2018 年，中国铁塔上市，公司持有中国铁塔股权由 27.9% 降低至 20.5%。公司未来可通过中国铁塔获得更多的基础网络资源；同时作为中国铁塔股东之一，预计未来可获益于中国铁塔利润和价值的提升。

5．债务资本比的计算方法为总债务除以总资本；总资本的计算方法为本公司股东应占权益加上总债务。

附：财务报表

1. 合并财务状况表

截至各年度 12 月 31 日（以人民币百万元列示）。

指标	2018年	2017年
资产		
非流动资产		
物业、厂房及设备净额	407 795	406 257
在建工程	66 644	73 106
预付土地租赁费	21 568	22 262
商誉	29 922	29 920
无形资产	14 161	12 391
所拥有联营公司的权益	38 052	35 726
投资	—	1 154
以公允价值计量且其变动计入其他综合收益的权益工具	852	—
递延税项资产	6 544	5 479
其他资产	4 840	3 349
非流动资产合计	590 377	589 644
流动资产		
存货	4 832	4 123
应收所得税	121	693
应收账款净额	20 475	22 096
合同资产	478	—
预付款及其他流动资产	23 619	22 128
短期银行存款	6 814	3 100
现金及现金等价物	16 666	19 410
流动资产合计	73 005	71 550
资产合计	663 382	661 194
负债及权益		
流动负债		
短期贷款	49 537	54 558
一年内到期的长期贷款	1 139	1 146
应付账款	107 887	119 321
预提费用及其他应付款	43 497	98 695

（续表）

指标	2018年	2017年
合同负债	55 783	—
应付所得税	601	404
一年内到期的融资租赁应付款	101	51
一年内摊销的递延收入	375	1 233
流动负债合计	258 920	275 408
净流动负债	（185 915）	（203 858）
资产合计扣除流动负债	404 462	385 786
非流动负债		
长期贷款	44 852	48 596
融资租赁应付款	115	26
递延收入	1 454	1 828
递延税项负债	13 138	8 010
其他非流动负债	804	629
非流动负债合计	60 363	59 089
负债合计	319 283	334 497
权益		
股本	80 932	80 932
储备	262 137	244 935
本公司股东应占权益合计	343 069	325 867
非控制性权益	1 030	830
权益合计	344 099	326 697
负债及权益合计	663 382	661 194

2．合并综合收益表

截至各年度 12 月 31 日（以人民币百万元列示）。

指标	2018年	2017年
经营收入	377 124	366 229
经营费用		
折旧及摊销	（75 493）	（74 951）
网络运营及支撑成本	（116 062）	（103 969）
销售、一般及管理费用	（59 422）	（58 434）
人工成本	（59 736）	（56 043）

（续表）

指标	2018年	2017年
其他经营费用	（37 697）	（45 612）
经营费用合计	（348 410）	（339 009）
经营收益	28 714	27 220
财务成本净额	（2 708）	（3 291）
投资收益	38	147
对联营公司投资的收益	2 104	877
税前利润	28 148	24 953
所得税	（6 810）	（6 192）
本年利润	21 338	18 761
本年其他综合收益		
后续不能重分类至损益的项目：		
以公允价值计量且其变动计入其他综合收益的权益工具投资公允价值的变动	（324）	—
以公允价值计量且其变动计入其他综合收益的权益工具投资公允价值的变动的递延税项	82	—
后续可能重分类至损益的项目：		
可供出售股权证券公允价值的变动	—	（400）
可供出售股权证券公允价值的变动的递延税项	—	100
换算中国大陆境外附属公司财务报表的汇兑差额	154	（259）
应占联营公司的其他综合收益	（7）	7
税后的本年其他综合收益	（95）	（552）
本年综合收益合计	2 1243	18 209
股东应占利润		
本公司股东应占利润	21 210	18 617
非控制性权益股东应占利润	128	144
本年利润	21 338	18 761
股东应占综合收益		
本公司股东应占综合收益	21 115	18 065
非控制性权益股东应占综合收益	128	144
本年综合收益合计	21 243	18 209
每股基本净利润	0.26	0.23
股数（百万股）	80 932	80 932

3. 合并权益变动表

截至各年度 12 月 31 日（以人民币百万元列示）。

指标	本公司股东应占权益								非控制性权益人民币	权益合计人民币
	股本人民币	资本公积人民币	股本溢价人民币	盈余公积人民币	其他储备人民币	汇兑储备人民币	留存收益人民币	合计人民币		
2017年1月1日余额	80 932	17 160	10 746	72 611	711	（622）	133 839	315 377	971	316 348
本年利润	—	—	—	—	—	—	18 617	18 617	144	18 761
本年其他综合收益	—	—	—	—	（293）	（259）	—	（552）	—	（552）
本年综合收益合计	—	—	—	—	（293）	（259）	18 617	18 065	144	18 209
取得第8被收购集团	—	（80）	—	—	—	—	（7）	（87）	—	（87）
取得非控制性权益	—	46	—	—	—	—	—	46	（196）	（150）
分配予非控制性权益	—	—	—	—	—	—	—	—	（89）	（89）
股息	—	—	—	—	—	—	（7 530）	（7 530）	—	（7 530）
利润分配	—	—	—	1 686	—	—	（1 686）	—	—	—
其他	—	—	—	—	（4）	—	—	（4）	—	（4）
2017年12月31日余额	80 932	17 126	10 746	74 297	414	（881）	143 233	325 867	830	326 697
会计政策变更	—	—	—	302	—	—	2 673	2 975	（1）	2 974
重列后的2018年1月1日余额	80 932	17 126	10 746	74 599	414	（881）	145 906	328 842	829	329 671
本年利润	—	—	—	—	—	—	21 210	21 210	128	21 338
本年其他综合收益	—	—	—	—	（249）	154	—	（95）	—	（95）
本年综合收益合计	—	—	—	—	（249）	154	21 210	21 115	128	21 243
处置以公允价值计量且其变动计入其他综合收益的权益工具投资	—	—	—	—	（5）	—	5	—	—	—
处置附属公司	—	—	—	—	—	—	—	—	5	5
非控制性权益投入	—	680	—	—	—	—	—	680	265	945
非控制性权益资本减少	—	—	—	—	—	—	—	—	（20）	（20）
分配予非控制性权益	—	—	—	—	—	—	—	—	（177）	（177）
股息	—	—	—	—	—	—	（7 568）	（7 568）	—	（7 568）
利润分配	—	—	—	1 875	—	—	（1 875）	—	—	—
2018年12月31日余额	80 932	17 806	10 746	76 474	160	（727）	157 678	343 069	1 030	344 099

4. 合并现金流量表

截至各年度 12 月 31 日（以人民币百万元列示）。

指标	2018年	2017年
经营活动产生的现金净额	99 298	96 502
投资活动所用的现金流量		
资本支出	（83 835）	（87 334）
预付土地租赁费所支付的现金	（20）	（89）
投资所支付的现金	（328）	（443）
处置物业、厂房及设备所收到的现金	1 866	2 066
转让预付土地租赁费所收到的现金	45	72
处置投资所收到的现金	96	—
处置附属公司导致的现金净流出/流入	（1）	184
短期银行存款投资额	（7 726）	（2 815）
短期银行存款到期额	3 949	3 096
投资活动所用的现金净额	（85 954）	（85 263）
融资活动所用的现金流量		
融资租赁所支付的本金	（73）	（84）
取得银行及其他贷款所收到的现金	97 829	123 250
偿还银行及其他贷款所支付的现金	（106 923）	（69 953）
偿还移动网络收购递延对价	—	（61 710）
支付第8次收购对价所支付的现金（附注1）	（87）	—
支付股息	（7 568）	（7 530）
支付予非控制性权益的现金	（177）	（89）
取得非控制性权益所支付的现金	（119）	（31）
非控制性权益投入	855	—
非控制性权益资本减少	（20）	—
融资活动所用的现金净额	（16 283）	（16 147）
现金及现金等价物减少净额	（2 939）	（4 908）
于1月1日的现金及现金等价物	19 410	24 617
汇率变更的影响	195	（299）
于12月31日的现金及现金等价物	16 666	19 410

税前利润与经营活动产生的现金净额的调节

指标	2018年	2017年
税前利润	28 148	24 953
调整：		
折旧及摊销	75 493	74 951
信用减值损失净额	2 050	2 036
长期资产的减值损失	—	10
存货的减值损失	66	178
投资收益	（38）	（147）
对联营公司投资的收益	（2 104）	（877）
利息收入	（306）	（429）
利息支出	3 093	3 586
净汇兑（收益）/亏损	（79）	134
报废和处置长期资产的净损失	1 757	1 841
营运资金变动前的经营利润	108 080	106 236
应收账款增加	（1 848）	（2 770）
合同资产减少	170	—
存货（增加）/减少	（622）	905
预付款及其他流动资产增加	（1 349）	（2 618）
其他资产减少/（增加）	271	（231）
应付账款减少	（3 181）	（4 213）
预提费用及其他应付款增加	9 842	7 232
合同负债减少	（6 414）	—
递延收入减少	（138）	（202）
经营产生的现金	104 811	104 339
收到的利息	306	433
支付的利息	（3 094）	（3 707）
取得的投资收益	34	63
支付的所得税	（2 759）	（4 626）
经营活动产生的现金净额	99 298	96 502

中国移动通信集团有限公司2018年发展综述*

中国移动通信集团有限公司于1997年9月3日在香港成立，并于1997年10月22日和23日分别在纽约证券交易所（纽约交易所）和香港联合交易所有限公司（香港交易所）上市。公司股票在1998年1月27日成为香港恒生指数成份股。

中国移动通信集团有限公司为中国的31个省（自治区、直辖市）以及香港特别行政区提供全业务通信服务，业务主要涵盖移动语音和数据、有线宽带，以及其他通信信息服务。截至2018年12月31日，中国移动通信集团有限公司的员工总数达459 152人，总连接规模达16.33亿，年收入达人民币7 368亿元。

中国移动通信集团有限公司的最终控股股东是中国移动通信集团有限公司（原称为中国移动通信集团公司，简称中国移动集团公司）。截至2018年12月31日，中国移动集团公司间接持有本公司约72.72%的已发行总股数，余下约27.28由公众人士持有。

一、财务摘要

财务摘要见表1。

表1　财务摘要

指标	分别截至各年度12月31日	
	2018年	2017年
营运收入（人民币百万元）	736 819	740 514
其中：通信服务收入（人民币百万元）	670 907	668 351
EBITDA（人民币百万元）	275 541	270 421
EBITDA率（%）	37.4	36.5
EBITDA占通信服务收入比（%）	41.1	40.5
股东应占利润（人民币百万元）	117 781	114 279

* 内容选自2018年中国移动通信集团有限公司上市财报。

（续表）

指标	分别截至各年度12月31日	
	2018年	2017年
股东应占利润率（%）	16.0	15.4
每股基本盈利（人民币元）	5.75	5.58
每股股息—中期（港元）	1.826	1.623
—末期（港元）	1.391	1.582
—特别股息（港元）	—	3.200
—全年（港元）	3.217	6.405

二、业务概览

2018 年，公司持续深化“大连接”战略实施和“四轮驱动”融合发展，积极推进改革创新和运营协同，不断提升可持续发展能力，经营业绩保持稳健，收入利润实现了良好增长，各项业务均呈现积极的发展势头。

（一）主要运营数据

主要运营数据见表 2。

（二）经营业绩

中国移动通信集团有限公司于 2018 年继续保持行业领先地位。通信服务收入达到人民币 6 709 亿元，家庭市场、政企市场、新业务市场收入占比明显提升，收入结构进一步优化；4G 客户净增 6 314 万户，总数达 7.13 亿户；手机上网流量增长 182.1%，手机上网 DOU 达 3.6［GB/(户 · 月)］，保持高速增长；宽带业务增长强劲，家庭宽带客户数达到 1.47 亿户，增长 34.2%；政企市场竞争力快速提升，政企客户数净增 116 万家，总数达到 718 万家；物联网业务发展迅速，物联网智能连接数净增 3.22 亿个，总规模达到 5.51 亿个。

表 2　主要运营数据

指标	分别截至各年度12月31日		
	2018年	2017年	2018年较2017年的变化率（%）
移动业务			
客户数（百万户）	925	887	4.3

（续表）

指标	分别截至各年度12月31日		
	2018年	2017年	2018年较2017年的变化率（%）
其中：4G客户数（百万户）	713	650	9.7
净增客户数（百万户）	37.9	38.3	–1.1
其中：净增4G客户数（百万户）	63	114	–44.8
平均每月每户通话分钟（MOU）［分钟/（户・月）］	320	366	–12.5
平均每月每户手机上网流量（DOU）［GB/（户・月）］	3.6	1.4	157.1
4G客户平均每月每户手机上网流量（DOU）［GB/（户・月）］	4.3	1.7	152.9
平均每月每户收入ARPU［人民币元/（户・月）］	53.1	57.7	–8.0
宽带业务			
有线宽带客户数（百万户）	157	113	39.0
其中：家庭宽带客户数（百万户）	147	109	34.9
有线宽带ARPU［人民币元/（户・月）］	33.5	35.1	–4.5
家庭宽带综合ARPU［人民币元/（户・月）］	34.4	33.3	3.2
物联网业务			
物联网智能连接数（百万个）	551	229	140.7

（三）"四轮驱动"成效显著

1. 个人移动市场

面对激烈的同业竞争，中国移动通信集团有限公司快速调整经营策略，把握战略主动，充分释放资费弹性。与此同时，公司进一步优化产品结构，匹配用户需求，利用大数据施行客户精准营销和精准维护，提升客户服务水平，取得良好效果。2018 年第四季度，4G 客户净增份额和流量份额均回升至 50% 左右，初步实现了竞争局面的扭转，继续保持了行业领先地位。在有效应对竞争的同时，公司进一步深化流量经营，积极推进"流量 + 内容 + 权益"一体化创新运营，激发业务使用量，促进流量的快速增长，2018 年 12 月单月 4G 手机客户 DOU 超过 6.6［GB/（户 · 月）］，同比增长 171.1%。公司持续优化 VoLTE 高清语音服务，VoLTE 客户达 3.8 亿户，规模快速增长。

2. 家庭市场

中国移动通信集团有限公司坚持"提速、提质、提价值"的发展思路，持续提升宽带质量，打造高品质形象，整体保持了强劲的增长势头。2018 年，家庭宽带客户净增 3 800 万户，达到 1.47

亿户，其中 100Mbit/s 以上带宽客户占比达到 67%，同比上升 45 个百分点。公司进一步完善数字家庭生态，强化入口经营，融合拓展魔百和、和目、智能网关等业务，提升客户黏性和价值。“魔百和”客户数净增 3 956 万户，达到 9 681 万户，渗透率达 65.9%；家庭宽带综合 ARPU 达到人民币 34.4 元 /(户 · 月)，同比增长 3.2%。

3. 政企市场

中国移动通信集团有限公司持续完善政企产品体系和运营体系，紧盯重点行业，拓展政企市场蓝海，市场竞争力和增收贡献进一步提升。2018 年，集团通信及信息化收入份额达 38.5%，同比上升 2.2 个百分点。重点产品方面，专线和 IDC 收入分别达到人民币 180.3 亿元和人民币 72.5 亿元；持续深耕垂直领域，工业互联网云平台接入设备超过 1.8 亿台，车联网连接服务车辆 8 395 万辆。

4. 新业务市场

2018 年，中国移动通信集团有限公司着力创新经营模式，打造重点产品，新业务收入规模快速增长，已成为拉动整体收入增长的重要一环；规模推广成熟业务，世界杯期间通过“咪咕视频”全场景观看达 43 亿人次，“和包”全年交易额超人民币 25 000 亿元；加速发展物联网业务，智能连接数达到 5.51 亿个，其中 OneNET 开放平台设备连接数达 79 880 000 个，成为全球连接规模最大的物联网平台之一；加速推进行业应用落地，积极拓展云计算、大数据业务，ICT、云计算、大数据收入合计达人民币 41.9 亿元，实现快速增长。

（四）质量服务持续改善

质量是通信运营企业的生命线，服务是企业持续发展的核心竞争力。2018 年，中国移动通信集团有限公司在推动 4G、家庭宽带、政企网络品质提升的同时，继续坚持“客户为根、服务为本”的理念，全力提高服务水平，着力打造“百年老店”。

1. 持续提升客户消费感知

2018 年，移动业务方面，4G 网络下载速率稳中有升，聚焦客户投诉问题集中解决，客户满意度稳步改善。宽带业务方面，高带宽客户占比持续提升，家庭宽带感知持续改善；确立宽带装、维、营标准服务流程，家庭宽带装机时长、投诉处理时长同比分别缩短 13% 和 15%。国际漫游方面，在全球 260 个方向开通漫游服务，181 个方向开通 LTE 漫游服务。通信安全方面，公司坚决保护客户信息安全和隐私，积极参与打击治理电信网络新型违法犯罪，定期开展客户信息安全评测，持续加强循环管理，为客户创造健康、安全的通信环境。

2. 持续优化产品和服务体系

2018 年，中国移动通信集团有限公司全面取消境内流量“漫游”费，大力推广大流量套餐，结合内容、权益进行产品创新，更好满足客户消费需求；着力“全球通”品牌重塑，通过品牌服务的分层精细化管理，提升客户品牌归属感和获得感；深化渠道转型，推进传统服务向智能化、互联网化迈进，全网电子渠道重点业务办理占比达到 62.3%，同比提升 4.8 个百分点；积极开展实体营业厅向“新零售”转型试点，推行体验式互动营销和服务。

（五）转型支撑更加有力

2018 年，中国移动通信集团有限公司坚持以管理集中化、运营专业化、机制市场化、组织扁平化、流程标准化为方向，面向“四轮驱动”积极“修炼内功”，持续提升可持续发展能力。

1. 网络能力再上新高

2018 年，公司移动基站总数达到 385 万个，其中 4G 基站达到 241 万个，人口覆盖率超过 99%，城区 4G 覆盖率、高铁 4G 综合覆盖率、VoLTE 全程呼叫成功率位居行业首位，4G 客户净推荐值和 4G 网络满意度行业领先；蜂窝物联网实现乡镇以上区域连续覆盖；进一步提高宽带覆盖水平和质量，全网家庭宽带全部具备百兆或以上接入能力，FTTH 客户占比达到 92%；开展“内容领先”行动，推动内容节点下沉，全网 CDN 建设容量增长 63%，统一分发流量增长 3.6 倍；加快推进国际、政企专线传送网规划建设，传送网承载能力大幅增强。

2. 自主能力显著增强

公司牵头制定 5G 网络架构标准，贡献 R15 标准提案数量在全球运营商中排名网络领域第一、无线领域第二，担任多个国际标准组织重要职务，专利数在国际 4G 专利池中排名全球运营商前列，公司在信息通信领域的国际话语权不断提升；完成人工智能研发布局，智能客服应答系统“移娃”单月交互量全球第一，云计算、大数据自研产品实现内部深覆盖、外部强突破，云管平台内部占有率处于领先地位；促进 IT 集中能力内化和提升，统筹推进 IT 系统集中化建设，全网 IT 支撑响应速率快速提升。

3. 开放合作不断深化

2018 年，公司全面实施“139 合作计划”，搭建线上线下立体化能力开放平台，激发国内外产业链创新潜力；加快现有成熟能力向社会开放，通信能力开放平台服务企业超 15 万家，统一认证平台日均认证 6.7 亿次；发起设立 5G 联创产业基金，促进 5G 端到端产业成熟发展；进一步加强战略合作，与 11 个地方政府、15 家大型企业和机构签署战略合作协议，聚焦关键领域，推进 200 余项合作项目，取得积极进展。

（六）投资效率持续提升

中国移动通信集团有限公司正处于转型发展和网络能力储备的关键时期，公司一方面要专注核心业务的快速发展以为下一步市场领先奠定坚实基础，另一方面也要精细规划、精准投资、合理布局，持续提升投资效率。

2018 年，公司实际完成资本开支人民币 1 671 亿元，资本开支占通信服务收入比较 2017 年下降 1.7 个百分点，有效支撑了业务发展，投资效率也同步提升。资本开支主要投入 4G 精准扩容、宽带提质提速、政企业务保障、传输能力增强、IT 支撑强化等方面。

为满足支撑“四轮驱动”增长以及未来网络演进升级的需要，2019 年，公司不含 5G 试商用的资本开支计划为人民币 1 499 亿元，较 2018 年下降 10.3%，含 5G 试商用的资本开支低于

2018 年水平。资本开支主要投入保障 4G 流量增长、支撑宽带提质提速、保障政企业务投入、夯实转型发展基础、推动网络升级演进等多个方面。资本开支计划所需资金主要来自公司营运活动所产生的现金。公司将以“引领、创新、保障、效率”为关键，坚持精准投资，优化投资结构，确保满足公司业务发展的需要，并力争实现资源效能的持续提升。

三、财务概览

2018 年，中国移动通信集团有限公司进一步深化“大连接”战略实施和“四轮驱动”融合发展，加强产品和服务差异化，充分利用资费弹性，激发客户消费需求。面对市场竞争更趋激烈、流量价值快速下降以及取消流量“漫游”费明显减收的严峻形势，公司快速调整经营策略，积极应对市场竞争，进一步夯实业务份额和客户基础，提升网络感知和服务品质，努力增收节支，2018 年全年业绩稳健增长。

公司继续积极推进低成本、高效率运营，开展关键领域资源效能评估，优化战略、预算、绩效与薪酬挂钩管理，保持良好的运营效率，盈利水平保持国际一流运营商水平，持续为股东创造价值。公司财务概览见表 3。

表 3　财务概览

指标	分别截至各年度12月31日		
	2018年	2017年	2018年较2017年的变化率（%）
营运收入（人民币百万元）	736 819	740 514	–0.5
通信服务收入（人民币百万元）	670 907	668 351	0.4
销售产品收入及其他（人民币百万元）	65 912	72 163	–8.7
EBITDA（人民币百万元）	275 541	270 421	1.9
EBITDA率	37.4%	36.5%	0.9p
股东应占利润（人民币百万元）	117 781	114 279	3.1
股东应占利润率	16.0%	15.4%	0.6p
每股基本盈利（人民币元）	5.75	5.58	3.1

（一）营运收入

2018 年，中国移动通信集团有限公司营运收入达到 7 368 亿元（如未特别注明，本财务概览金额均以人民币列示），比 2017 年下降 0.5%，其中，通信服务收入为 6 709 亿元，比 2017

年增长 0.4%。在对 2017 年收入采用新收入准则（IFRS/HKFRS 15）口径静态测算后，可比口径营运收入和通信服务收入比 2017 年分别增长 1.8% 和 3.7%。

按照国家要求，公司于 2018 年 7 月起取消境内流量“漫游”费，产生显著的减收影响，加之竞争加剧导致流量价值快速下降，公司通信服务收入增长面临巨大压力。

1. 语音业务收入

受移动互联网业务替代及取消国内手机长途漫游费等因素影响，语音业务继续下滑。2018 年，公司语音业务收入为 1 081 亿元，比 2017 年下降 31.1%，降幅继续加深；语音业务收入占通信服务收入比重为 16.1%，比 2017 年下降 7.4 个百分点。

2. 数据业务收入

2018 年，公司数据业务收入为 5 421 亿元，比 2017 年增长 9.9%，占通信服务收入比重达到 80.8%，比 2017 年提升 7.0 个百分点，收入结构进一步优化。

公司持续丰富流量产品、强化精准营销，深耕流量精细运营，流量业务保持快速增长。无线上网业务收入为 3 833 亿元，比 2017 年增长 5.0%，是收入增长的重要引擎，但受竞争加剧和取消境内流量“漫游”费等因素影响，收入增速已有所放缓；无线上网收入占通信服务收入比重提升至 57.1%。短彩信业务收入为 288 亿元，比 2017 年增长 2.6%。

公司积极打造优质宽带产品，提升网络服务感知，丰富家庭市场内容与应用，客户增长保持强劲态势。有线宽带业务收入达到 543 亿元，比 2017 年增长 36.6%，成为公司收入的重要增长点。

公司应用及信息服务实现突破，专线、IDC、物联网、“咪咕视频”等业务实现快速增长。应用及信息服务收入为 757 亿元，比 2017 年增长 24.8%，规模进一步扩大。

3. 销售产品收入及其他

为向客户提供品类更丰富、功能更多样的终端选择，公司积极推动手机公开渠道销售，终端销售出现下滑，销售产品收入及其他为 659 亿元，比 2017 年下降 8.7%。公司终端销售业务主要服务于促进通信主业拓展，利润贡献较低。

（二）营运支出

2018 年，中国移动通信集团有限公司继续坚持“前瞻规划、有效配置、理性投入、精细管理”的成本管理原则，着力推进降本增效，降低单位业务成本，保持良好的盈利水平。

2018 年，公司营运支出为 6 154 亿元，比 2017 年下降 0.8%，营运支出占营运收入的比重为 83.5%。营运支出见表 4。

1. 电路及网元租赁费

2018 年，公司电路及网元租赁费为 475 亿元，比 2017 年增长 2.4%，占营运收入的比重为 6.5%。为保持网络品质和覆盖优势，公司铁塔租赁费用持续增长，为 390 亿元，比 2017 年增长 5.5%。TD-SCDMA 网络容量租赁费为 4 亿元，比 2017 年下降 61.6%；村通资产租赁费为 22 亿元，比 2017 年下降 11.2%。

表 4 营运支出

指标	分别截至各年度12月31日		
	2018年（人民币百万元）	2017年（人民币百万元）	2018年较2017年的变化率（%）
营运支出	615 432	620 388	–0.8
电路及网元租赁费	47 470	46 336	2.4
网间互联支出	20 692	21 762	–4.9
折旧	152 545	149 780	1.8
雇员薪酬及相关成本	93 939	85 513	9.9
销售费用	60 326	61 086	–1.2
销售产品成本	66 231	73 668	–10.1
其他营运支出	174 229	182 243	–4.4

2. 网间互联支出

2018 年，公司网间互联支出为 207 亿元，比 2017 年下降 4.9%，占营运收入的比重为 2.8%。

3. 折旧

2018 年，公司折旧为 1 525 亿元，比 2017 年增长 1.8%，占营运收入的比重为 20.7%。2017 年对 2G 无线网络设备计提了减值准备是折旧增速放缓的主要原因。

4. 雇员薪酬及相关成本

2018 年，公司雇员薪酬及相关成本为 939 亿元，比 2017 年增长 9.9%，占营运收入比重为 12.7%。公司持续调整和优化用工结构，加大对基层一线员工的薪酬倾斜和激励，雇员薪酬及相关成本有所增加。

5. 销售费用

2018 年，公司销售费用为 603 亿元，比 2017 年下降 1.2%，占营运收入的比重为 8.2%。公司积极推动营销模式转型，加强对客户精准营销，努力提升营销资源使用效率，销售费用占通信服务收入比持续保持行业最低。

6. 销售产品成本

2018 年，公司销售产品成本为 662 亿元，比 2017 年下降 10.1%。由于公司鼓励手机公开渠道销售，销售产品成本有所降低。

7. 其他营运支出

2018 年，公司其他营运支出为 1 742 亿元，比 2017 年下降 4.4%，占营运收入的比重为 23.6%。其中，维护费用、经营租赁费、动力水电取暖费，合计为 1 027 亿元，比 2017 年上升 1.3%，主要因为资产规模增大、资源价格上涨。为支撑网络转型与业务创新及落地，公司加大了业务支撑及研发相关费用投入，达到 440 亿元，增长 15.7%；会议、办公、差旅、业务招待等行政管理费用得到严格控制，与 2017 年基本持平。

（三）盈利水平

2018 年，中国移动通信集团有限公司盈利水平继续保持行业领先，见表 5：营运利润为 1 214 亿元，比 2017 年增长 1.0%；EBITDA 为 2 755 亿元，EBITDA 率为 37.4%，比 2017 年增长 0.9 个百分点；股东应占利润为 1 178 亿元，股东应占利润率为 16.0%。

表 5　盈利水平

指标	分别截至各年度12月31日		
	2018年（人民币百万元）	2017年（人民币百万元）	2018年较2017年的变化率（%）
营运利润	121 387	120 126	1.0
其他利得	2 906	2 389	21.6
利息及其他收入	15 885	15 883	0.0
融资成本	144	210	–31.4
按权益法核算的投资的收益	13 861	9 949	39.3
税项	35 944	33 723	6.6
股东应占利润	117 781	114 279	3.1

（四）资本结构

2018 年，公司财务状况继续保持稳健。2018 年年底，资产总额为 15 359 亿元，负债总额为 4 801 亿元，资产负债率为 31.3%，见表 6。公司一贯坚持审慎的财务风险管理政策，偿债能力雄厚，实际利息保障倍数为 959 倍。

表 6　资本结构

指标	分别截至各年度12月31日		
	2018年（人民币百万元）	2017年（人民币百万元）	2018年较2017年的变化率（%）
流动资产	535 116	558 196	–4.1
非流动资产	1 000 794	963 917	3.8
资产总额	1 535 910	1 522 113	0.9
流动负债	474 398	529 982	–10.5
非流动负债	5 703	3 250	75.5
负债总额	480 101	533 232	–10.0
非控制性权益	3 404	3 245	4.9
股东应占权益	1 052 405	985 636	6.8
总权益	1 055 809	988 881	6.8

（五）资金管理和现金流

中国移动通信集团有限公司一贯坚持稳健审慎的财务政策和严格的资金管理制度，努力保持健康的现金流水平，通过高度集中的投融资管理，确保资金安全与完整；同时，公司持续加大资金集中管理力度，合理调度资金，提升资金使用效率。

2018 年，公司现金流状况持续健康，经营业务现金流入净额为 2 062 亿元，投资业务现金流出净额为 2 122 亿元，融资业务现金流出净额为 578 亿元，自由现金流为 391 亿元，见表 7。2018 年年底，公司现金及银行结存余额为 3 616 亿元，其中，人民币资金占 96.7%，美元资金占 1.8%，港币资金占 1.4%。稳健的资金管理和健康的现金流为公司持续健康发展奠定了坚实的基础。

表 7　资金管理和现金流

指标	分别截至各年度12月31日		
	2018年（人民币百万元）	2017年（人民币百万元）	2018年较2017年的变化率（%）
经营业务现金流入净额	206 151	245 514	–16.0
投资业务现金流出净额	212 231	106 533	99.2
融资业务现金流出净额	57 820	108 231	–46.6
自由现金流	39 076	67 981	–42.5

附：财务报表

1. 合并综合收益表

截至各年度 12 月 31 日（以人民币百万元列示）。

指标	2018年	2017年
营运收入		
通信服务收入	670 907	668 351
销售产品收入及其他	65 912	72 163
	736 819	740 514
营运支出		
电路及网元租赁费	47 470	46 336
网间互联支出	20 692	21 762
折旧	152 545	149 780
雇员薪酬及相关成本	93 939	85 513
销售费用	60 326	61 086
销售产品成本	66 231	73 668
其他营运支出	174 229	182 243
	615 432	620 388
营运利润	121 387	120 126
其他利得	2 906	2 389
利息及其他收入	15 885	15 883
融资成本	（144）	（210）
按权益法核算的投资的收益	13 861	9 949
除税前利润	153 895	148 137
税项	（35 944）	（33 723）
本年度利润	117 951	114 414
本年度其他综合收益，除税后：		
以后不会重分类至损益的项目		
以公允价值计量且其变动计入其他综合收益的权益投资的公允价值变动	（168）	—
应占按权益法核算的投资的其他综合收益	60	—
以后可能重分类至损益的项目		
可供出售金融资产的价值变动	—	（5）
外币报表折算差额	1 160	（735）
应占按权益法核算的投资的其他综合收益/（亏损）	1 188	（1 038）
本年度总综合收益	120 191	112 636

（续表）

指标	2018年	2017年
股东应占利润：		
本公司股东	117 781	114 279
非控制性权益	170	135
本年度利润	117 951	114 414
股东应占总综合收益：		
本公司股东	120 021	112 501
非控制性权益	170	135
本年度总综合收益	120 194	112 636
每股盈利——基本及摊薄	人民币5.75元	人民币5.58元

2. 合并资产负债表

截至各年度 12 月 31 日（以人民币百万元列示）。

指标	2018年	2017年
资产		
非流动资产		
物业、厂房及设备	666 496	648 029
在建工程	72 180	78 112
预付土地租赁费及其他	27 778	28 322
商誉	35 343	35 343
其他无形资产	2 620	1 721
按权益法核算的投资	145 325	132 499
递延税项资产	29 654	33 343
以公允价值计量且其变动计入其他综合收益的金融资产	587	—
可供出售金融资产	—	44
受限制的银行存款	12 369	6 504
其他非流动资产	8 442	—
	1 000 794	963 917
流动资产		
存货	8 857	10 222
合同资产	5 022	—
应收账款	26 540	24 153
其他应收款	39 543	31 201

（续表）

指标	2018年	2017年
预付款及其他流动资产	27 002	24 552
应收最终控股公司款项	570	221
预付税款	1 959	1 519
以公允价值计量且其变动计入当期损益的金融资产	76 425	—
可供出售金融资产	—	65 630
受限制的银行存款	9	691
银行存款	291 887	279 371
现金及现金等价物	57 302	120 636
	535 116	558 196
总资产	1 535 910	1 522 113
权益及负债		
负债		
流动负债		
应付账款	190 847	233 169
应付票据	3 221	3 303
递延收入	63 185	85 282
应计费用及其他应付款	195 572	190 866
应付最终控股公司款项	11 020	8 646
应付所得税	10 553	8 716
	474 398	529 982
非流动负债		
递延收入——非即期	4 881	2 888
递延税项负债	822	362
	5 703	3 250
总负债	480 101	533 232
权益		
股本	402 130	402 130
储备	650 275	583 506
归属于本公司股东权益	1 052 405	985 636
非控制性权益	3 404	3 245
总权益	1 055 809	988 881
总权益及负债	1 535 910	1 522 113

3. 合并权益变动表

截至 2018 年 12 月 31 日（以人民币百万元列示）。

指标	本公司股东应占权益							非控制性权益	总权益
	股本	资本储备	一般储备	汇兑储备	中国法定及其他储备	保留利润	总计		
于2017年1月1日	402 130	（265 308）	72	609	305 205	536 313	979 021	3 117	982 138
2017全年的权益变动：									
2017年度利润	—	—	—	—	—	114 279	114 279	135	114 414
可供出售金融资产的价值变动	—	（5）	—	—	—	—	（5）	—	（5）
外币报表折算差额	—	—	—	（735）	—	—	（735）	—	（735）
应占按权益法核算的投资的其他综合亏损	—	（1 038）	—	—	—	—	（1 038）	—	（1 038）
2017年度总综合收益	—	（1 043）	—	（735）	—	114 279	112 501	135	112 636
2016年度核准的股息	—	—	—	—	—	（22 204）	（22 204）	（7）	（22 211）
2017年度宣布分派的股息	—	—	—	—	—	（83 832）	（83 832）	—	（83 832）
转入中国法定储备	—	—	—	—	21 808	（21 808）	—	—	—
其他	—	—	—	—	150	—	150	—	150
于2017年12月31日	402 130	（266 351）	72	（126）	327 163	522 748	985 636	3 245	988 881
于2017年12月31日（已呈报）	402 130	（266 351）	72	（126）	327 163	522 748	985 636	3 245	988 881
会计政策变更	—	548	—	—	1 181	4 802	6 531	—	6 531
于2018年1月1日（经重列）	402 130	（265 803）	72	（126）	328 344	527 550	992 167	3 245	995 412
2018全年的权益变动：									
2018年度利润	—	—	—	—	—	117 781	117 781	170	117 951

（续表）

指标	本公司股东应占权益							非控制性权益	总权益
	股本	资本储备	一般储备	汇兑储备	中国法定及其他储备	保留利润	总计		
以公允价值计量且其变动计入其他综合收益的金融资产的公允价值变动	—	（168）	—	—	—	—	（168）	—	（168）
外币报表折算差额	—	—	—	1 160	—	—	1 160	—	1 160
应占按权益法核算的投资的其他综合收益	—	1 248	—	—	—	—	1 248	—	1 248
2018年度总综合收益	—	1 080	—	1 160	—	117 781	120 021	170	120 191
2017年度核准的股息（附注32（b）（ii））	—	—	—	—	—	（27 060）	（27 060）	（10）	（27 070）
2018年度宣布分派的股息（附注32（b）（i））	—	—	—	—	—	（32 870）	（32 870）	—	（32 870）
转入中国法定储备（附注32（d）（ii））	—	—	—	—	19 148	（19 148）	—	—	—
其他	—	—	—	—	147	—	147	（1）	146
于2018年12月31日	402 130	（264 723）	72	1 034	347 639	566 253	1 052 405	3 404	1 055 809

4. 合并现金流量表

截至各年度 12 月 31 日（以人民币百万元列示）。

指标	2018年	2017年
经营业务		
除税前利润	153 895	148 137
调整:		
物业、厂房及设备折旧	152 545	149 780
其他无形资产摊销	1 609	515
预付土地租赁费摊销	467	446
出售物业、厂房及设备亏损	8	8
物业、厂房及设备注销和减值	1 250	12 593
呆账减值亏损	4 635	3 392
存货减值亏损	155	297
利息及其他收入	（15 885）	（15 883）
融资成本	144	210
按权益法核算的投资的收益	（13 861）	（9 949）
汇兑净收益	（46）	（27）
营运资金变动前的经营业务现金流	284 916	289 519
存货减少/（增加）	1 212	（1 690）
合同资产增加	（874）	—
合同成本增加	（2 021）	—
应收账款增加	（7 058）	（8 367）
其他应收款减少	1 784	648
预付款及其他流动资产增加	（2 999）	（6 330）
应收最终控股公司款项增加	（348）	—
用户备付金增加	（4 835）	（3 047）
应付账款减少	（16 400）	（1 246）
应付票据增加	873	1 695
递延收入（减少）/增加	（19 588）	1 811
应计费用及其他应付款增加	4 613	9 956
应付最终控股公司款项增加	112	24
经营业务现金流入	239 387	282 973
税项		
－已付中国内地企业所得税	（33 003）	（37 324）
－已付香港利得税	（233）	（135）

（续表）

指标	2018年	2017年
经营业务现金流入净额	206 151	245 514
投资业务		
资本开支	（192 395）	（193 015）
预付土地租赁费及其他	（580）	（590）
购置其他无形资产所付款项	（2 189）	（638）
出售物业、厂房及设备所得款项	8	287
银行存款（增加）/减少	（11 578）	53 889
受限制的银行存款（不含用户备付金）（增加）/减少	（348）	578
已收利息	11 810	15 204
购买按权益法核算的投资所付款项	（375）	（168）
已收按权益法核算的投资之股息	691	847
购买可供出售金融资产	—	（106 296）
可供出售金融资产到期	—	75 550
购买以公允价值计量且其变动计入当期损益的金融资产	（116 810）	—
以公允价值计量且其变动计入当期损益的金融资产到期	110 087	—
购买以公允价值计量且其变动计入其他综合收益的金融资产	（711）	—
中国移动财务公司提供短期借款及其他投资支出	（16 210）	（14 417）
中国移动财务公司收回短期借款及其他投资收款	6 367	4 650
收到中国铁塔对价	—	57 585
其他	2	1
投资业务现金流出净额	（212 231）	（106 533）
融资业务		
已付利息	（142）	（247）
已付本公司股东股息	（59 930）	（106 036）
已付附属公司非控股股东股息	（10）	（7）
收到最终控股公司短期存款	10 873	8 611
偿还最终控股公司短期存款	（8 611）	（5 552）
偿还债券	—	（5 000）
融资业务现金流出净额	（57 820）	（108 231）
现金及现金等价物净（减少）/增加	（63 900）	30 750
年初现金及现金等价物	120 636	90 413
外币汇率变动的影响	566	（527）
年末现金及现金等价物	57 302	120 636

中国联合网络通信集团有限公司 2018 年发展综述

中国联合网络通信集团有限公司（以下简称公司）连续多年入选“世界 500 强企业”，在 2018 年《财富》世界 500 强中位列第 273 位，并连续三年被《机构投资者》（Institutional Investor）评选为“亚洲最受尊崇电信企业第一名”。

本公司致力成为客户信赖的智能生活创造者，联通世界，创享美好智能生活，不断提高产品与服务的品质来满足客户需求。公司未来的产品与服务将向“智能”发展，利用物联网、云计算、大数据等技术对数据和信息进行智能处理。本公司拥有覆盖中国、通达世界的现代通信网络，为广大用户提供全方位、高品质的信息通信服务，包括移动宽带（WCDMA、LTE FDD、TD-LTE）、固网宽带、GSM、固网本地电话、信息通信技术服务、数据通信服务以及其他相关增值服务。于 2018 年年底，本公司拥有约 3.15 亿移动出账用户，其中包括约 2.20 亿 4G 用户、约 8 100 万固网宽带用户及约 5 600 万固网本地电话用户。

一、财务摘要

公司财务摘要见表 1。

表 1　财务摘要

主要财务指标	2018年	2017年	同比变化
营业收入（人民币亿元）	2 908.8	2 748.3	5.8%
其中：服务收入	2 636.8	2 490.2	5.9%
EBITDA[1]（人民币亿元）	849.1	814.3	4.3%
占服务收入比	32.2%	32.7%	−0.5pp
净利润[2]（人民币亿元）	102.0	18.3	457.8%
每股基本盈利（人民币元）	0.333	0.074	347.9%
自由现金流（人民币亿元）	475.2	429.2	10.7%

注1：EBITDA反映了计算财务费用、利息收入、应占联营公司净盈利、应占合营公司净盈利、净其他收入、所得税、折旧及摊销前的年度盈利。由于电信业是资本密集型产业，资本开支和财务费用可能对具有类似经营成果的公司盈利产生重大影响。因此，公司认为，对于与公司类似的电信公司而言，EBITDA有助于对公司经营成果分析。

2：净利润为本公司权益持有者应占盈利。

二、业务概览

2018 年，公司在市场环境深刻变化、受提速降费等国家监管政策调整、行业激烈竞争、经营发展面临严峻挑战的情况下，深化实施聚焦创新合作战略，创新商业模式，构建线上线下一体化新零售体系，加大力度推动互联网化运营转型。

（一）移动业务

2018 年中国联通深化互联网化转型，积极打造“五新”联通，开创发展新局面。全面打造线上线下一体化渠道体系，大力拓展异业触点，积极推进全场景划小承包，充分调动一线人员的积极性，找准客户的痛点和需求创新；打造专属的互联网化产品，持续迭代优化产品，全面推广腾讯王卡、冰激凌等重点产品，实现收入效益双提升；创新线上拓展模式，做大做强线上营销能力，持续提升 2I2C 业务规模；聚焦名单制客户及重点行业市场，以“信息化平台 + 应用特权”为切入点，借力互联网化营销工具，线上线下协同营销模式，提升行业客户贡献。移动出账用户全年净增 3 087 万户，达到约 3.2 亿户，移动出账用户 ARPU 为人民币 45.7 元，移动手机数据流量全年约 216.8 亿 GB，同比增长 179%。

（二）固网业务

固网宽带通过填充视频内容和家庭服务产品，优化宽带融合套餐体系，主动应对竞争；开展“新视频 高质量 免费体验”全国营销活动；提升线上引流能力、完善中台运营支撑，大力发展宽带电商化，并通过融合渗透、视频加载、在网延长、价值提升等措施强化用户保有。同时，以家庭融合通信为基础、以家庭组网为切入点、发挥网络优势，布局家庭互联网业务，并借助混改合作伙伴力量，探索家庭互联网领域，形成新的收入增长点。宽带用户净增 434 万户，达到 8 088 万户，宽带接入用户 ARPU 为人民币 44.6 元；FTTH 用户占比达到 82%，同比提高 4.5 个百分点；本地电话用户流失 410 万户，用户总数达到 5 590 万户。

产业互联网业务方面，聚焦云业务引领，初步建立“云 + 网 +X”政企新融合营销模式，2018 年云计算收入达到人民币 9.6 亿元，同比增长 99%。大数据聚焦产品、平台、自主研发等核心能力的提升，在政务、金融、交通旅游、安全等行业取得突破，2018 年收入达到人民币 6.1 亿元，同比增长 284%。物联网聚焦智能城市、智能可穿戴、车联网、智能制造等领域，强化连接管理平台服务能力，提升使能应用能力，打造端到端解决方案，连接数接近 1.1 亿，2018 年收入达到人民币 20.8 亿元，同比增长 48%。IT 服务聚焦重点领域垂直赋能，全面提升自主核心能力，发布一站式政务服务、智能党建、智能河长综合管理平台、医疗影像云等一系列产业互联网应用产品。2018 年收入达到人民币 56.1 亿元，同比增长 69%。

（三）网络能力

2018 年，公司全面落实「聚焦」战略，推行以投资收益为导向的科学建设方法，积极探索互联网化网络建设、运营和优化的新模式，从用户角度打造一张覆盖好、上网快的高品质网络。截至 2018 年年底，4G 基站达到 99 万站，4G 乡镇覆盖率达到 91%，固定网络方面继续扩大新增区域网络覆盖和 PON+LAN 区域网络改造，宽带端口总数达到 2.1 亿个，其中 FTTH 端口占比 82%。传送网新增 WDM/OTN 生产能力 198.2 万波长公里，新建光缆干线 4 781 皮长公里，折合 26.7 万纤芯公里。

公司持续完善国际网络布局。截至 2018 年年底，国际海缆资源容量达到 21.8TB；互联网国际出口容量 2.2TB，回国带宽 2.4TB；国际漫游覆盖达到 253 个国家和地区的 616 家运营商。

（四）市场营销

1．品牌策略

2018 年，公司借力冬奥、世界杯、世乒赛等大事件，强化品牌形象、5G、移网及宽带等重点业务宣传，持续通过线上互联网精准传播、线下活动创新推广提升业务口碑。同时，策划发布沃品牌卡通形象、智能联盟等，深入推进品牌互联网化。

2．营销策略

2018 年，公司强化危机意识，积极应对竞争，举全域之力，打好经营收官之战。传统有效坚持与创新模式推进并重，多元化渠道发展与提质增效并重，公众与集客市场并重，聚焦重点业务做深做透。通过单变多、单变融的滚雪球模式保有和拓展用户；通过渠道赋能、触点拓展、政企专项突破积极发展用户；强化存量经营，全力提升价值。电子渠道拓宽合作广度，挖掘合作深度，借助合作方宣传优势与各种节庆契机大力开展联合营销，保障 2I2C 发展规模。与阿里巴巴、腾讯等合作伙伴打造以“沃云”为品牌的公有云产品；分别与阿里巴巴、网宿成立合资公司，建立政企新融合营销模式。

3．渠道策略

2018 年，公司重点构建以“生态化、大数据、一体化、高体验”为特征的线上线下一体化新零售体系。线上进一步拓展合作触点，增强异网用户获取能力，以手厅为核心，构建自有触点网络，大力提高线上渠道合力与集约化能力，将线上渠道打造为增收增效和价值经营的主渠道。线下优化自控门店布局，持续改善社会渠道结构，做好传统渠道互联网化转型。

4．客户服务

2018 年，公司以 NPS 客户口碑及体验提升为牵引，建立一体化运营管理体系，加速推进服务互联网化工程和关键流程客户化改造，并聚焦客户痛点难点问题开展攻坚专项行动。截至 2018 年年底，移网 NPS 较 2017 年提升 5.1 分，宽带 NPS 提升 9.5 分，实现了客户感知的持续提升。

三、财务概览

（一）概述

2018 年，公司全面深化实施聚焦战略，实现营业收入人民币 2 908.8 亿元，同比增长 5.8%。服务收入稳步提升，达到人民币 2 636.8 亿元，同比增长 5.9%。实现净利润人民币 102.0 亿元，同比增加人民币 83.7 亿元。

2018 年，公司经营活动现金流量净额为人民币 923.9 亿元，资本开支为人民币 448.7 亿元。截至 2018 年年底，公司资产负债率为 41.8%。

（二）营业收入

2018 年，公司营业收入实现人民币 2 908.8 亿元，同比增长 5.8%。其中，服务收入为人民币 2 636.8 亿元，同比增长 5.9%。

表 2 反映了公司 2018 年和 2017 年服务收入构成的变化情况及各业务服务收入所占服务收入百分比情况。

（三）成本费用

2018 年公司成本费用合计为人民币 2 778.0 亿元，同比增长 2.0%。

表 2 列出了 2018 年和 2017 年公司成本费用项目以及每个项目所占营业收入的百分比变化情况。

表 2　成本费用及每个项目所占营业收入百分比

项目	2018年		2017年	
	累计发生	所占营业收入百分比（%）	累计发生	所占营业收入百分比（%）
成本费用合计	2 778.0	95.50	2 722.4	99.06
营业成本	2 817.5	96.86	2 708.9	98.57
其中：网间结算支出	125.8	4.32	126.2	4.59
折旧及摊销	757.8	26.05	774.9	28.20
网络、营运及支撑成本	550.8	18.93	545.1	19.83
雇员薪酬及福利开支	481.4	16.55	424.7	15.45
销售通信产品成本	276.0	9.49	266.4	9.69
销售费用	351.7	12.09	340.9	12.40
其他经营及管理费	274.0	9.43	230.7	8.41
财务费用（抵减利息收入）	−0.9	−0.03	40.9	1.49
应占联营公司净盈利	−24.8	−0.85	−8.9	−0.32
应占合营公司净盈利	−6.0	−0.21	−5.7	−0.21

（续表）

项目	2018年		2017年	
	累计发生	所占营业收入百分比（%）	累计发生	所占营业收入百分比（%）
净其他收入	−7.8	−0.27	−12.8	−0.47

说明：除百分比数字外，单位皆为人民币亿元

1．网间结算支出

2018 年公司网间结算支出人民币 125.8 亿元，同比下降 0.3%，所占营业收入的比重由 2017 年的 4.59% 下降至 4.32%。

2．折旧及摊销

2018 年公司资产折旧及摊销产生人民币 757.8 亿元，同比下降 2.2%，所占营业收入的比重由 2017 年的 28.20% 下降至 26.05%。

3．网络、营运及支撑成本

2018 年公司网络、营运及支撑成本人民币 550.8 亿元，同比增长 1.0%，所占营业收入的比重由 2017 年的 19.83% 下降至 18.93%。

4．雇员薪酬及福利开支

2018 年随着公司经营业绩上升，雇员薪酬及福利开支达到人民币 481.4 亿元，同比增长 13.4%，所占营业收入的比重由 2017 年的 15.45% 变化至 16.55%。

5．销售通信产品成本

2018 年公司销售通信产品成本为人民币 276.0 亿元，同期销售通信产品收入为人民币 271.9 亿元，销售通信产品亏损为人民币亿元，其中，终端补贴成本为人民币 9.6 亿元，同比下降 23.7%。

6．销售费用

2018 年公司销售费用为人民币 351.7 亿元，同比增长 3.2%，所占营业收入的比重由 2017 年的 12.40% 下降至 12.09%。

7．其他经营及管理费

2018 年其他经营及管理费为人民币 274.0 亿元，同比增长 18.7%，所占营业收入的比重由 2017 年的 8.41% 变化至 9.43%。

8．财务费用（抵减利息收入）

2018 年公司净财务费用为人民币 −0.9 亿元，同比下降 102.1%。

9．净其他收入

2018 年公司实现净其他收入为人民币 7.8 亿元，比 2017 年减少人民币 5.0 亿元。

（四）盈利水平

1．税前利润

2018 年税前利润实现人民币 130.8 亿元，同比增加人民币 104.9 亿元。

2．所得税

2018 年公司的所得税为人民币 28.2 亿元，2018 年全年实际税率为 21.6%。

3．年度盈利

2018 年公司净利润[1]实现人民币 102.0 亿元，同比增加人民币 83.7 亿元。每股基本盈利为人民币 0.333 元，同比增长 347.9%。

（五）EBITDA[2]

2018 年公司 EBITDA 为人民币 849.1 亿元，同比增长 4.3%，EBITDA 占服务收入的百分比为 32.2%，比 2017 年减少 0.5 个百分点。

（六）资本开支及现金流

2018 年公司各项资本开支合计人民币 448.7 亿元。这些开支主要用于移动网络、宽带及数据、基础设施及传送网建设等方面。2018 年公司经营活动现金流量净额为人民币 923.9 亿元，扣除本年资本开支后自由现金流为人民币 475.2 亿元。

表 3 列出了公司 2018 年主要资本开支项目情况。

表 3　2018 年主要资本开支项目情况

项目	2018年	
	累计支出	占比（%）
合计	448.7	100.0
其中：移动网络	187.3	41.7
宽带及数据	91.6	20.4
基础设施及传送网	103.2	23.0
其他	66.6	14.9

说明：除百分比数字外，单位皆为人民币亿元

（七）资产负债情况

截至 2018 年年底，公司资产总额由 2017 年年底的人民币 5 719.8 亿元变化至人民币 5 403.2 亿元，负债总额由 2017 年年底的人民币 2 676.4 亿元变化至人民币 2 260.3 亿元，资产负债率由 2017 年年底的 46.8% 下降至 41.8%。债务资本率由 2017 年年底的 19.5% 下降至 11.3%。截至 2018 年年底，净债务资本率为 2.8%。

1．净利润为本公司权益持有者应占盈利。

2．EBITDA 反映了在计算财务费用、利息收入、应占联营公司净盈利、应占合营公司净盈利、净其他收入、所得税、折旧及摊销前的年度盈利。由于电信业是资本密集型产业，资本开支和财务费用可能对具有类似经营成果的公司盈利产生重大影响。因此，公司认为，对于与公司类似的电信公司而言，EBITDA 有助于对公司经营成果分析。

附：财务报表

1. 合并综合收益表

截至各年度 12 月 31 日（单位：人民币百万元）。

指标	2018年	2017年
年度盈利	10 257	1 850
其他综合收益		
不会重分类至损益表的项目：		
经其他综合收益入账的金融资产的公允值变动（不可转回）	（383）	（56）
经其他综合收益入账的金融资产的公允值变动之税务影响	2	（2）
经其他综合收益入账的金融资产的公允值变动，税后（不可转回）	（381）	（58）
净设定受益负债重新计量之影响，税后	（4）	6
	（385）	（52）
日后可能重分类至损益表的项目：		
外币报表折算差额	140	（178）
税后年度其他综合收益	（245）	（230）
年度总综合收益	10 012	1 620
应占总综合收益：		
本公司权益持有者	9 952	1 598
非控制性权益	60	22

附注：本集团于2018年1月1日首次采用国际财务报告准则/香港财务报告准则15及国际财务报告准则/香港财务报告准则9（2014）。本集团选择使用的过渡方法，对比较数据不会进行重列。详见附注2。

2. 合并财务状况表

截至各年度 12 月 31 日（单位：人民币百万元）。

指标	附注	2018年	2017年
资产			
非流动资产			
固定资产	15	384 475	416 596
预付租赁费	16	9 290	9 313
商誉	17	2 771	2 771
所拥有的联营公司权益	19	35 758	33 233
所拥有的合营公司权益	20	3 966	2 368
递延所得税资产	13	3 401	5 973

（续表）

指标	附注	2018年	2017年
合同资产	21	570	—
合同成本	22	5 632	—
以公允值计量经其他综合收益入账的金融资产	23	3 903	4 286
其他资产	24	14 645	20 721
		464 411	495 261
流动资产			
存货及易耗品	25	2 388	2 239
合同资产	21	1 254	—
应收账款	26	14 433	13 964
预付账款及其他流动资产	27	11 106	13 801
应收最终控股公司款	44	7 431	239
应收关联公司款	44	935	3 274
应收境内电信运营商款		3 812	4 683
以公允价值计量且其变动计入当期损益的金融资产		770	160
短期银行存款及受限制的存款	28	3 720	5 526
现金及现金等价物	29	30 060	32 836
		75 909	76 722
总资产		540 320	571 983
权益			
归属于本公司权益持有者			
股本	30	254 056	254 056
储备	31	（20 154）	（20 912）
留存收益			
– 拟派末期股息	32	4 100	1 591
– 其他		75 920	69 315
		313 922	304 050
非控制性权益		364	297
总权益		314 286	304 347
负债			
非流动负债			
长期银行借款	33	3 173	3 473
公司债券	35	999	17 981

（续表）

指标	附注	2018年	2017年
递延所得税负债	13	111	108
递延收入	36	3 609	3 020
应付关联公司款	44	3 042	—
其他债务	37	190	432
		11 124	25 014
流动负债			
短期银行借款	38	15 085	22 500
短期融资券	39	—	8 991
一年内到期的长期银行借款	33	441	410
一年内到期的中期票据	34	—	17 960
应付账款及预提费用	40	122 458	125 260
应交税金		911	1 121
应付最终控股公司款	44	1 214	2 176
应付关联公司款	44	8 843	8 126
应付境内电信运营商款		2 144	2 538
应付股利		920	920
一年内到期的公司债券	35	16 994	—
递延收入的流动部分	36	78	350
一年内到期的其他债务	37	2 844	2 987
合同负债	21	42 650	—
预收账款		328	49 283
		214 910	242 622
总负债		226 034	267 636
总权益及负债		540 320	571 983
净流动负债		（139 001）	（165 900）
总资产减流动负债		325 410	329 361

附注：本集团于2018年1月1日首次采用国际财务报告准则/香港财务报告准则15及国际财务报告准则/香港财务报告准则9（2014）。本集团选择使用的过渡方法，对比较数据不会进行重列。

3. 合并权益变动表

截至各年度 12 月 31 日（单位：人民币百万元）。

指标	归属本公司权益持有者							非控制性权益	所有者权益
	普通股本	一般风险准备	投资重估储备	法定储备基金	其他储备	留存收益	统计		
于2017年1月1日余额	179 102	33	（6 936）	28 827	（42 941）	69 322	227 407	275	227 682
年度总综合收益	—	—	（58）	—	（172）	1 828	1 598	22	1 620
发行普通股本	74 954	—	—	—	—	—	74 954	—	74 954
应占联营公司其他储备	—	—	—	—	91	—	91	—	91
提取法定储备基金	—	—	—	50	—	（50）	—	—	—
提取其他准备基金	—	194	—	—	—	（194）	—	—	—
于2017年12月31日余额	254 056	227	（6 994）	28 877	（43 022）	70 906	304 050	297	304 347
首次采用国际财务报告准则/香港财务报告准则15影响	—	—	—	175	—	1 575	1 750	—	1 750
首次采用国际财务报告准则/香港财务报告准则9（2014）影响	—	—	—	（85）	—	（768）	（853）	—	（853）
于2018年1月1日余额	254 056	227	（6 994）	28 967	（43 022）	71 713	304 947	297	305 244
年度总综合收益	—	—	（381）	—	136	10 197	9 952	60	10 012
非控制权益持有者投入资本	—	—	—	—	—	—	—	7	7
提取法定储备基金	—	—	—	52	—	（52）	—	—	—
提取其他准备基金	—	247	—	—	—	（247）	—	—	—
二零一七年股息（附注32）	—	—	—	—	—	（1 591）	（1 591）	—	（1 591）
中国联合网络通信股份有限公司（「A股公司」）授予本集团员工限制性股票相关资本投入（附注43）	—	—	—	—	614	—	614	—	614
于2018年12月31日余额	254 056	474	（7 375）	29 019	（42 272）	80 020	313 922	364	314 286

附注：本集团于2018年1月1日首次采用国际财务报告准则/香港财务报告准则15及国际财务报告准则/香港财务报告准则9（2014）。本集团选择使用的过渡方法，对比较数据不会进行重列。

中国铁塔股份有限公司 2018 年发展综述

中国铁塔股份有限公司（以下简称“公司”）是在落实“网络强国”战略、深化国企改革和电信体制改革的大背景下，由中国移动、中国联通、中国电信、中国国新共同出资设立的国有大型通信基础设施综合服务企业，主要从事通信铁塔等基站配套设施以及室内分布系统的建设、维护和运营。公司于 2014 年 7 月 18 日成立，2018 年 8 月 8 日在香港联合交易所有限公司（香港交易所）上市，上市募集资金约 588 亿元港币。公司股票于 2018 年 12 月 10 日进入恒生国指成分股，成为港股通标的。

2018 年，随着中国“网络强国”和“宽带中国”战略的推进，通信基础设施的战略性地位得到广泛认可，公司全面深化共享发展理念，深入推进专业化运营，整体保持良好发展态势，行业主导地位进一步巩固，多点支撑增长格局初见成效，整体经营业绩不断提升，为公司健康持续发展奠定坚实基础。截至 2018 年年底，公司拥有约 195 万通信站址，租户约 301 万户。

一、财务摘要

财务摘要见表 1。

表 1　财务摘要

主要财务指标	2018年度	2017年度
营业收入（人民币百万元）	71 819	68 665
其中：塔类业务（人民币百万元）	68 597	67 085
室分业务（人民币百万元）	1 1819	1 284
跨行业业务（人民币百万元）	1 222	169
营业利润（人民币百万元）	9 081	7 715
EBITDA（人民币百万元）	41 773	40 357
净利润（人民币百万元）	2 650	1 943
资本开支（人民币百万元）	26 466	43 836
经营活动现金流量净额（人民币百万元）	45 540	34 935
每股盈利（人民币元）	0.0179	0.0150

二、业务概览

2018 年，公司聚焦“一体两翼”战略，立足深化行业共享，拓展社会共享，积极培育多点支撑的业务增长格局，着力打造“低成本、高效率、优服务”的核心竞争优势，经营业绩稳健增长。

（一）主要运营数据

主要运营数据见表 2。

表 2　主要运营数据

指标名称	单位	2018年	2017年	同比变化
租户数	万户	300.92	268.74	12.0%
其中：塔类租户数	万户	283.71	264.52	7.3%
室分租户数	万户	3.14	2.36	33.0%
跨行业租户数	万户	14.07	1.86	654.8%
站址数	万	194.76	187.22	4.0%
站均租户数	户/站址	1.55	1.44	7.6%
每站址平均年收入[1]	万元/年	3.76	3.58	5.0%

注1：每站址平均年收入=当年收入/［（期初站址数+期末站址数）/2］，其中2017年收入按照模拟口径收入。

（二）立足共享发展，共享水平持续提升

公司牢固树立共享理念，不断拓展共享内涵，从传统站址共享向塔、机房、传输、电力、社会资源等综合共享转变，从行业内共享向社会各行业、各领域的共享合作转变，统筹利用内部或外部资源，以共享为客户降低成本，以共享赢得各方认可，以共享引领业务发展。

2018 年，公司利用现有资源满足塔类订单占比达 86.1%，较 2017 年提升 14.1 个百分点。通过加大存量共享、扩大社会共享、深化综合共享、强化新建共享，2018 年塔类站址站均租户数达 1.55 户，较 2017 年提升 0.11 户，其中地面塔站均租户数达 1.67 户，较 2017 年提升 0.14 户。每站址平均年收入 3.76 万元 / 站址，较 2017 年提升 5.0%。

（三）创新服务模式，运营商业务稳健增长

1．塔类业务

公司坚持以客户为中心，不断创新服务模式，持续提升移动网络覆盖综合方案解决能力，从规划、方案、疑难站址和客户差异化诉求方面入手，面向网络覆盖，主动为客户提供天线挂载、电源配套、传输接入等整体服务，降低客户成本、解决覆盖难题，为客户创造价值。2018 年塔

类站址数达 192.47 万个，较 2017 年增长 3.7%；新增塔类业务租户 19.19 万户，塔类业务租户总数 283.71 万，较 2017 年增长 7.3%。

2. 室分业务

公司坚持聚焦重点场景、共享发展，积极掌控物业资源，通过个性化、定制化、多样化的室分综合解决方案，全面拓展高铁、地铁、机场、大型场馆等重点场所室分市场。2018 年，室分业务覆盖楼宇总面积达 14.61 亿平方米，较 2017 年增长 52.5%；覆盖高铁总里程 17 691 千米，较 2017 年增长 27.9%；覆盖地铁总里程 2887 千米，较 2017 年增长 48.3%。室分站址数达 2.29 万个，室分业务租户数 3.14 万个，较 2017 年增长 33%。

（四）发挥资源优势，多元经营初具雏形

公司立足资源优势，在深化行业共享的同时积极拓展社会共享，变通信塔为社会塔，探索多种业务发展模式，快速提升数据信息服务能力，向客户提供以资源共享为核心的跨行业站址应用与信息业务，实现公司业务多元化发展。

面向政企通信网、环境质量监测网、卫星信号地面增强网、广播和电视通信网等重点应用领域，公司积极开展站址资源服务、数据信息服务、动环监控及维护服务，快速满足客户的规模化建设需求。2018 年，跨行业业务收入达 12.22 亿元，占总收入比例由 2017 年的 0.2% 显著提升至 1.7%。跨行业租户数达 14. 07 万户，较 2017 年增加 12.21 万户。

公司积极拓展能源的社会化服务，依托于基站电力保障和动力电池备电经验，发挥能力和资源优势，将“共享”理念拓展至能源的社会化服务领域，对外提供包括备电、发电、储能、动力电池租赁等产品和服务，为能源经营业务的拓展进行了有益的尝试和探索。

为拓展国际市场，东南亚铁塔有限责任公司于 2018 年 12 月设立，在老挝开展通信基础设施建设、运营。

（五）坚持开放合作，发展环境更加良好

公司充分把握“网络强国”“宽带中国”战略实施及移动互联网蓬勃发展的机遇，积极争取政策支持，全力营造发展环境，通信基础设施的战略性地位得到广泛认可。

公司积极拓展社会资源获取，对电力、铁路、邮政、互联网、房地产等企业广开合作之门，不断拓宽新的业务蓝海，企业形象和社会地位持续提升。通过开展与相关房地产企业的战略合作，共享共赢，2018 年达成合作项目 3 881 个，覆盖面积 6 亿平方米，有效促进业务发展。

（六）聚焦客户感知，服务保障能力不断增强

公司坚持以客户为中心，以服务为根本，推动维护质量持续提升。通过加强设备设施日常维护和故障管理，持续推进精准化运维，为运营商提供安全、可靠的通信基础设施服务。

2018 年，有机房的站址 100% 实现 7×24 小时实时监控，监控覆盖能力持续提升。标准站址平均断电退服时长 9.8 分钟 / 站 / 月，较 2017 年下降 21.5%；断电退服率 5.9%，较 2017 年下

降 12.9%。2018 年全年应急通信保障累计出动人员 38.5 万人次，车辆 18.7 万台次，油机 35 万台次，圆满完成“温比亚”“山竹”等重大自然灾害期间的通信保障。

（七）提前谋划，为 5G 规模建设做准备

公司充分发挥现有资源潜能，做好铁塔、电源、机房、室分等资源的统筹优化，加强 5G 建设对现有资源的共享利用，进一步提升资源利用效率与降低 5G 建设成本。同时，推动与国家电网、南方电网、市政部门、房地产企业的战略合作，主动获取电力塔、监控杆、路灯杆、物业设施等广泛的社会资源，加大站址资源储备，着力满足 5G 宏站、微站、室分等新增站址需求。

公司加大技术创新，联合产业链开展 5G 共享型室内微站产品研发，推动 5G 室分共享。积极争取政府支持，推进 5G 站址协同规划与建设，持续深化行业共享，助力 5G 快速建设。作为 IMT-2020（5G）推进组成员单位，公司全面参与中国 5G 规模试验工程建设，为运营商在 5G 测试外场提供基础设施及测试环境。

三、财务概览

（一）概述

2018 年，公司持续深化共享发展，创新建设服务模式，拓展多元市场空间，进一步强化精细化管理，运营效率和效益不断提升。

2018 年，公司营业收入实现 718.19 亿元（如未特别注明，本财务概览金额均以人民币列示），比 2017 年增长 4.6%；营业利润实现 90.81 亿元，比 2017 年增长 17.7%；净利润实现 26.50 亿元，比 2017 年增长 36.4%；EBITDA 为 417.73 亿元，比 2017 年增长 3.5%，资本开支为 264.66 亿元，自由现金流实现 190.74 亿元。

（二）营业收入

2018 年，公司坚持创新与服务驱动，以共享引领业务发展，深化通信行业综合共享，拓展跨行业社会共享，业务收入保持稳健增长，多点支撑的收入增长格局初步形成。2018 年公司营业收入达 718.19 亿元，比 2017 年增长 4.6%，室分业务收入及跨行业业务收入占营业收入比重由 2017 年的 2.1% 提升至 4.2%，具体营业收入见表 3。

1. 塔类业务收入

2018 年，公司持续深化塔类资源共享，着力打造宏微结合、室内外协同的移动网络覆盖综合解决方案，满足客户低成本、差异化的移动网络覆盖需求，塔类业务市场主导地位进一步巩固，塔类业务收入实现 685.97 亿元，比 2017 年增长 2.3%。

表 3　营业收入

项目	2018年		2017年	
	累计完成	占营业收入比重（%）	累计完成	占营业收入比重（%）
营业收入	71 819	100.0	68 665	100.0
其中：塔类业务	68 597	95.5	67 085	97.7
室分业务	1 819	2.5	1 284	1.9
跨行业业务	1 222	1.7	169	0.2

说明：除百分比数字外，单位皆为人民币百万元

2. 室分业务收入

2018 年，公司积极满足商务楼宇、大型场馆以及地铁、高铁等室分覆盖需求，室分业务得到快速发展，室分业务收入实现 18.19 亿元，比 2017 年增长 41.7%，室分业务收入占营业收入比重为 2.5%，比 2017 年提升 0.6 个百分点。

3. 跨行业业务收入

2018 年，公司发挥资源优势，积极把握移动互联网时代社会信息化迅猛发展的战略机遇，聚焦站址资源服务、数据信息服务、动环监控及维护服务开展跨行业业务，大力拓展社会共享。跨行业业务收入由 2017 年 1.69 亿元快速增加到 12.22 亿元，跨行业业务收入占营业收入比重为 1.7%，比 2017 年提升 1.5 个百分点。

（三）营业开支

2018 年，公司坚持单站核算和资产全生命周期管理，持续加强成本管控；依托集中统一的 IT 系统和扁平、透明、阳光的互联网管理模式，提升运营服务效率，促进降本增效。

2018 年，营业开支累计发生 627.38 亿元，比 2017 年增长 2.9%；营业开支占营业收入的比重为 87.3%，比 2017 年下降 1.4 个百分点。

1. 折旧及摊销

2018 年，公司持续深化共享，创新建设服务模式，以共享社会公共资源、推进综合解决方案为手段，有效降低建设成本。折旧及摊销累计发生 326.92 亿元，比 2017 年增长 0.2%。

2. 场地租赁费

2018 年，公司积极开展对外合作，主动寻求低成本站址资源，严格管理场租续签涨幅，有效控制场租成本增长。场地租赁费累计发生 121.96 亿元，比 2017 年增长 7.6%。

3. 维护费用

2018 年，公司依托全国统一的维护监控平台，不断完善互联网化的维护模式，通过智能调度、精准作业，推进维护质量和效率持续改善，维护费用累计发生 61.65 亿元，比 2017 年增长 0.1%。

4. 人工成本

2018 年，公司以提升业务拓展市场化能力为核心，积极优化员工队伍结构，适时补充面向综合解决方案及跨行业业务发展的专业技术人才，同时进一步加大薪酬与业绩挂钩的激励力度，

人工成本累计发生 49.17 亿元，比 2017 年增长 16.3%。

5. 其他营业开支

2018 年，公司发电费、站址运营及支撑费、资产处置损失、办公物业费用等其他经营开支累计发生 67.68 亿元，比 2017 年增长 2.7%。

（四）融资成本

2018 年，受市场利率上升及带息负债平均余额增加影响，公司净财务费用发生 57.59 亿元，比 2017 年增长 11.2%。

（五）盈利水平

1. 营业利润及 EBITDA

得益于良好的收入增长和成本管控，2018 年公司营业利润实现 90.81 亿元，比 2017 年增长 17.7%；EBITDA 为 417.73 亿元，EBITDA 占营业收入百分比为 58.2%。

2. 所得税

2018 年，公司所得税为 8.25 亿元，全年实际税率为 23.7%。

3. 净利润

2018 年，公司净利润实现 26.50 亿元，比 2017 年增长 36.4%。每股基本盈利为 0.017 4 元。

（六）资本开支及现金流量

1. 资本开支

2018 年，随着通信运营商建设需求下降，同时公司积极推进建设模式转型，广泛利用社会资源，实施宏微结合、室内外协同的移动网络覆盖综合解决方案，低成本高效满足客户需求，公司资本开支累计发生 264.66 亿元，具体资本开支见表 4。

表 4 资本开支

项目	2018年	
	累计支出（人民币百万元）	占比
资本开支	26 466	100.0%
其中：站址新建及共享改造	17 530	66.2%
站址更新改造	4 671	17.7%
IT支撑及购置综合生产用房等	4 265	16.1%

2. 经营活动现金流及自由现金流

2018 年公司经营活动现金流量净额为 455.40 亿元，扣除本年资本开支后自由现金流为 190.74 亿元。

（七）资产负债情况

截至 2018 年年底，公司资产总额为 3 153.64 亿元，负债总额为 1 348.62 亿元，其中净债务为 945.56 亿元；资产负债率为 42.8%，比 2017 年年底下降 17.7 个百分点；净债务杠杆率为 34.4%，比 2017 年年底下降 19.4 个百分点。[注释：净债务杠杆率根据净债务（计息负债减现金及现金等价物的净值）除以总权益和净债务之和乘以 100%]

四、未来展望

未来，互联网、大数据、人工智能与实体经济融合持续深化，数字经济、智能社会蓬勃兴起，通信基础设施的战略性地位将更加凸显。面对新的发展环境，面向 5G 时代信息技术变革，公司将把握机遇，深化资源共享，以运营商业务为主体，以跨行业业务和能源经营业务为两翼，全面推进“一体两翼”战略落地，将公司打造成为国际同行中最具潜力的成长型与价值型企业。

（一）巩固运营商业务，奠定持续增长基础

塔类与室分为主的“一体业务”是公司稳定发展的核心基础。公司将立足资源优势，深化行业共享，聚焦客户需求，坚持主动营销，深入推进移动互联网覆盖综合解决方案的实施，全面构建低成本、高效率、优服务的核心能力和竞争优势。

面临 4G 深度覆盖需求及 5G 网络部署要求，公司将进一步加强站址规划的统筹能力和资源的整合利用能力，高效优质地满足运营商网络部署需求；不断提升技术创新水平，在铁塔、电源配套、室分共享等重点领域，形成适应 5G 发展需要的解决方案，为 5G 规模建设做好准备。

（二）发力两翼业务，形成持续增长动力

跨行业与能源经营为主的“两翼业务”是公司可持续发展的重要支撑。公司将发挥资源优势，拓展社会共享，不断扩大服务领域和范围，进一步构建和巩固多点支撑的整体增长格局，实现依托资源共享为社会相关行业创造价值的目标。

业务发展上，公司将聚焦重点领域、重点客户、重点业务，形成成熟的商业模式和完善的产品体系，不断满足客户多样化、智能化、规模化的综合性业务需求，打造具有中国铁塔特色的业务和服务品牌；深化体制机制创新，通过专业化、公司化的运营管理，提升跨行业与对外能源经营的资源整合和市场拓展能力，为两翼业务的健康持续发展建立组织保障。

（三）提升公司价值，实现两型企业目标

公司将以共享发展为基础，不断丰富拓展共享内涵，发挥资源优势，从行业内共享向社会各行业、各领域的共享拓展，以共享引领业务发展，以共享为客户降低成本、为公司创造价值；公司将以提高运营效率效益为目标，持续深化互联网化管理，通过资产精准运营，实现精益化管理；公司将不断完善市场化的激励机制，通过股权激励计划等灵活有效的激励手段，充分激发员工动力、提升企业活力，使公司价值、股东价值和员工利益实现有机协同。

附：财务报表

1. 合并综合收益表

截至各年度 12 月 31 日（单位：人民币百万元）。

项目	2018年	2017年
营业收入	71 819	68 665
营业开支		
折旧及摊销	−32 692	−32 642
场地租赁费	−12 196	−11 336
维护费用	−6 165	−6 156
人工成本	−4 917	−4 229
其他管理开支	−6 768	−6 587
	−62 738	−60 950
营业利润	9 081	7 715
其他收益	153	149
利息收入	248	104
融资成本	−6 007	−5 283
税前利润	3 475	2 685
所得税费用	−825	−742
年度利润	2 650	1 943
其他综合收益（除税后）	—	—
年度综合收益	2 650	1 943
年度利润及综合收益总额归属于：		
—本公司股东	2 650	1 943
—非控制性权益	—	—
	2 650	—
每股基本及摊薄收益（人民币）		
基本/摊薄	0.017 9	0.015

2. 合并资产负责表

截至各年度12月31日（单位：人民币百万元）。

项目	截至2018年12月31日	截至2017年12月31日
资产		
非流动资产		
物业、厂房及设备	249 055	258 138
在建工程	12 193	10 930
长期预付款	13 216	9 910
递延所得税资产	706	689
其他非流动资产	8 395	12 459
	283 565	292 126
流动资产		
应收营业及其他账款	19 158	15 262
预付款及其他流动资产	7 805	7 403
现金及现金等价物	4 836	7 852
	31 799	30 517
总资产	315 364	322 643
权益及负债		
归属于本公司股东权益		
股本	176 008	129 345
储备	4 494	−1 850
权益总额	180 502	127 495
负债		
非流动负债		
借款	19 064	43 793
递延收入	1 039	1 314
	20 103	45 107
流动负债		
借款	79 946	95 260
应付递延对价	382	17 252
应付账款	30 591	31 906
预提费用及其他应付款项	3 263	5 400
应付所得税	577	223
	114 759	150 041
负债总额	134 862	195 148
权益及负债总额	315 364	322 643

3. 合并权益变动表

截至各年度 12 月 31 日（单位：人民币百万元）。

项目	股本	资本溢价	法定储备	留存收益	合计	非控制性权益	合计
于2017年1月1日的结余	129 345	—	—	−3 793	125 552	—	125 552
本年利润	—	—	—	1 943	1 943	—	1 943
其他综合收益	—	—	—	—	—	—	—
本年综合收益总额	—	—	—	1 943	1 943	—	1 943
于2017年12月31日的结余	129 345	—	—	−1 850	127 495	—	127 495
本年利润	—	—	—	2 650	2 650	—	2 650
其他综合收益	—	—	—	—	—	—	—
本年综合收益总额	—	—	—	2 650	2 650	—	2 650
H股发行股份募集资金净额	46 663	3 694	—	—	50 357	—	50 357
提取法定储备	—	—	80	−80	—	—	—
于2018年12月31日的结余	176 008	3 694	80	720	180 502	—	180 502

4. 合并现金流量表

截至各年度 12 月 31 日（单位：人民币百万元）。

项目	**2018年**	**2017年**
经营活动现金流量		
经营活动产生的现金	45 757	34 831
支付的所得税	−465	—
收取的利息收入	248	104
经营活动产生的现金净额	45 540	34 935
投资活动现金流量		
购买物业及设备	−32 713	−51 837
购买土地使用权及其他非流动资产	−282	−164
处置物业及设备所得款项	80	86
对联营公司投资所支付的款项	−8	—
投资活动所用的现金净额	−32 923	−51 915

（续表）

项目	2018年	2017年
融资活动现金流量		
H股发行股份所得款项	51 165	—
上市费用支出款项	−724	—
借款收到的款项	165 530	131 479
偿还资产支持票据支付的款项	—	−4 950
偿坏借款支付的款项	−205 889	−37 973
偿还收购铁塔资产的递延对价（包括增值税）所支付的款项	−16 884	−76 631
支付计息负债之利息	−8 832	−4 342
融资活动（所用）/产生现金净额	−15 634	7 583
现金及现金等价物减少净额	−3 017	−9 397
年初的现金及现金等价物	7 852	17 249
外币汇率变动对现金及现金等价物的影响	1	—
年末的现金及现金等价物	4 836	7 852

中国广播电视网络有限公司 2018 年发展综述

一、基本情况

（一）公司成立背景与发展定位

中国广播电视网络有限公司（以下简称中国广电）是根据党的十七届六中全会“整合有线电视网络，组建国家级广播电视网络公司”精神，经国务院批复，由中央财政出资，于 2014 年 5 月 28 日正式挂牌成立的中央文化企业，目前实收资本为人民币 50.8 亿元。中国广电由国家广播电影电视总局负责组建和代管；由财政部代表国务院履行出资人职责，财务关系在财政部单列；由国家广播电影电视总局和工业和信息化部按照职责对中国广电相关业务实行行业监管。中国广电应中央网络强国、三网融合战略而生，是广电网络参与三网融合的市场主体，是全国有线电视网络整合发展的主体，是全国有线电视网络互联互通平台建设运营的主体，是广电移动网的建设运营主体。

中国广电以习近平新时代中国特色社会主义思想为指导，坚持“有线 + 无线 + 卫星 + 国际传播 + 内容”协同发展，实施“智慧广电”战略。中国广电成立以来，认真落实文化经济政策，强化国有文化资产监管，建立有文化特色的现代企业制度，建立并逐步完善企业运行机制和母子公司管理机制，推动把社会效益第一、社会价值优先的经营理念体现到企业章程和各项规章制度中，初步形成了分党组领导与法人治理结构相结合、内部激励和约束相结合、体现文化企业特点、符合现代企业制度要求的资产组织形式和经营管理模式。

（二）业务生产经营管理情况

中国广电自 2016 年开始，通过增资入股、合作投资等方式，先后投资，设立了中国有线、中广电传媒、中广移动、中广基金、中广资本、中广终端、中广电国际、中广宽带、中广云视传媒、中广投、国广东方、东方嘉影、新疆广电、黑龙江广电 14 家控（参）股企业，初步形成了总部控股、子公司运营的集团运营管理架构。目前，总资产 141.40 亿元，各项重点工作有序推进，实现了国有资本的保值增值和有效放大。

在工业和信息化部的大力支持和有力指导下，中国广电于2016年5月获颁互联互通国内数据传输业务、国内通信设施服务业务、网络托管业务等几项基础电信业务经营许可证以及互联网数据中心业务等6项增值电信业务经营许可证，2019年5月，获颁5G牌照。

截至2018年12月31日，中国广电本部及下属子公司电信指标完成情况如下：中国广电本部IPv6地址数共2 048块/32。中国有线固定互联网宽带接入用户共计25.44万户，同比增长59.10%；固定互联网宽带接入流量共计50GB，同比增长68.18%；长途光缆线路长度42 380千米，较2017年数据没有变化；互联网宽带接入端口共计72.81万个，同比增长192.06%；WLAN公共运营接入点AP数共计503个，较2017年数据没有变化；互联网省际出口带宽共31 744MB，同比增长47.62%；IPv4地址数共1 255 424个，较2017年数据没有变化；IPv6地址数1块/32，较2017年数据没有变化。中广电传媒IPv4地址数共20个。

2018年中国广电本部及下属子公司的电信投资情况为：中国有线电信固定资产投资完成额合计17 629.17万元，同比增长75.95%；互联网及数据通信投资合计5 598万元（其中互联网宽带接入投资5598万元），同比下降4.50%。

2018年中国广电本部及下属子公司的电信经济效益指标完成情况为：中国广电本部实现营业收入2 995.5万元，营业成本1 310.87万元，利润总额265.49万元，净利润68.17万元。中国有线实现营业收入84 918.98万元，其中电信业务收入6 875.3万元，数据中心业务收入9.98万元，固定数据及互联网业务收入6 875.3万元（其中互联网宽带接入业务收入1 284.98万元，家庭宽带接入业务收入2 945.81万元）；营业成本合计51 630.08万元，其中电信业务成本5 480万元。其他子公司2018年均暂未发生电信业务收入和电信业务成本。

二、主要特点

中国广电是中央文化企业，《国务院关于组建中国广播电视网络有限公司有关问题的批复》（国函〔2012〕184号）中指出，中国广电的主要任务是全国有线电视网络整合、互联互通平台建设运营，并积极参与三网融合。中国广电全力推进上述工作，在工作中始终坚持把社会效益放在首位。

（一）关于全国有线电视网络整合

全国有线电视网络整合工作是中央赋予中国广电的最重要工作之一，也是其他有关工作开展的前提基础。2016年11月，中宣部、财政部、国家广播电影电视总局联合发布《关于加快推进全国有线电视整合发展的意见》（中宣发〔2016〕41号），确定了网络整合和互联互通平台建设相结合的发展思路。之后，中国广电先后与十多家省网公司签订了增资入股和互联互通平台建设协议，聘请中介机构对省网公司进行审计、评估等工作，完成了增资入股新疆和黑龙江省网公司且分别成为其第二大股东的相关工作。但由于这一方式时间漫长，中国广电面对机构改革之后新的形势，提出由中国广电和各省有线网络公司的大股东联合成立股份公司的形式、一次性完成全国一网整合的新思路。

2018 年中宣部成立了以中宣部常务副部长王晓晖同志任组长，工业和信息化部、财政部等部委领导同志任副组长、成员的全国有线电视网络整合发展领导小组，并召开第一次会议。目前，经过多轮征求意见的《全国有线电视网络整合发展实施方案》已经中央文化体制改革和发展工作领导小组审议通过，即将送领导成员单位会签，印发后将召开会议正式部署。此外，中国广电创造性提出将“全国一网”股份公司作为混合所有制改革试点，经总局上报中宣部已获得批准。中国广电将在中宣部、总局和相关部委的领导下，通过“行政推动发起，市场运作组建”的方式，全力推进由中国广电、各省网公司、战略投资者共同发起组建股份公司，加快设立全国统一的市场运营主体，节约大量整合资金用于网络改造升级，用于互联互通平台建设，用于全国性创新业务的发展，全面增强行业竞争实力。

（二）关于互联互通平台建设和网络升级改造

互联互通平台建设是中央三网融合、宽带中国战略的战略部署，建设内容分为三部分：一是融合媒体服务平台；二是广电云平台：含广电云和 IDC 机房基础配套设施；三是 IP 交换和内容分发网系统：含传输系统、数据网络系统和互联网接入应用系统。按照中国广电的定位，为满足当前各省网络公司的现实迫切需求，依据《全国有线电视网互联互通平台总体方案》框架，拟先行建设方案为一个中心、三个系统：内容分发交换中心、内容管理系统、运营支撑系统和骨干传输交换系统；并增加了内容分发交换中心和骨干传输交换系统对开展互联网业务和通信业务的支撑能力，同时将内容管理系统调整为按行业主管部门的监管要求提供监管接口。

2018 年，中国广电适应新技术新形势要求，以广电宽带数据网为抓手，基本完成互联互通平台基础架构、端到端一体化创新业务服务的研发定型与试验布局，中国云视频等融合信息服务业务具备 1 000 万用户服务能力，促进全程全网互联互通，向 IP 互联网协议化和融媒体化演进，加快实施互联互通中央业务平台、全国“五横五纵”干线光缆传输网、广电宽带数据网、接入网及终端改造建设，取得了积极进展。

1. 中央业务平台系统研发与系统部署取得成效

以广电宽带电视创新系统架构支撑现网业务运营；完成中央 BOSS 和试点省网 BOSS 的全流程打通；提前做好平台规模建设的技术准备工作。

2. 广电云基础设施建设取得重点突破

目前北京主中心、西安备份中心已上线运营，南京中心正准备进场实施，三地容灾备份并向下吸纳各地分布式 IDC，形成全国覆盖、优质安全的中国广电云。广电云平台 IaaS 工程第一期工程已陆续完成技术需求书编制、招投标、方案确定、武清及西安两地入场部署实施、系统搭建调试、到货验收及平台自测等全部环节。现已经基本完成了武清数据中心和西安数据中心建设，启动东部地区的国家级数据中心建设，形成三地覆盖全国的体系架构。

3．“五横五纵”省际干线光缆传输网规模化建设的准备工作就绪

联合各省网公司组织成立省际干线新建扩建工作组，共同商讨、规划省际干线光缆路由、传输系统建设方案，完成《全国有线电视互联互通平台省际干线传输网总体建设方案》并通过专家评审，省际干线传输网设计已完成设计招标。

4．加强互联互通平台管理与规划

第一，加强顶层制度设计，为《有线电视网络互联互通暂行管理办法》立法出台做好基础性工作。迅速适应 2018 年 6 月 4 日工业和信息化部信息通信管理局下发《关于推进中国广电与其他骨干网单位网络互联互通相关工作的通知》后的新形势，已制订了草案并根据有关司局意见进行修改完善。第二，强化项目规范管理，制订印发了全国有线电视网络互联互通平台项目财务管理暂行办法、采购管理暂行办法、资产管理暂行办法等，明确了相关工作职责，规范了工作流程；制定印发《互联互通平台融合业务拟通达省份链路开通临时管理办法》，加强链路开通情况的管理。

（三）关于广电移动网络 5G 建设

2018 年，中国广电积极推进 5G 牌照和频率资源的申请工作。在中宣部、工业和信息化部和国家广播电影电视总局的有力领导下，中国广电就 5G 牌照和频率资源的申请进行了大量的准备和研究工作，深入研究了广电 5G 网络建设的必要性和可行性，对技术路线、建网方案、差异化运营策略等方面开展了重点研究，并委托信通院进行了就广电 5G 网络建设项目的可行性研究，准备了 5G 牌照和频率资源申请文件等材料，为申请 5G 牌照奠定了良好基础。

同时，中国广电扎实做好广电 5G 网络建设基础准备工作，在 5G 技术、频率规划和实施方案等方面进行了深入研究，准备了建网方案，拟在积极响应国家共建共享政策的基础上，采用 700MHz 低频广覆盖 +4.9GHz 中高频热点厚覆盖的 5G 组网方式。充分发挥广电有线电视网络和无线、监管台站资源，积极争取与三大运营商及铁塔公司进行合作，探索与三大运营商之间的共建共享，形成有广电优势的建网组网方式，通过共享频率、共享基础设施以及共同建设，降低项目总投资，为共建共享各方节约投入。认真研究建立具有广电特色的业务运营模式，借助广科院、规划院、设计院、天津研究院、武汉研究院、信通院、中兴、华为、诺基亚等单位的技术力量，组织了专家团队开展交流和研讨，按照广电未来可能取得频率及广电 5G 的广播特点进行技术方案的规划以及终端产品的设计规划，初步建立了具有广电特色的“1+3”业务运营模式，即“一个管理平台、三项主要服务”，通过媒体云化管理平台实现内容监管，保证内容安全，构建广播电视绿色传播体系，依托媒体云化管理平台，开展广播电视业务、综合应用服务和应急广播服务这三项业务。通过积极联合广播电视媒体、网络公司，加速引入大型国有企业、互联网企业等外部战略投资者，与国开行、农发行、工商银行等各大银行协商 5G 项目建设贷款事宜，解决资金不足问题。

三、面临的问题

（一）全国有线电视网络用户流失严重

中国广电即将完成全国一网整合，但近年来随着互联网视频和 IPTV 的竞争性侵入，有线电视用户流失严重，电视机开机率也不断降低。截至 2018 年年底，全国有线数字电视用户数为 1.96 亿户，相比于 2017 年的 2.09 亿户，同比降幅达 6.22%；有线数字电视缴费用户 1.46 亿户，相比于 2017 年的 1.53 亿户，同比下降 4.58%（数据源自格兰研究）。

（二）资金和工作任务相比尤其不足

中国广电承担的全国一网整合、互联互通平台建设、5G 建设等工作，都是国家战略、国家任务，这些任务的开展需要巨大的资金支持。而中国广电的实收资本仅仅 50.8 亿元，这和上述工作相比，是杯水车薪。

（三）电信业务资质条件不足

中国广电在现有电信业务资质条件下积极开展“三网融合”业务，面临的现实问题和瓶颈：一是部分运营商现有管道资源、带宽出口优势明显，后进入市场者切入难度较大；二是国际通信业务等业务资源，无法设置国际通信出 / 入口并开展互联网国际业务。

四、展望与目标

中国广电将以习近平新时代中国特色社会主义思想为指导，深入学习宣传贯彻党的十九大精神，学习贯彻全国宣传思想工作会议精神，全面落实国家“十三五”规划纲要明确的“加快全国有线电视网络整合和智能化建设”工作任务，加快广电网络融合发展和转型升级，实现“有线 + 无线 + 卫星 + 国际传播 + 内容”协同发展的公司战略目标。

加快推动全国有线电视网络整合发展和组建股份公司，实现全国一网，建设具有广电特色的 5G 网络，完成以全国互联互通平台为基础的有线电视网络 IPv6 化、智能化改造，促进有线电视网络转型升级、实现全国一网与 5G 的一体化发展，建成统一运营管理体系，提升规模效益降低成本，增强有线电视网的产品和服务供给能力，提高行业竞争力。

五、下一步工作计划

（一）加快推进全国有线电视网络整合发展

在中宣部、工业和信息化部和国家广播电影电视总局的正确领导和有力推动下，全国有线电视网络整合工作进展顺利。2019 年 2 月，全国有线电视网络整合发展领导小组召开了第一次会议，对整合发展的相关事宜进行了部署；3 月，中央文化体制改革和发展工作领导小组将全国一网整合工作列入督办范围；5 月，实施方案征得九个部委的同意后上报中宣部，经中宣部领导同志同意，中央改革办评估，文件即将印发全国统一执行。目前，全国一网股份公司成立前的各项工作已经启动，中国广电牵头和主导，联合省网公司、战略投资者共同组建股份公司，推动广电 5G 建设和全国有线电视网络整合融合发展，实现全国有线电视网络全国一网后的统一运营管理、国有资产的保值增值。

新的股份公司着力探索构建“全国一网”的“四个新定位”，将“全国一网”的广播电视网络打造成为一张新型的媒体融合传输网、新型的数字文化传播网、新型的数字经济基础网、国家重要的战略资源网。

（二）稳步推进互联互通平台建设

在全国一网整合工作推进的同时，中国广电将重点围绕干线光缆传输网、广电宽带数据网及应用系统、中国广电云平台、融合服务及 BOSS 等业务运营平台，加快推进全国有线电视网络互联互通平台建设，同步启动山东、重庆、宁夏、海南、陕西、河南、河北、上海、江苏、重庆、四川、贵州、北京海淀等示范省、自治区直辖市或地区的智能化改造升级，互联互通平台一期建设工作将全面展开，二期建设也将提上议事日程。

（三）加快部署广电 5G 网络建设

中国广电认真学习领会中央精神，按照工业和信息化部的统一部署，明确广电 5G 业务的总体定位为：充分发挥 5G 技术优势，赋能有线网络转型升级，建成广播电视特色鲜明，集融合媒体传播、移动通信运营、智慧广电承载、智能万物互联、国家公共服务、绿色安全监管于一体，与有线电视网络交互协同的新型广电媒体服务网和国家信息化基础新网络。

初步梳理广电 5G 的建设思路，将本着“不求所有、但求所用、核心自建、独立运营”的原则，高起点建设一张可管可控、安全可信、绿色智能的网络，充分利用有线电视网络光节点资源，共建共享无线接入网，按需共建共享移动承载网，独立建设移动核心网和融合媒体云播控平台、5G 跨网广播平台、IT 支撑系统。

制定广电 5G 建设实施计划，目前的考虑是预计 2020 年年底广电 5G 开始规模商用，2021

年服务全国 95% 以上的人口。同步推广个人用户 2C 和垂直行业应用 2B 业务。

（四）加快构建特色产品体系

在“全国一网”整合发展和加快网络升级改造的基础上，着力培育“涌泉 TV”品牌，打造“1135”特色产品体系，形成具有竞争差异化的业务服务，打造中国百姓数字家庭生活应用中枢。第一个“1”是具有广电和网络特色的新型融媒业务。第二个“1”是互联网宽带业务，基于工业和信息化部颁发的基础电信业务经营许可证，创新性开展三网融合业务。“3”是广电互联网电视创新业务，基于总局授予的开展宽带电视集成业务的批复，精品化运营“点播 + 应用 + 融合通信” 业务。“5”是“体育 + 演艺 + 数字文化 + 影视 + 游戏”五位一体的内容业务，形成广播电视网内真正差异化的独家内容优势。

推动广电 5G 建设和全国有线电视网络整合融合发展，全力部署广电 5G 网络建设，形成广电 5G 的六类业务类型：交互广播电视业务、移动通信业务、高新视频业务、融合媒体云播控业务、万物互联业务和公共服务业务。利用 5G 技术新应用对传统有线网络产业进行全方位、全角度、全链条的改造，提高全要素生产率，推动广电产业数字化，全面推动广播电视网络高质量发展和创新性发展。

（五）加快制度创新、管理创新

顺应市场竞争，加快制度创新、管理创新，从根本上激发网络的新作为。

一是将“全国一网”的制度安排作为关键。充分考虑省里的历史投入、现实权益和自主经营；充分考虑全国有线电视网络企业形成合力；充分考虑“引来源头活水”推动发展。

二是将全国一网的管理安排作为核心。“以人民为中心”，把用户体验放在首位，切实保障广大用户“看电视”的基本文化权益，确保网络供给侧结构性改革的红利为人民群众所享。

中国卫通集团股份有限公司 2018 年发展综述

2018 年，面对传统卫星运营服务业整体下行，多重困难和挑战相互交织的复杂形势，在航天科技集团和公司董事会的正确领导下，中国卫通上下迎难而上，砥砺前行，全面坚持两个“一以贯之”，全面落实“12361”发展战略，全面推动转型发展。一年来，取得了第一类基础电信业务许可，推动了上市工作稳步实施，开启了改革创新发展序幕，明确了产业融合发展路径，圆满完成了广电安播、军演等各类保障任务，全年无安全、泄密事故发生，全面完成了各项目标任务。公司实际发展情况，主要表现在以下七方面。

一、积极开拓进取，经营业绩实现逆势增长

公司面对全球主流卫星运营企业呈现收入、利润负增长态势和激烈的市场竞争压力，实现收入利润逆势上扬，圆满完成了董事会下达的考核指标。业务收入 27.06 亿元，利润 8.98 亿元。

二、坚持改革创新，转型发展全面推进

创新是引领发展的第一动力，深化改革是破解发展过程中遇到问题和困难的关键手段。一年来，随着“12361”发展战略不断实践完善，一批关键性改革措施陆续出台，改革创新的路径愈发清晰，信心更加坚定。

（一）加快业务转型，天地一体化业务体系初步建立

围绕星地一体化建设、天地一体化运营发展要求，明确业务平台化、平台市场化发展方向，加速三大卫星运营服务支撑平台建设，启动地面应用平台规划设计。形成了平台与项目建设统筹推进，支撑卫星运营服务能力提升，平台与市场体系有效衔接，支撑市场开拓和业务转型的创新发展思路；获得了工业和信息化部颁发的第一类基础电信业务经营许可证，为公司天地一体化业务转型打开了广阔的产业发展空间。

（二）积极推进上市，规范治理能力进一步加强

积极推进上市审核工作，按期完成 IPO 招股书预披露，顺利通过了中国证监会初审会审核，为 2019 年上半年完成首次公开发行股票奠定了基础；紧紧抓住满足上市公司规范治理这个关键要求，转换运营机制，优化规章制度体系，形成了公司规章制度体系框架，完成了 90 项制度的废改立工作。系统梳理了授权与决策体系，完善了董事会与经营层授权分责体系，推动了党委前置决策与法人治理的有效融合。进一步规范三会一层运行机制，深入研究上市公司规范治理体系，加强财经管理、舆情监控和媒体公关。公司管理由非上市运行向上市运行规范治理转变取得了实质性突破。

（三）强化创新引领，技术创新体系建设初见成效

聚焦打造世界一流卫星通信产业龙头企业目标，组建创新论证中心，围绕技术创新体系建设、发展战略研究，以及系统级关键技术研究三大重点方向逐步提升创新发展能力。在技术创新体系建设方面，启动全公司技术创新发展规划编制和业务、技术及产品的梳理工作，发布了公司研发项目管理办法；在发展战略研究方面，深入研究卫星通信技术和市场发展趋势；在系统级关键技术研发方面，启动星地一体化设计、天地网络融合等系统性关键技术研究，初步建设了基础网络与实验平台，开启了卫通创新体系建设新局面。

三、加强星地一体化建设，平台支撑卫星运营服务的核心能力进一步增强

加强星地一体化建设能力，将资源规划设计、频轨协调、卫星通信系统论证和业务支撑平台有机结合，不断推动星地统筹发展。

（一）积极推动星地一体化实践，业务支撑平台建设同步开展

以中星 26 号、27 号高通量卫星等星地一体化设计为抓手，开展体系探索和项目实践。加强测控能力建设，完成了快速精确测定轨系统竣工验收，星队测控能力不断加强。加快了多星统一测控平台建设，完成了系统方案论证、评审及立项工作。卫星宽带电信级基础运营平台投入试运行，并根据市场需求持续更新迭代，支撑中星 16 号的一期运营平台正式商用，支撑中星 18 号及后续大容量 Ka 卫星的运营平台扩容规划和建设工作。

（二）稳步推进卫星项目建设，规范化管理水平显著提升

接替卫星项目进展顺利，亚太 6C、亚太 5C 两颗卫星成功发射并正式投入运营；在建卫星项目研制工作开展有序，完成了中星 6C 出厂测试评审和发射前的准备工作。参与了东方红卫星移动通信有限公司设立，积极支持集团低轨星座方案论证及建设。按照决策、执行、监督分

离的管理思路，完成了《卫星建设项目管理实施细则》等一批重要制度的修订和发布实施，项目建设规范性得到进一步加强。

（三）统筹规划基地站网布局，地面设施保障能力得到增强

结合功能定位，统筹“一总部、三基地、全球站网”发展布局，编制地面系统规划。在总部建设上，完成中国卫星通信大厦审计结算，大厦荣获中国建筑行业工程质量最高荣誉——鲁班奖，实现了高质量、高效率、高效益的建设目标，有力提升了总部基础设施保障能力。在加快基地建设上，初步完成怀来地球站一期工程和卫星互联网研发运营基地（北京地球站）规划。在统筹全球站网布局上，积极整合资源，完成了亚洲、欧洲、非洲、大西洋等区域覆盖波束的带宽扩容，开通了南太平洋及南美海域覆盖服务，在国内完成了都江堰站租赁，强化喀什地球站地面测控运行维护，为后续多星、多层次业务开展奠定了坚实基础。

（四）强化卫星运行管理能力，星队管理水平不断提高

在十九大广播电视安全播出工作的基础上，进一步完善应急保障预案和操作规程，强化跨部门应急联动机制，有效提升了系统安全保障能力。星队 2018 年全年运行安全稳定，在轨保险净费率较 2017 年有所下降，卫星运行管理能力获得了保险市场认可。

四、深化大市场体系建设，市场开拓成就显著

按照大市场体系建设要求，大力推动售前、售中、售后紧密结合，提升市场开拓能力、服务水平和运营效率。2018 年全年市场拓展取得较好成绩。

（一）强化市场导向，大市场体系持续完善

推动全业务精准营销，精心组织市场运行情况分析，首次编制公司全业务营销计划，强化营销计划落实；推动全过程服务升级，坚持“客户为根、服务为本”，大力改善服务短板，提升需求响应速度，有力支撑了市场开拓；推动本部与子公司全面协同发展，明确了本部与子公司业务和市场定位，强化了业务体系和市场体系的合理性和完整性，形成了统筹协同、优势互补、有效衔接的发展思路。

（二）坚持深耕细作，转发器租售业务成绩突出

深耕国内，力拓海外，实现逆势回稳。在境内，广电业务稳中向好，助力央视向南海区域提供服务、完成我国首个 4K 超高清项目“央视 4K”上星测试播出；通信业务稳中有进，充分发挥卫通安全可靠、自主可控的竞争优势和服务优势，努力开拓新市场；应急领域保障有力，圆满完成了重大活动、军演和抢险救灾等应急通信保障任务，累计提供临时通信服务 49850 兆

时。在境外，加大境外市场拓展力度，通过老用户扩容、新用户开发、保障灾害应急需求等有效手段，实现销售带宽的新增长。

（三）培育宽带重点业务，业务转型发展能力持续提升

围绕建设卫星宽带电信级基础运营平台，搭好应用平台，建立宽带业务产品体系和运营服务体系，大力拓展市场等实现全面布局。在机载、船载、远程教育、应急通信保障、移动通信中继等多领域应用形成多点突破。完成了 Ka 宽带业务服务产品的设计、价格制定和发布工作。取得了远程教育项目新进展，与教育部合作开展的偏远地区远程教学试点顺利通过现场验收，成效显著，并获得了社会广泛关注，为正式推广应用积累了宝贵经验。

（四）开拓应用市场，行业平台建设积极推进

鑫诺公司全球网服务范围不断拓展，覆盖范围超过全球 90% 的海上航线，在网船舶数量超过 5000 艘。应用能力不断提升，紧贴远洋运输、远洋渔业捕捞通信需要，完成了中远海运物联网等综合信息服务项目。

五、夯实基础管理，规范治理水平持续提升

以提升基础管理水平为重要手段，支撑高质量、高效率、高效益发展，满足公司上市规范治理和公司管理水平提升的多重要求。

（一）实施战略牵引，综合经营管理成效明显

融合多维度要素，构筑战略管理体系，高质量地开展了“十三五”发展规划中期评估调整、2018—2020 年三年滚动计划的编制和评审、推动全面深化改革；建立综合经营分析机制，编制综合经营月报，有力提升公司经营管理效率；严格落实“瘦身健体”要求，全面完成了公司管理层级和法人户数三年压减任务。

（二）完善内控管理，风险防范水平进一步提升

为适应公司整体上市以及转型发展的新要求，制定了《内部控制体系建设优化完善方案》，明确了内控优化的目标、原则和步骤。组织开展了内部控制评价工作，加强风险识别，规范内控管理；将风险管理与业务管理有机融合，强化风险动态监控，制定风险应对举措，防范化解重点领域风险，守住了不发生系统性风险的底线。

（三）强化安全管理，整体保障能力显著增强

深入贯彻“七位一体”综合安全管理要求，强化安全责任制，逐级签订安全责任书，层层

落实全员岗位安全责任。加大监督检查力度，以检查促整改，以监督保落实，有效提升了系统安全保障能力；完成了卫星频谱监测系统、中星系列卫星测控系统信息安全等级保护测评和安全整改，信息安全保障得到不断深化；进一步加强大厦和地球站安全管理，并不断查找安全漏洞，提升安全等级，2018 年年末发生生产安全责任事故。

六、坚持人才强企，人才队伍建设水平整体提升

围绕人才队伍建设和人力资源管理能力提升两大任务，坚持严管与厚爱结合、激励与约束并重，通过打造人力资源管理体系，推动人才强企，探索出一条人力资源管理创新之路。

（一）完善体系建设，人力资源管理迈出坚实步伐

打造包括组织、岗位、绩效、薪酬、培训、晋升体系的“六维联动”型人力资源战略管理体系，拓宽双通道晋升机制，推动“全员参与、持续改进”的变革执行机制，深刻重塑组织与人才生态，逐步形成科学高效的选用育留机制。

（二）精心选才育才，人才队伍建设成效初现

拓宽招聘渠道，加大重点院校校招力度，积极开展成熟人才选聘，实现核心专业需求与优秀人才精准对接，2018 年全年引进优秀毕业生 23 名。组织中层干部素质测评和青年骨干人才选拔培养，制定干部交流轮岗制度，激发骨干员工干事创业活力；加强育人和培训力度，新编新员工入门读本、员工手册和上岗培训系列教材，助力员工成长成才。

（三）强化考核激励，激发员工干事创业活力

建立以 KPI 为导向的员工绩效考核机制，并与组织绩效考核有效衔接，实现压力层层传导，员工发展与部门发展、公司发展目标统一；打开员工晋升通道，优化岗位体系，明确岗位职责，搭建职能、营销、技术、运维服务 4 个序列通道，建立岗位任职资格标准与考核积分相结合的晋升机制，引导不同人才找到适合自己的发展方向和路径；坚持物质与精神激励结合，梳理公司荣誉奖励体系，新增创新奖、青年成才奖、人才推荐奖，增强了员工为企业奉献的责任感和使命感。

七、加强党的领导，转型发展政治保证能力不断加强

研究制定了以“把握一条主线、夯实五项支撑、提升三种能力、推进三个融合”为主要内容的党建工作体系建设方案，并在重组后首次获得集团公司授予的“先进基层党委”荣誉称号，

党建工作水平有了系统性、整体性的提升。

（一）强化政治建设，扎实落实全面从严治党两个责任

通过党委理论学习中心组学习、党委书记讲党课、中层干部集中培训，支部书记培训班、党员轮训等多种形式，实现党员教育培训全覆盖。修订《公司党委会议事规则》，将党委讨论作为公司重大问题决策的前置程序，进一步规范党委参与重大问题事项决策管理。层层签订党建和党风廉政建设责任书，下发《党支部动态任务清单》，召开党支部书记例会，明确党建工作责任。认真开展巡视问题整改落实情况“回头看”，制定《公司党委巡查工作实施办法》，强化监督检查和执纪问责。

（二）突出行业特点，积极推进“航天＋电信”文化融合

通过举办“航天日科普活动”，学习航天前辈和“大国工匠”感人事迹等，传承航天三大精神。结合公司通信服务的业务特点，梳理提炼服务理念和市场理念，制作公司企业文化手册，开展标兵评选活动，积极推动航天文化与电信文化融合。

（三）发挥群团作用，凝聚服务发展合力

围绕中心任务，开展“建功新时代”职工岗位建功活动，举办技能比武、科技攻关等活动。组织班组长培训，开展班组达标考核，规范班组建设。开展青年安全生产示范岗创建、青年科技管理论文评选、青年大讲堂等活动，搭建青年成才平台。召开五四青年座谈会、“青春勇担当 共话新发展”专题青年座谈会，引导鼓励青年成长进步。

中信网络有限公司 2018 年发展综述

一、企业概况

中信网络有限公司（以下简称“中信网络”）成立于 2000 年 3 月 17 日，曾是中国中信集团有限公司全资子公司，后于 2018 年 12 月进行重组，目前公司股份比例为中国中信集团有限公司持股 51%，北京应通科技有限公司持股 49%，注册资本为 448 197.23 万元人民币。中信网络主要负责全国光纤骨干网——奔腾网的建设、管理及运营。奔腾网是以密集波分复用技术（DWDM）为基础的、开放的通信基础网络平台，能够支持包括数据、语音、图像和各种智能与增值服务在内的综合通信业务，实现各种业务网的无缝连接。奔腾网光缆干线总长度为 4.39 万皮长公里，23.622 7 万芯公里，光纤类型分 G.652/G.655 两种。

中信网络拥有“国内通信设施服务业务”基础电信业务的经营许可，同时还拥有“互联网接入服务业务”增值电信业务的经营许可。中信网络目前向各种增值电信业务服务商、政府、金融企业、大型集团等用户提供跨地区点对点或多点间长途传输、长途组网服务、互联网接入等各类通信业务。

中信网络的部门设置中，除人力资源部、综合管理部、计划财务部等部门外，与电信业务直接相关的部门分别是：战略发展部，负责研究行业发展情况，制定发展战略；市场部，负责发展业务，与客户签订合同；运行维护部，负责网络的工程与维护；信息技术安全部，负责电信许可证、网络和信息安全、合规经营监督。

中信网络目前在全国设有 18 个分公司及办事处，并投资湖南中信通信有限公司与广东盈通网络投资有限公司。

中信网络现有在岗员工 180 人，管理人员 43 人，其中公司领导层 12 人，从事技术类工作的 137 人。45 岁以下的员工 133 人，占比 73.5%。大学本科以上学历的 134 人，占比 74%。拥有专业技术职称的 58 人，占技术岗位员工数的 42%。

拥有 CCIE/HCIE/CCNP/HCNP/CCNA/HCNA/ZCTA 等通信业专业资格认证的员工为 52 人，专家资质认证的有 8 人，多厂商专家资质认证的有 4 人。

中信网络成立后，目前完成了 17 个省会、直辖市的光纤骨干传输网节点机房和数据网机房的建设工作，形成了覆盖中国东部和西部大部分地区的高速骨干网——“奔腾网”。该网络基于 OTN 技术，可提供语音、图像、数据等全方位、高品质的电信服务。全网使用一对光纤可开通 80 波的 DWDM 网络系统，形成 8TB 的带宽容量。

奔腾网已建设完成覆盖全国范围的多个业务节点，包括北京、天津、济南、徐州、合肥、南京、常州、无锡、苏州、上海、杭州、宁波、温州、福州、厦门、潮州、惠州、深圳、广州、韶关、南昌、长沙、武汉、黄石、宜昌、恩施、重庆、成都、绵阳、汉中、西安、洛阳、郑州、石家庄，基本覆盖主要省份的省会城市和直辖市，形成了提供全国性电信业务的网络能力。

二、主要特点

鉴于目前网络资源情况，以及未来数据通信的发展方向，中信网络将主营业务定位于大数据通信骨干传送业务，增强奔腾网的互联网融合能力，打造一家行业内三大基础运营商及中国广电之外的、中立的骨干网络业务平台。

中信奔腾网凭借覆盖宽广、调度灵活、有各种保护功能的大容量骨干网资源，依托除三大基础运营商及中国广电之外的唯一合法的运营资质，持开放的平台式运营模式，与众多驻地网运营商及大型内容提供商实现互联，为中国的大数据、云计算、物联网的发展提供基础性通信网络资源。

中信网络充分分析自身情况及市场环境因素，努力挖潜，在业务发展中体现出如下特点。

1. 专注

中信网络自 2002 年获得网络元素出租出售牌照后，一直专注于长途传输业务，经过 17 年的运营，积累了丰富的网络运行调度管理经验，在专注中关注业务流程的每个细节，不断打磨提升服务品质。

2. 诚信

长期以来中信网络的母公司——中国中信集团一直将诚实守信作为经营之本，其诚信的经营作风在国内外市场赢得了广泛的赞誉。中信网络传承这种中信精神，致力于与客户建立长期合作关系，诚实经营，以此获得客户的信任。

3. 服务灵活

中信网络资源规模相对较小，所以我们努力以为客户提供更好的服务来提升自身竞争力，吸引用户。我们可以针对客户的需求提供个性化、定制化的网络解决方案，满足客户特殊需求。

4. 地位中立

中信网络业务相对简单，与客户基本没有业务竞争关系，可以消除客户的后顾之忧。中信网络与国内各个主流云服务商、主流数据中心实施了光纤互联，建立起跨地区高带宽的云交换平台，可以为各类用户的混合云、多云部署提供强有力的网络支持。

5. 中信集团业务协同优势

中信网络的母公司——中国中信集团是大型国有综合企业集团，业务涉及金融、基础设施、资源能源、工业制造、工程承包、房地产等 50 多个行业，处于众多行业的领先地位，具有丰富的内部或外部资源。中信网络在业务发展中充分利用集团的资源协同能力，可以为客户提供超出通信领域的整体服务。

中信网络与中信集团拥有的其他国际电信运营企业建立了紧密的业务合作关系。通过其拥有的国内电信运营资质及网络资源服务于集团的国际化战略；服务于集团电信业务板块已经连接的超过 600 家全球电信运营商和超过 3 000 家跨国企业。利用集团拥有的 140 个全球网络节点和 18 个云数据中心，联合集团内国际化的电信资源，中信网络具备为国内企业的国际化及"一带一路"战略的发展提供整合电信服务的能力。

三、展望与目标

中信网络为适应通信领域日新月异的发展和市场激烈竞争的形势，满足用户对传输带宽、传输品质和传输通道安全可靠性的要求，进一步提高企业的市场竞争能力，经过多年的发展，已经逐步形成能够覆盖东部、南部沿海地区、中部地区、部分西部地区等经济活跃省份的独立自有的传输网络。中信奔腾网络省际干线已经建成了四条环网，未来中信网络将争取发展成为覆盖全国一线、二线城市及大多数三线城市的骨干网网络，通过不断完善现有传输网络，扩大覆盖范围，优化路由结构，增大传输容量，成为国家信息产业发展中重要的基础性资源。

以市场需求为目标，对现有网络扩容进行扩容和升级改造，并新增传输网络以完善网络覆盖，增强业务提供能力。

① 省际干线传输网络以 OTN 系统为基本技术体制，采用大容量超长距的 100GB 系统为传输通道，将来可平滑升级为 400GB 传输通道，系统容量设计为 8 ～ 32TB；在新建网络中引入 ROAM/OXC、ASON、SDN 等网络功能，构建新一代传输网络，使网络具备智能化、可视化、扁平化等功能，提升网络业务竞争能力。

② 省内、区域性干线传输网络以 OTN/PTN 系统为基本技术体制，具体选择根据业务需求。

③ 考虑将来 5G 网络发展，未来可以根据需要启动 5G 移动承载网的建设，移动承载网建设主要以城域网为主，技术体制选择上目前有 IPRAN、PTN、SPN、M-OTN 等以承载分组业务为主的传输系统。

四、下一步工作

对现有网络进行全面扩容，扩容路由包括南环、北环、西环三条环网。

新建网络，以完善现有网络的覆盖范围。

① 新建南昌—杭州、重庆—贵阳—昆明—成都、昆明—贵阳—南宁—昆明、南宁—广州、

贵阳—长沙传输系统，系统设计容量为 8TB，单通道容量为 100GB，根据市场需求确定初期开通容量。

② 新建西安—兰州—银川—呼和浩特—北京、银川—太原—石家庄、兰州—西宁传输系统，系统设计容量为 8TB，单通道容量为 100GB，根据市场需求确定初期开通容量。

③ 新建北京—沈阳—长春—哈尔滨、济南—青岛—大连—沈阳传输系统，系统设计容量为 8TB，单通道容量为 100GB，根据市场需求确定初期开通容量。

④ 新建合肥—南昌—福州、南宁—海口—三亚传输系统，系统设计容量为 8TB，单通道容量为 100GB，根据市场需求确定初期开通容量。

中信网已完成混改重组，进一步优化了自身结构及公司治理机制和业务管理机制，目前正在积极申请 A14-2 国内互联网数据传送业务，依托自身能力和市场需求拓展更多的业务领域。

中信数字媒体网络有限公司 2018 年发展综述

一、基本情况

中信数字媒体网络有限公司（以下简称“中信数字媒体”）由原中信网络有限公司的卫星通信业务和广电等领域的投资业务分立而来。2015 年 5 月，原中信网络有限公司分立为中信网络有限公司（存续）和中信数字媒体（新设）两家公司。中信数字媒体注册资本为 10 亿元人民币，继承了中信网络公司在中信集团内对信息产业领域进行资源整合和融合创新的平台功能。目前，中信数字媒体管理了原中信网络公司混改后拆分的省内通信网、有线电视网和相关网络增值应用以及亚洲卫星国内业务等多家子公司，业务涉及国内卫星通信业务、网络、广电和互联网应用开发等领域。

中信数字媒体在承接原中信网络有限公司的国内卫星通信业务后，于 2016 年 7 月获得了工业和信息化部颁发的基础电信业务经营许可证（A2-20160003），经营业务种类为“第二类基础电信业务中的卫星转发器出租、出售业务”；同时，公司还持有增值电信业务许可证（A2-20160904），经营业务种类为“国内甚小口径终端地球站通信业务”。

2018 年，中信数字媒体的国内卫星通信业务发展总体平稳，大部分原有用户合同实现了顺利续约，同时公司加大了市场开拓力度，尤其是在航空机载通信市场和海洋渔业通信市场收效明显，保持了业务收入的稳定增长。截至 2018 年年底，中信数字媒体网络有限公司在国内运营的卫星包括亚洲 5 号、6 号、7 号、9 号卫星，星上带宽总容量超过 6GHz，实现电信业务总收入 30 628 万元，比 2017 年增长 13%。

二、主要特点

2018 年，中信数字媒体卫星转发器业务经营具有如下特点。

1. 航空互联网业务市场稳步增长

2018 年 1 月 16 日，中国民航局发布《机上便携式电子设备（PED）使用评估指南》，认为开放机上 PED 使用的条件已基本成熟。随后，国内各家航空公司相继发布公告，竞相解除国内民航在飞行过程中不得使用手机的禁令，允许旅客在飞行途中使用飞行模式的手机，这也给国内航空互联服务市场的发展创造了条件。

中信数字媒体从 2016 年 5 月就开始与中国电信紧密合作，使用亚洲 7 号卫星为国内外航空公司提供机载通信服务；2018 年，公司又与联通航美签署合约，利用亚洲 7 号卫星为其提供机载通信服务。亚洲 7 号卫星已成为目前国内机载卫星通信领域带宽使用量最大、承载业务最多的卫星。

同时，中国电信和联通航美利用亚洲 9 号卫星提供机载通信服务的技术方案也已经获得了工业和信息化部的批复，在 2019 年开始逐步投入使用。

2. 海洋通信业务市场初见成效

近年来，随着船载天线等终端设备价格的下降以及运营模式的创新，国内海上卫星通信，特别是渔船通信市场得到了飞速的发展。沿海省份已经有几千条渔船开始使用 Ku 波段的卫星通信系统为船员提供语音、数据等通信服务，并在此基础上进一步开发出海鲜拍卖等增值服务。由于传统卫星在 Ku 波束的设计上往往将重点放在陆地，因此出现了海上可用带宽资源不足的情况，也制约了产业的健康高速发展。

为了满足国内海洋通信市场不断增长的需求，2017 年，中信数字媒体将亚洲 7 号卫星的可移动 Ku 波束调整到中国海域，可以为渤海、黄海、东海以及南海等全部领海提供大功率的覆盖，从而为国内海洋通信的发展带来新的可用资源。目前，该波束已经为数百条渔船提供了通信服务，同时也为远洋运输、海上平台、渔政海监等提供服务。

3. 亚洲 9 号卫星的发射为公司业务发展带来新机遇

2017 年 9 月，亚洲 9 号卫星成功发射，于 11 月替代该轨位上的亚洲 4 号卫星。卫星上装有 28 个 36MHz C 波段转发器，采用 110W 线性行波管放大器，可覆盖亚洲、澳大利亚、新西兰等区域的 50 多个国家和地区；装有 32 个 54 MHz Ku 波段转发器，共有中国、蒙古、缅甸、印度尼西亚、澳大利亚 5 个区域波束，中国波束的 Ku 波段转发器数目最多可达 20 个，比亚洲 4 号卫星的容量有了很大的提升。

亚洲 9 号卫星的发射，一方面增加了原有卫星的转发器容量，同时也大大提升了卫星的覆盖性能，为公司业务的发展带来新的机遇。

2018 年年初，亚洲 9 号卫星取得了工业和信息化部颁发的频率使用许可证。亚洲 9 号卫星以其出色的性能得到了国内用户的青睐，先后有中石油通信公司、南京中网卫星通信等公司新选用或在亚洲 9 号卫星上扩容。

三、面临的主要问题

目前，公司的业务发展面临很多的挑战，不仅仅要面对传统卫星通信市场的激烈竞争，还要面临国内频率分配、使用政策变革的影响以及新的卫星通信技术带来的冲击，主要表现在以下几个方面。

1．5G 影响日益显现

2017 年 11 月 9 日，工业和信息化部发布《关于第五代移动通信系统使用 3 300 ～ 3 600MHz 和 4 800 ～ 5 000MHz 频段相关事宜的通知》（工信部无〔2017〕276 号），明确 3 300 ～ 3 600MHz 频段作为 5G 系统的工作频段，且自发文之日起，不再受理和审批 3 400 ～ 3 700MHz 频段内的空间无线电台业务频率。

我们经营的亚洲 5 号、6 号、7 号、9 号卫星均配置了 3 600 ～ 3 700MHz 频段内的转发器，此举意味着自 2017 年 11 月起，3 400 ～ 3 700MHz 频段上将无法发展新的业务，也就不可能在这个频段上再新增用户或者对原有的网络进行扩容，这对卫星转发器经营者而言将是巨大的损失。而且原有的业务和用户网络，也极有可能因为受到地面 5G 系统的干扰而无法正常工作，虽然文中明确了"5G 系统使用上述工作频段，不得对同频段或邻频段内依法开展的射电天文业务及其他无线电业务产生有害干扰"，但 C 频段地球站将面临的潜在干扰是无法避免的。

2018 年 12 月 11 日，为保障我国第五代移动通信（5G）健康发展，充分、合理、有效利用无线电频谱资源，解决 5G 基站与卫星地球站等其他无线电台（站）的干扰问题，规范协调管理方法，优化 5G 基站设置审批程序，提高工作效率，工业和信息化部又发布了《3 000 ～ 5 000MHz 频段第五代移动通信基站与卫星地球站等无线电台（站）干扰协调管理办法》。

2019 年，随着 5G 商用牌照的发放，公司将会面临越来越多的 5G 干扰协调方面的问题，需要投入更多的人力和物力为用户解决相关的干扰问题。

2．传统卫星通信市场竞争加剧，转发器价格不断下降

近几年，国内传统 C、Ku 波段卫星通信市场的竞争日益激烈，一方面受到全球转发器带宽价格下降的影响，国内整体价格也出现下滑；另一方面国内不断有新的卫星资源（如亚洲 9 号、亚太 9 号、亚太 6C 等）投入使用，使国内转发器资源的供给不断增加，而与此同时，除了海洋、航空对于带宽的需求有增长外，其他领域并无显著的增长，也导致了价格的下降。

与此同时，海洋渔业通信市场的发展也面临巨大的挑战，在众多的 VSAT 运营商进入该市场后，如何找到适当的经营模式、保持公司业务的可持续发展成为运营商们面临的最大的问题。

3．国内高通量卫星给市场带来的影响

高通量卫星近年来成为全球卫星产业发展的热点，国外已经有多颗大容量的高通量卫星在轨运营，并取得了很好的收入，例如美国 Viasat 公司的 ViaSat-1、ViaSat-2 卫星，以及美国 EchoStar 公司的 Jupiter-1、Jupiter-2 卫星。

高通量卫星的出现，改变了以往卫星运营商以转发器带宽出租为主的业务经营模式，使卫星运营商成为端到端业务的提供者，从而成为真正意义上的电信服务商。而以往以带宽（MHz）为单位的计价方式，也将转换为以流量（MByte）计费为主的计价模式。同时，高通量卫星采用了频率复用、点波束等先进的技术，使一颗卫星可提供的容量比传统卫星大幅提高，从几 Gbit/s 提高了几十甚至数百 Gbit/s，也大大降低了单位带宽的成本，从而降低了卫星通信应用的门槛，使更多的政府部门、企事业单位甚至个人能够用得起卫星通信服务。

2017 年 4 月，中星 16 号卫星成功发射，成为我国第一颗高通量卫星。在经过一年多的准备工作后，中国卫通于 2018 年 5 月初次发布了产品价格体系，并开始了大规模的市场推广工作，其对市场所带来的影响已逐步显现，用户在对高通量卫星的应用表现出兴趣的同时，对于传统卫星带宽的期望价格也进一步降低。

4．政府机构改革的影响

2018 年，两会通过国务院机构改革方案，对原有的政府机构进行了重新的调整和整合，也为原有的政府通信市场带来了一些不确定性。由于政府应急管理职能的整合，原归属于多个部委的应急管理职能被合并到新成立的应急管理部，这也使原多个部委分别建设管理的卫星通信网在通信网络和卫星资源方面的整合成为必然的趋势，这种整合有可能使应急通信方面的带宽需求减少，对中信数字媒体现有的应急通信业务带来负面的影响。

5．低轨星座及商业航天发展的影响

近年来，受国外 OneWeb、SpaceX 等公司大型低轨卫星互联网星座计划的影响，国内商业航天市场也受到了空前的关注，并得到了大量资本的投入。不仅航天科工、航天科技、中国电子科技等国字号先后推出了虹云工程、鸿雁星座、天地一体化信息网络等低轨星座计划，民营企业如银河航天、九天微星等多家公司也在筹划自己的互联网星座。

虽然短期内低轨星座尚不具备商业应用的条件，但众多低轨星座计划的推出，还是会对同步轨道卫星的业务的长远发展带来一定的冲击。

四、2019 年展望与目标

2019 年，中信数字媒体将继续深耕国内卫星通信市场，重点依托亚洲 7 号、亚洲 9 号卫星资源，做好航空、海洋通信市场以及应急通信市场的开拓。

同时，随着我国广播电视高清化进程的加速，中信数字媒体也将继续做好亚洲 6 号卫星在广播电视领域的推广，做好节目的安全播出工作，让更多的高清电视节目通过亚洲 6 号卫星传播到千家万户。

五、下一步工作

如前所述，高通量卫星将是未来卫星通信发展演进的重要趋势，中信数字媒体也一直密切跟踪国内外技术、市场的发展。中信数字媒体下一步将与亚洲卫星公司加紧落实高通量卫星的设计和建造工作，抓住机遇在国内建立起一套全新的高通量卫星通信系统，以先进的技术、优异的性能、合理的价格服务国内卫星通信市场，充分发挥卫星通信的优势，为实现“宽带中国”战略和建设网络强国贡献一份力量。

专 题 分 析

2018 年全球电信运营业运行分析

一、整体发展概况

（一）全球基础电信服务业重回低速徘徊，数据业务贡献减弱

2018 年，全球基础电信服务业收入 16 100 亿美元，增速小幅下降至 0.9%。我国电信业务收入累计完成 13 000 亿元，比 2017 年增长 3.0%，增速较 2017 年下滑 3.4 个百分点。2014—2018 年全球基础电信服务业收入增长情况如图 1 所示。

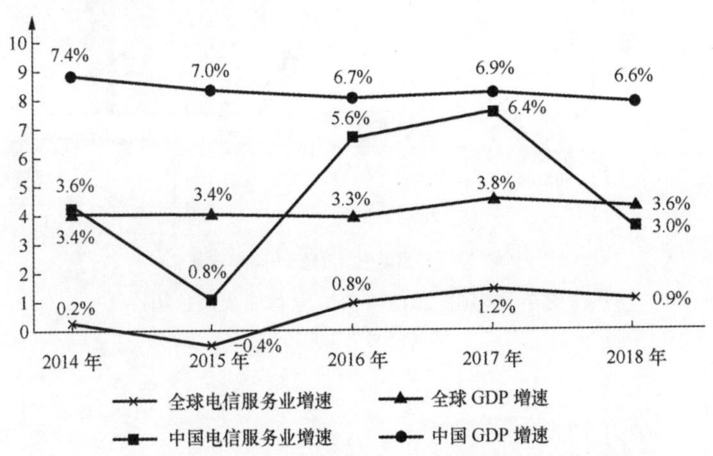

图 1　2014—2018 年全球基础电信服务业收入增长情况

数据来源：Gartner、IMF、工业和信息化部、中国信息通信研究院

2016—2018 年全球电信业收入结构如图 2 所示。2018 年，全球数据业务（移动数据业务 + 固定数据业务）收入 9 660 亿美元，占比从 2017 年的 57.5% 增长到 60.0%，尽管移动数据业务仍是增长核心动力，但对总体行业贡献率有所下滑，从 2017 年的 266.4% 降至 186.5%，如图 3 所示。

（二）4G 成为最主流移动制式，多因素推动 DOU 保持高增长

4G 移动用户占主流，网络覆盖更普及。2018 年，全球移动电话用户数达到 77.5 亿户 [1]，

1．GSMA 对全球移动电话用户数进行了调整，调整后 2017 年全球移动电话用户数为 77.2 亿户。

人口普及率达 101%。其中，4G 用户数近 34 亿户，占比提高到 43.7%，继 2017 年超过 3G 用户后，首次超过 2G 用户，成为最主流移动制式。2014—2018 年全球各制式移动用户发展情况如图 4 所示。

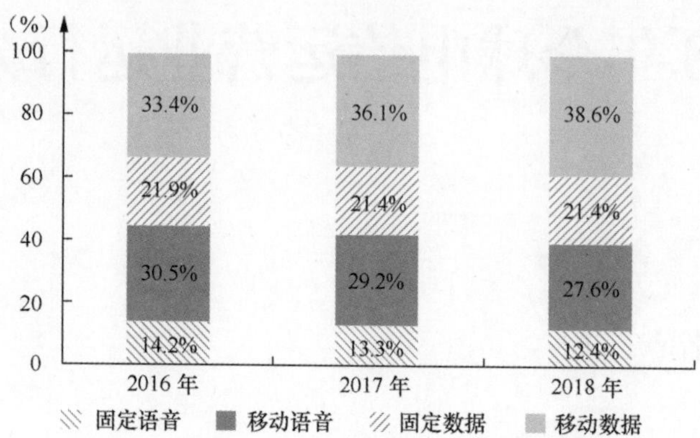

图 2　2016—2018 年全球电信业收入结构

数据来源：Gartner

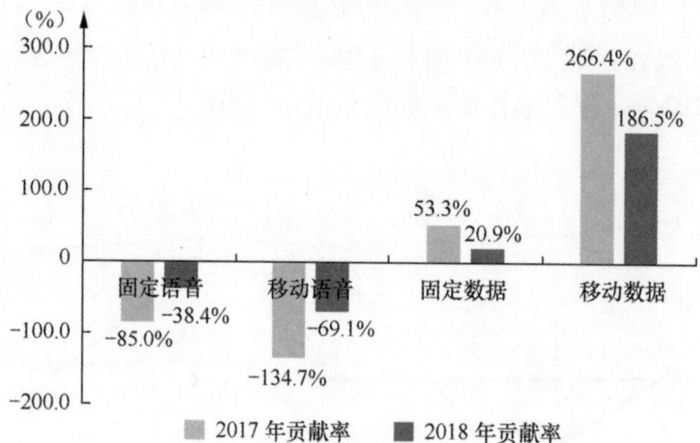

图 3　2016—2018 年全球电信业收入结构

数据来源：Gartner

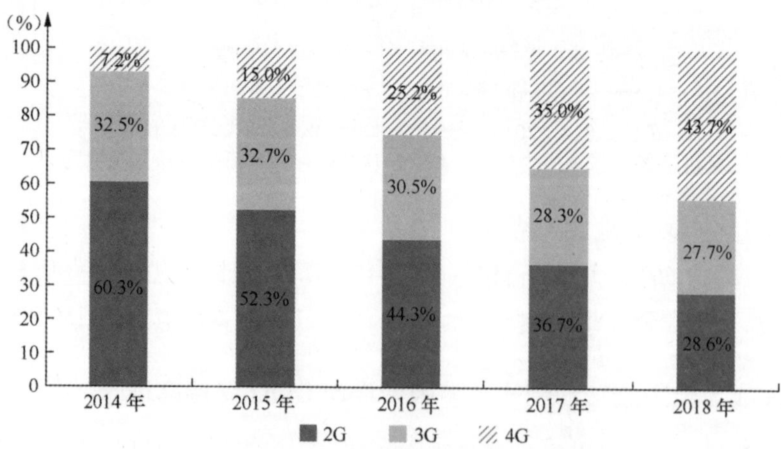

图 4　2014—2018 年全球各制式移动用户发展情况

数据来源：GSMA

2018 年，全球移动数据流量月均达到 28EB，是 2017 年的两倍，其中六成的流量来自视频。随着移动终端应用中嵌入式视频、点播视频的需求迅速增加，移动视频流量还将保持高速增长，预计到 2024 年将占总体流量的 75%。

不限量套餐、视频应用普及以及市场竞争带来的资费下降是推动移动流量高速增长的主要因素。全球智能手机的月户均移动数据流量（DOU）达到 5.6［GB/(户·月)］，同比增长 80%。

我国移动数据流量保持快速增长态势，2018 年 12 月的当月户均手机上网流量达到 6.8［GB/(户·月)］，年增速高达 140%，使用量已超过日本［4.0GB/(户·月)］、韩国［6.2GB/(户·月)］、英国［2.9GB/(户·月)］等发达国家，与芬兰［20.5GB/(户·月)］、美国［8.6GB/(户·月)］等流量使用大国差距缩小。2018 年，我国基础电信企业通过取消语音通话长途和漫游费、流量不清零等多项措施，促使电信业务平均资费不断下调，平均每吉比移动数据流量价格降至 8.5 元。2017—2018 年各地区月户均智能手机移动流量使用情况如图 5 所示。2014—2018 年我国移动互联网接入流量使用情况如图 6 所示。2014—2018 年我国移动互联网月户均接入流量及资费情况如图 7 所示。

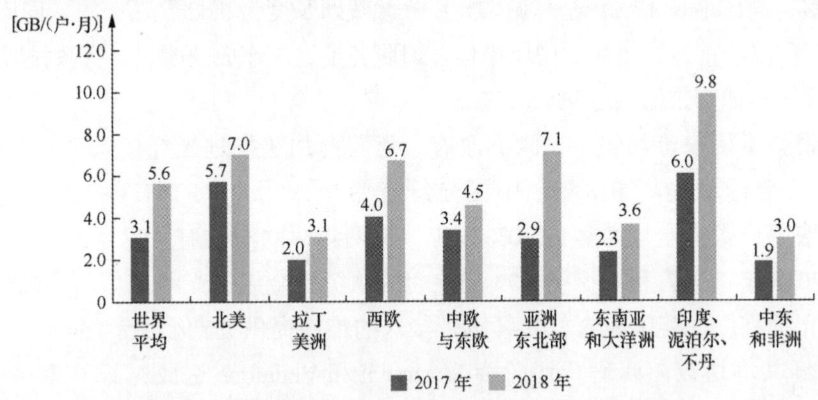

图 5 2017—2018 年各地区月户均智能手机移动流量使用情况

数据来源：爱立信

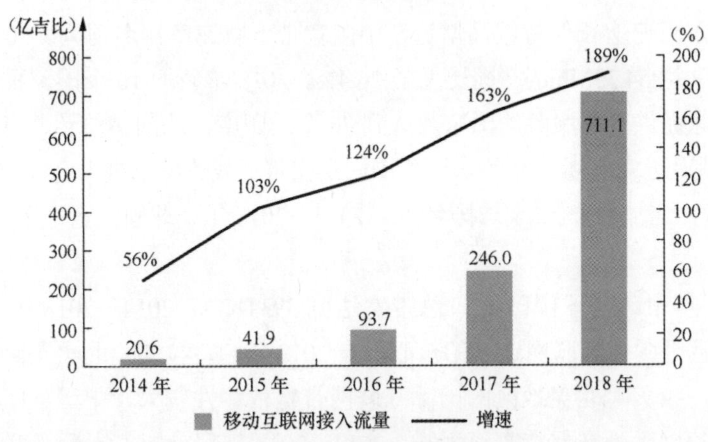

数据来源：工业和信息化部

图 6 2014—2018 年我国移动互联网接入流量使用情况

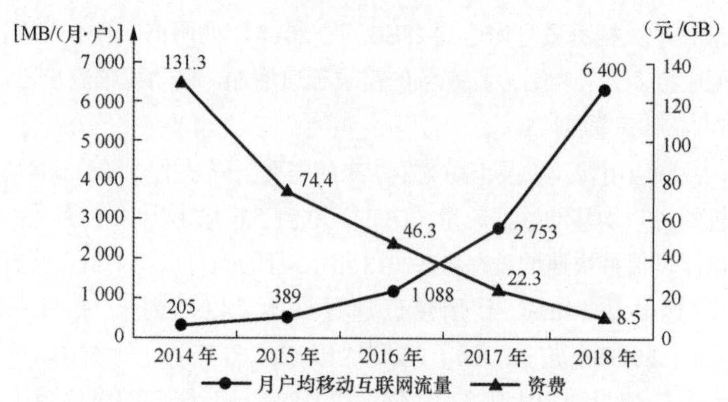

图 7　2014—2018 年我国移动互联网月户均接入流量及资费情况

（三）光纤宽带部署稳步推进，全球互联网网速保持快速增长

2018 年，全球固定宽带接入用户突破 10 亿户，同比增长 9.6%，其中，光纤接入用户 6.4 亿户，占比达到 62%，同比增长 17%。全球新增光纤光缆线路长度为 5.42 亿芯公里，同比增长 9.1%，中国、美国、印度为前三大市场。中国电信普遍服务推进工作成效明显，行政村通光纤比例提升至 98%，贫困村通宽带比例达 95%。

光纤宽带新增用户市场集中，欧洲政府及运营商加快推进光纤接入。亚太地区国家光纤普及率保持全球领先，2018 年，中国光纤宽带接入用户（FTTH/O+LAN）达到 3.98 亿户，全年净增用户数占全球总数的 60% 以上。近两年，欧洲政府及运营商在光纤市场推动频频发力，2018 年，意大利获得了 5.73 亿欧元的欧盟资金用于光纤推广，法国政府拨款 6.2 亿欧元用于光纤推广，英国为农村光纤宽带接入的推广提供 2.5 亿英镑。同时，欧洲运营商积极推进光纤共享协议，西班牙运营商 Masmovil 和 Vodafone 达成光纤共享协议，意大利政府计划立法合并 TIM 和 Open 光纤网络，英国 TalkTalk 与 Infracapital 合作全面推广光纤接入。

全球宽带接入网速增长保持较高增速，中国宽带下载速率排名前列。2018 年，全球固定宽带接入下载速率达 54.33Mbit/s，同比增长 26.4%。2018 年新增 16 个国家推出千兆固定宽带产品，至此，全球提供千兆服务的国家数达到 76 个。印度、法国、波兰、意大利、英国等国家的部分城市千兆用户数呈数十倍增长。中国固定宽带下载速率已进入全球前列，平均下载速率 89.35Mbit/s，同比增长 14%，全球排名 22。2014—2018 年全球固定宽带用户发展情况如图 8 所示。

截至 2018 年年中，全球国际出口总带宽达到 393Tbit/s，2014—2018 年复合年增长率超过 30%。北美一直是国际互联网连接的核心，自 2013 年起，拉美—北美国际互联网带宽容量超过欧洲—北美，拉美对北美地区的国际互联网带宽依赖性较大，中国、印度、巴西、墨西哥等发展中国家的国际带宽保持高速增长。2014—2018 年部分国家国际互联网带宽发展情况见表 1。

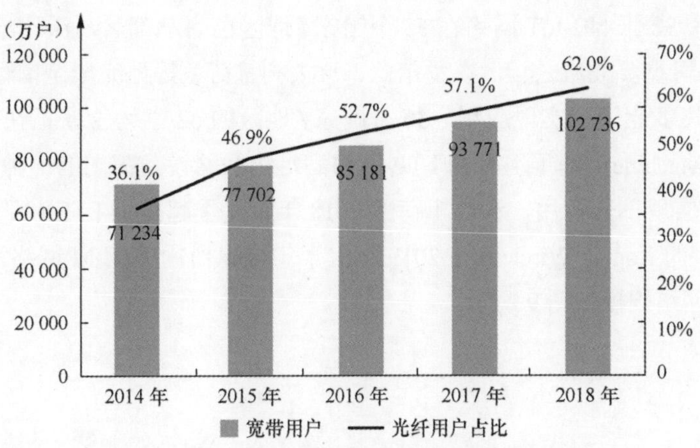

图 8　2014—2018 年全球固定宽带用户发展情况

数据来源：Point Topic

表 1　2014—2018 年部分国家国际互联网带宽发展情况

国家	国际互联网带宽（Gbit/s）	2014—2018年复合增长率（%）
德国	97 175	33
美国&加拿大	90 282	27
法国	66 560	30
英国	57 311	28
中国	27 927	36
巴西	16 489	33
日本	15 441	31
俄罗斯	14 867	39
印度	11 584	63
墨西哥	10 245	37
阿根廷	6 077	32
韩国	3 600	27

数据来源：Telegeography

（四）蜂窝物联网发展势头继续增强，5G 商用元年开启

LTE 网络建设进入平稳期，蜂窝物联网发展势头继续增强。GSA 统计数据显示：全球 LTE 网络继续稳步建设与运营，截至 2019 年 5 月，全球共 861 家运营商投资建设 LTE 网络，其中，223 个国家 / 地区的 750 家运营商已经开展运营并提供移动或固定无线接入服务；226 家运营商拥有 LTE-TDD 许可证，至少 160 家运营商已推出 TDD 网络。在蜂窝广域物联网发展方面，148 家运营商在 71 个国家投资窄带物联网（NB-IoT），以支持低功耗设备在广域网的蜂

窝数据连接，其中 98 张 NB-IoT 网络在 53 个国家 / 地区已启动部署，沃达丰、德国电信等均将 NB-IoT 作为公司重要战略之一，在爱尔兰、意大利、荷兰等地完成全国性的网络部署，并优先在能源和公共事业领域实现应用。36 个国家 / 地区的 62 家运营商正在投资 LTE-M 网络（LTE-Machine-to-Machine，基于现有的 LTE 载波满足物联网设备需求的一种技术），其中，37 张 LTE-M 网络已实现部署商用，沃达丰荷兰 2018 年自夏季起提供 LTE-M 网络服务，新西兰的 Spark 和加拿大的 Rogers Wireless 在 2019 年上半年推出商用 LTE-M 网络。2010—2019 年 5 月全球 LTE 商用网络规模如图 9 所示。

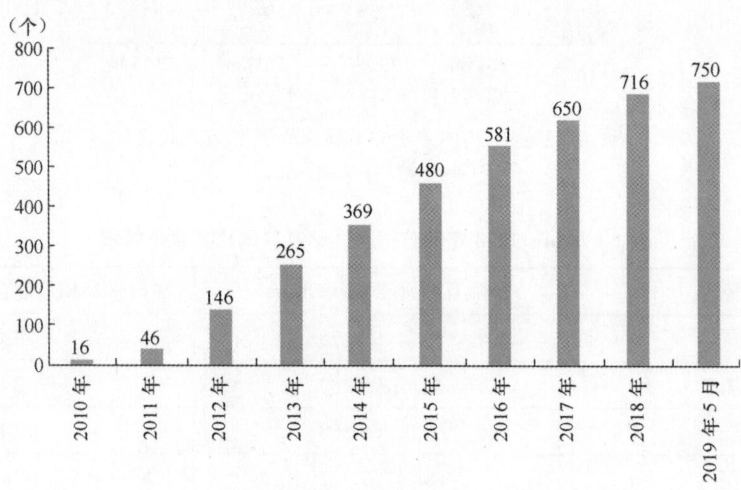

图 9 2010—2019 年 5 月全球 LTE 商用网络规模

数据来源：GSA

2018 开启 5G 商用元年，业务集中在固定无线接入和企业应用。2018 年，超过 60 个国家 / 地区的运营商宣布推出 5G 商用计划，11 家运营商推出 5G 试商用服务，目前，商用业务主要集中在固定无线接入和企业应用。Verizon 于 2018 年 10 月 1 日推出非标准的固定 5G 接入服务，AT&T 推出基于 3GPP R15 标准的商用 5G 移动服务。预计到 2025 年，全球移动 5G 连接数将达 12 亿个，占移动连接的 14%。

二、全球电信业市场发展热点

（一）全球 5G 进入商用部署的关键期

1. 5G 技术研发已取得阶段性进展

2018 年 6 月，3GPP 完成 5G 独立组网（SA）新空口和核心网标准的制定，支持增强宽带和低时延高可靠场景，加之 2017 年年底已完成的 5G 非独立组网（NSA）标准，5G 第一版本标准（R15）已全部完成，为 2019 年年底 5G 最终版本（R16）的制定奠定了基础。全球移动产业将加速 5G 的产业化部署，将千兆级的超速连接和毫秒级的超低时延的技术能力带给用户。

2．全球主要国家均将 5G 作为优先发展的战略领域

全球主要国家高度重视 5G 发展，纷纷把 5G 列为优先发展的战略领域，通过发布国家战略，设置国家项目，加大资金投入，积极支持 5G 发展。

欧盟：自 2012 年开始陆续启动 5G 重大研发项目，如 2020 信息社会无线通信项目（METIS）和 5G PPP 等，总研发经费达到 42 亿欧元。2016 年，欧盟发布了 5G 行动计划，其 5G 发展目标是 2020 年各成员国至少选择一个城市提供 5G 服务，欧盟频谱管制机构建议在 2020 年前为 5G 分配 3.4 ～ 3.8MHz 的频谱以及部分 26GHz 频段。

美国：2017 年年底发布的《美国国家安全战略》提出要在全国范围部署 5G 网络，指出 5G 网络部署是提高美国国际竞争力、改善人们生活质量的首要行动之一。2018 年 9 月，政府发布“5G FAST 战略”，提出要为 5G 分配更多的频谱资源、简化基站审批流程并缩短审批时间等，推动 5G 网络快速部署。

韩国：2013 年成立了 5G 论坛，启动重大项目，投入 16 000 亿韩元（约 14.3 亿美元）研发资金推动 5G 产业发展。2014 年 1 月公布了旨在引领 5G 时代的《未来 ICT 产业发展战略》，提出在 2018 年平昌奥运会展示 5G 试点服务以及 2020 年前实现 5G 商业化。2016 年，发布 ICT 重大发展战略《K-ICT 2020》，战略周期从 2016 年至 2020 年，5G 是九大核心技术发展战略之一。

日本：2016 年发布了《Policy to realize 5G in 2020》，已于 2014 年成立 5GMF（5G 移动论坛），作为 5G 研发、标准化以及国际合作的战略指导者，从 2015 年开始通过产、学、政合作推动 5G 关键技术研发，并积极参与 5G 标准化活动，政策中提出将在 2020 年东京奥运会期间商用 5G。

中国：中国高度重视 5G 发展。在网络强国、制造强国、“十三五”规划、信息化发展战略等战略规划中，均对推动 5G 发展做出明确部署。“十三五”规划纲要指出：要积极推进 5G 发展并启动 5G 商用。国家信息化发展战略纲要强调，要积极开展 5G 技术研发、标准和产业化布局，2025 年建成国际领先的移动通信网络。2013 年，工业和信息化部、国家发展和改革委员会和科技部推动产业界成立了 IMT-2020（5G）推进组，组织国内各方力量，积极开展国际合作，共同推动 5G 国际标准发展。

3．全球 5G 频谱规划和许可发放工作进展迅速

各国已基本形成 5G 频谱共识，中低频段（6GHz 以下）将主要用于保障 5G 系统的连续覆盖、基本业务和高移动性；高频段（6GHz 以上）将主要满足热点地区的极高用户传输速率和网络容量需求；各国在 3400 ～ 3800MHz 的频段共识度较高，多国已开展该频段全部或部分频谱的许可准备甚至已完成首批许可。在高频段方面，美国和韩国的政策进展较快，其他多个国家也正在积极论证或公开征求意见。全球 5G 频率规划和许可工作加快推进，全球已有 22 个国家 / 地区完成或部分完成 5G 频谱的拍卖或分配。2018 年下半年至 2019 年是 5G 频率拍卖的高峰期。截至 2019 年 6 月中旬，奥地利、丹麦、芬兰、德国、意大利、西班牙、英国、瑞士等国家均完成了至少一次 5G 频谱拍卖；韩国、日本、澳大利亚和中国香港均完成了至少一次 5G 频谱的拍卖或分配，中国于 2018 年年底颁发了 5G 系统中频段试验频率使用许可；美国和墨西哥完成了至少一个 5G 频谱的拍卖；沙特阿拉伯和阿曼完成了至少一个 5G 频谱的拍卖。2017—2019 年全球重点国家 / 地区 5G 频谱情况见表 2。

表 2　2017—2019 年全球重点国家 / 地区 5G 频谱情况

国家 / 地区	已完成频谱拍卖 / 分配时间	频率范围	计划拍卖频段	计划拍卖时间
爱尔兰	2017 年 5 月	360MHz		
英国	2018 年 4 月	3.4GHz	3.6 ～ 3.8GHz	2019 年年底或 2020 年年初
韩国	2018 年 6 月	3.5GHz、28GHz		
西班牙	2018 年 7 月	3.6 ～ 3.8GHz	700MHz	2020 年
意大利	2018 年 9 月	694 ～ 790MHz、3.6 ～ 3.8GHz、26.5 ～ 2.75GHz		
芬兰	2018 年 10 月	3410 ～ 3800MHz		
美国	2018 年 11 月 /2019 年 3 月	24GHz、28GHz	37GHz、39GHz、47GHz	2019 年
澳大利亚	2018 年 12 月	3.6GHz		
中国	2018 年 12 月	3500MHz、2600MHz、4900MHz		
德国	2019 年 3 月	2GHz、3.6GHz		
中国香港	2019 年 3 月	26GHz、28GHz	3.5GH、3.3GHz、4.9GHz	2019 年年中
日本	2019 年 4 月	3.7GHz、4.5GHz、28GHz		

数据来源：中国信息通信研究院

4．各国运营商加快 5G 商用步伐

截至 2019 年 7 月，全球共有 21 个国家 / 地区的 36 家运营商开始提供 5G 业务。初期，5G 商用业务主要集中在固定无线接入和企业应用，5G 技术将使蜂窝网络用于 1Gbit/s+ 家庭宽带接入成为现实，有助于打破宽带提供商和有线运营商长期以来在固定宽带接入领域占据主导地位的局面。

2019 年 4 月，韩国与美国分别成为全球第一个和第二个开通 5G 移动服务的国家。随后，欧洲各国相继启动 5G 商用服务。瑞士 Sunrise 从 4 月开始在 150 个市镇、村庄推出 5G 服务，英国最大通信运营商 EE（BT 集团）在伦敦等地推出 5G 商用服务。2019 年年中，沃达丰集团先后在意大利、西班牙、英国、德国启动 5G 商用服务，其用户可以在这 4 个国家的 5 个城镇享受 5G 漫游服务。2019 年 6 月初，中国工业和信息化部向中国电信、中国移动、中国联通、

中国广电发放 5G 商用牌照，比计划整整提前一年，中国提速进入 5G 商用时代。2017—2019 年全球重点国家 / 地区 5G 商用情况见表 3。

表 3　2017—2019 年全球重点国家 / 地区 5G 商用情况

所属地区	国家 / 地区	运营商	商用时间	提供业务
亚洲	韩国	SKT	2018 年 12 月 /2019 年 4 月	固定无线接入 / 移动接入
		KT		
		LG+		
北美洲	美国	Verizon Wireless	2018 年 10 月 /2019 年 4 月	固定无线接入 / 移动接入
		AT&T Mobility	2018 年 12 月	固定无线接入 / 移动接入
		C Spire	2019 年 1 月	固定无线接入
		Sprint	2019 年 5 月	固定无线接入 / 移动接入
大洋洲	澳大利亚	Telstra	2018 年 8 月 /2019 年 5 月	固定无线接入 / 移动接入
		Optus	2019 年 2 月	固定无线接入
欧洲	瑞典	Telia Sonera	2019 年 3 月	固定无线接入
	瑞士	Sunrise	2019 年 4 月	固定无线接入 / 移动接入
		Swisscom	2019 年 4 月	固定无线接入 / 移动接入
	芬兰	Elisa	2019 年 4 月	固定无线接入 / 移动接入
	英国	EE（BT）	2019 年 5 月	固定无线接入 / 移动接入
	意大利	Vodafone	2019 年 6 月	固定无线接入 / 移动接入
	西班牙	Vodafone	2019 年 6 月	固定无线接入 / 移动接入
中东	阿联酋	Etisalat	2019 年 5 月	移动接入
	科威特	Zain	2019 年 6 月	固定无线接入
		Viva	2019 年 6 月	固定无线接入
	巴林	Batelco	2019 年 6 月	固定无线接入

数据来源：中国信息通信研究院

5．5G 业务资费套餐以超大流量为主

运营商对于 5G 流量的资费定价，基本采用在 4G 套餐的基础上提速不提价或少提价的原则，以使用户从 4G 平滑过渡到 5G，降低适应成本。美国 Verizon 的 5G 不限量套餐在原有 4G 套餐基础上每档加 10 美元，从 85 美元（约合 583 元）到 105 美元（约合 720 元）不等。瑞士 Swisscom 资费价格同 4G，但只有 5G 用户可享受高达 1Gbit/s 的速率。韩国 3 家运营商主推大流量套餐，包含 150GB 到 300GB，最低价格 7.5 万韩元（约合 443 元），单价稍低于 4G 套餐。

6．各厂商积极筹备 5G 终端发布

华为、小米、OPPO、vivo、三星等厂商都推出了 5G 终端。GSA 数据显示，截至 2019 年 5 月

底，已经公开发布的5G终端多达68款，其中，智能手机和CPE设备最多，分别有19款。在最新款的5G手机中，我国国产品牌由10个厂商推出13款手机（含2款原型机），国外品牌被三星、LG、索尼3家包揽。IDC预测：2019年，5G手机出货量将达到670万台，到2023年，5G手机出货量将达到整体手机出货量的26%。截至2019年5月全球5G终端发布情况如图10所示。

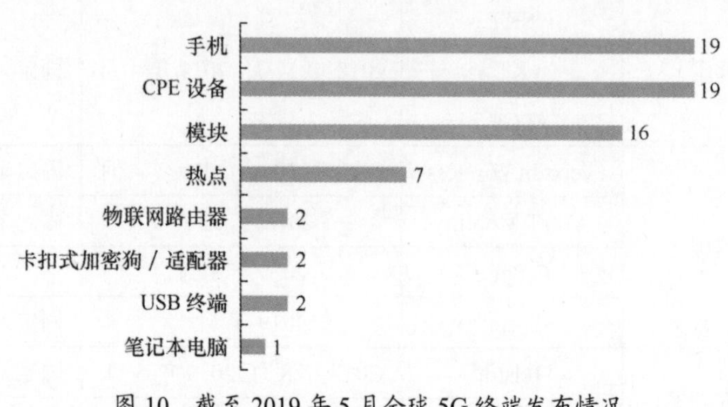

图10　截至2019年5月全球5G终端发布情况

数据来源：GSA

（二）运营商积极谋求转型，挖掘新业务增长点

近几年，随着基础电信业业务的下滑，行业竞争加大，运营商一直谋求转型，寻求新的业绩增长点。

积极探索5G工业互联网应用。爱立信报告分析：5G对经济增长的推动作用要远高于4G。多个国家已经开始进行5G在工业领域的试验，主要以监测环境和设备状况等生产辅助型应用为主，并已开展与工业生产核心业务紧密结合的远程控制与自动化的探索。韩国KT与现代重工合作开发5G机器人和智能工厂平台，用于为自动检测、过程控制和机器人引导提供基于成像的自动检测和分析。中国电信实施5G智能水务管理平台，为供水提供了智能化管理和三维监测。德国汉堡港务局（HPA）和德国电信、诺基亚合作在汉堡港80平方千米区域的工业环境中联合开展5G研发测试。截至2018年11月，该项目已在HPA子公司的船舶上安装了传感器，使其可从港口大面积区域实时传输行驶轨迹和环境数据，同时，项目还将交通灯接入5G网络，由HPA控制中心远程操作，以控制通过端口的交通流量，从而迅速而安全地引导卡车运行。

积极利用新技术赋能行业数字未来。韩国SK电讯、金融监管机构开发基于人工智能的语音识别平台，以打击电话诈骗。KT开发的人工智能解决方案能够收集并分析网络产生的数据，以找出导致电信故障的根本缺陷。日本NTT泰国子公司计划推出基于区块链、人工智能和物联网技术的创新实验室。软银推出以人工智能为核心的孵化业务。美国AT&T联手IBM与微软，针对制造业、零售业和医疗保健等行业的用户推出供应链和医疗保健的区块链解决方案。西班牙Telefonica与Rivez和Peerstream在区块链网络安全领域开展合作，为商业应用和通信提供下一代零信任架构、隐私和安全保护。

三、2019 年全球电信运营市场展望

（一）通信服务业步入低速轨道，5G 盈利成效有待观察

2019 年基础电信业预计收入 1.62 万亿美元，同比增长 0.8%。监管政策的影响和市场竞争的加剧正在推动固定服务和移动服务资费下降，消费的数据服务支出主要取决于对固定和移动网络视频的消费需求，5G 在海量连接、超高速率和超低时延方面的新能力将重塑 5G 时代商业模式，能否为运营商带来发展拐点还有待观察。

（二）全球移动用户将接近 80 亿户，5G 发展超出预期

2019 年，全球移动用户接近 80 亿户，普及率将达 102.5 部 / 每人。多国运营商开展 5G 移动商用服务，首批 5G 移动用户出现，到 2019 年年底，全球预计将有超过 1000 万户的 5G 用户。

韩国 5G 商用 69 天用户数突破 100 万户，普及速度超过 4G。鉴于 5G 早期快速发展的势头和大众对 5G 的热情，爱立信预测：到 2024 年年底，5G 用户将达到 19 亿户，高于之前预测的 15 亿户（增加近 27%），覆盖全球 45% 的人口。北美地区 5G 普及速度预计将是最快的，预计到 2024 年该地区使用 5G 的移动用户占比将达到 63%，东北亚地区（47%）紧随其后排名第二，欧洲地区（40%）位居第三。

（三）移动数据流量增速持续放缓，5G 带来流量需求显著增加

2018—2024 年，全球移动数据流量预计从 28EB/ 月增长至 131EB/ 月，年复合增长率为 30%，增速放缓；平均每部智能手机数据流量将从 5.6GB/ 月增至 20GB/ 月。到 2024 年全球超过 35% 的移动数据流量将由 5G 网络承载。调查显示：一半的用户认为流量需求将在 5G 上“显著增加”，而 20% 的用户认为他们的使用量将增加 10 倍，在一个月内达到 200GB。这主要是受视频所影响的，消费者不仅希望以更高的分辨率传输视频，还希望使用诸如增强现实（AR）和虚拟现实（VR）等沉浸式视频方式。

如今，全球蜂窝物联网连接已达 10 亿，预计到 2024 年年底，这一数字将突破 41 亿，其中 45% 为大规模物联网。使用大规模物联网的行业包括使用智能抄表的公用事业部门、采用可穿戴医疗设备的医疗行业，以及使用跟踪传感器的交通运输业等。

2018 年全球互联网发展现状和趋势

一、全球互联网用户消费情况

（一）互联网用户群体不断壮大

1. 全球互联网用户普及率超过 50%

截至 2018 年年底，全球互联网用户数达 39 亿户[1]，普及率为 51.2%，较 2017 年提高 2.2 个百分点。其中，印度、印度尼西亚、中国、巴西、伊拉克五国的年新增互联网用户数均超过 1000 万户，是提升全球互联网普及率的主要因素。

2. 互联网上网呈现高速化、移动化、宽带化的特点

全球移动宽带用户普及率为 73.0%，平均下载速率达 25.4Mbit/s[2]；固定宽带用户数突破 10 亿户[3]，同比增长 9.7%，相比于 2010 年用户数翻番，其中近六成用户采用光纤接入的方式，网络平均下载速率达 55.5Mbit/s。

（二）流量消费呈指数级增长

物联网设备普及、宽带网速提速、流量资费下调以及高清视频需求提升，促进全球互联网流量消费呈指数级增长，全球网络流量[4]从 1997 年的 100GB/ 小时（合 0.028GB/ 秒）增至 2017 年的 46600GB/ 秒[5]。4G 网络广覆盖和不限流量套餐的推广有效刺激个人用户的移动流量消费，2018 年，全球平均移动 DOU（户均使用数据流量）为 5.6GB/（户 · 月），同比增长 64.7%。芬兰、美国、中国、韩国的 DOU 全球领先，分别为 16.1GB/（户 · 月）、8.6GB/（户 · 月）、6.9GB/（户 · 月），6.4GB/（户 · 月），日本、英国、法国、意大利等国家处于第二梯队，DOU 在 5GB/（户 · 月）左右[6]。

---

1. 数据来源：ITU
2. 网速数据来源：Speedtest
3. 固定宽带用户数据来源：Point-Topic
4. 注：全球网络流量包含固定网络和移动流量；网络类型包含骨干网以及非骨干网
5. 流量数据来源：思科 VNI 报告
6. DOU 数据：全球和北美地区数据来源于爱立信，其余为各国电信监管机构，指手机用户的 DOU

二、全球互联网行业发展特点

（一）互联网成全球经济重要驱动力，区域集中特征明显[7]

1. 全球经济产业发展驱动力逐步向互联网科技行业转移

近几年，苹果、微软、亚马逊等互联网和科技企业借助收入高增长竞相争夺企业市值榜单桂冠，取代传统能源、金融业的霸主地位。如亚马逊2008—2017年营收年复合增长率高达28%，在全球《财富》500强榜单中从485位升至18位；中国互联网公司如京东、阿里巴巴、腾讯在2016年首次入围全球《财富》500强榜单后，借助平均50%的年收入增幅在榜单的排名迅速上升。

2. 互联网企业市场集中度不断提高

截至2018年年底，全球互联网上市企业约920家，四分之三的企业集中在美国、中国、日本、澳大利亚和英国五个国家。中国企业中，从事互联网信息服务类企业数量占比最大，而另外四国互联网企业则更多聚焦于广告市场营销、财会、商业智能分析类的生产融合性服务。

（二）资本市场理性中持续升温[8]，八成为早期投资

2018年，全球互联网行业共吸引了1928亿美元的投融资金额，比2017年增长28.3%，共完成11347笔交易，同比增长8.4%，市场持续升温。八成左右的资本青睐于种子/天使轮与A轮的早期投资，轮次投资占比达79.2%，但较2016年比重减少4个百分点，显示投资者对于早期初创的投资趋于理性。

（三）新技术涌现与垂直行业渗透，催生独角兽企业[9]

2018年全球共326家独角兽公司，其中互联网相关的高科技公司220家，占比67.5%，总估值7300亿美元。大量资本流入互联网行业，人工智能、区块链等新兴技术与互联网行业的渗透融合，极大地拓展了应用场景，催生出更多的独角兽企业。如依图、商汤、旷视三家独角兽企业在全球人脸识别（FRVT）竞赛中取得优异成绩，共获得融资超过25亿美元，总估值近80亿美元；创新技术与金融、医疗、安防等行业实现融合，孕育出大量“互联网+”独角兽企业；短租房平台Airbnb拓展商旅办公等多元化业务，估值超过310亿美元。

7. 本节全部数据来源：中国信息通信研究院
8. 本节全部数据来源：中国信息通信研究院
9. 本节原始数据来源：CB Insights，经中国信息通信研究院研究分析整理

三、全球互联网基础设施资源情况

（一）国际互联网带宽的需求与建设协同稳步增长

国际互联网流量增长保持较高增速，峰值流量在 2018 年达 170 562Gbit/s，近五年复合增长率达 31%[10]。流量高速增长带动光缆线路建设和国际互联网出口带宽的稳步增长，2018 年全球海底光缆安装量达 5 亿 4 200 万芯公里，比 2017 年增长 9.1%，中国、美国、印度为前三大市场[11]；国际互联网出口带宽达 393Tbit/s[12]，近五年复合年增长率超过 30%。北美地区一直是国际互联网连接的核心，占据 32% 的带宽容量，中国、印度、巴西、墨西哥等发展中国家的国际出口带宽保持 40% 以上的年增长率。

（二）移动宽带网络快速广泛覆盖

1．全球 4G 网络覆盖超过 80% 的人口

截至 2018 年年底，全球已有 213 个国家和地区的 712 家运营商提供 4G 网络服务[13]，4G 用户总数超过 34 亿，占移动电话用户的 42.4%。

2．蜂窝物联网发展迅猛

2018 年已有 45 个国家的 78 家运营商开始部署、推出 NB-IoT（窄带物联网）网络服务，较 2017 年增加一倍。截至 2018 年年底，总用户数达 9.65 亿。2014—2018 年，全球蜂窝物联网用户数保持高速增长，年均复合增长率达 41.2%。

3．5G 商用元年开启

共有 83 个国家的 201 家运营商进行 5G 测试、试验、许可、部署商用等[14]，并有超过 60 个国家 / 地区的运营商宣布 5G 商用计划；美国、韩国、芬兰、阿联酋等国家的 11 家运营商开始 5G 试商用[15]。

（三）数据中心向云端转型，云服务市场和规模稳步扩张

数据中心是互联网业务的数据仓库，近几年，提供单一托管等服务的传统数据中心逐渐向大规模化、标准化、智能化的云数据中心转型。2018 年全球公有云市场规模达 1 830 亿美元，比 2017 年增长 19.4%。SaaS（软件即服务）应用需求正在向生产、经营、服务等实效性业务所

10．国际互联网流量来源：Telegeography
11．全球光缆需求数据来源：CRU
12．国际互联网出口带宽数据来源：Telegeography
13．LTE 数据来源：GSA
14．5G 测试相关数据来源：GSA
15．5G 商用进展数据来源：中国信息通信研究院

关联的方向转变。IaaS（基础设施即服务）规模达 305 亿美元[16]，年增速达 26.6%，。与此同时，2015—2018 年，传统数据中心规模进入下滑通道。全球机架机房从 42.8 万个降至 41.4 万个、单一数据中心从 296 万个降至 280 万个。

四、新一代基础设施加快建设

（一）5G 将实现网络能力飞跃，边云协同释放数据价值

5G 生态系统日趋成熟，标准制定持续快速推进，部署商用化进程加速。5G 技术将带来网络侧支撑能力的飞跃，在增强用户体验的同时，也将承载丰富且多元的业务场景，推动业务升级转型和产业革命。5G 将通过吉比特级接入速率和毫秒级时延提供极致的用户体验，不仅能够支持流畅的视频通信，VR/AR 等新技术也将获得广泛应用，从游戏、社交、购物，到影视娱乐，甚至基于场景的虚拟培训，都将因此获益。此外，5G 在低时延、高可靠和支持海量设备接入等方面的特性，将促进传统产业数字化转型，特别在工业互联网、车联网、医疗领域，推动产业创新和变革，为新业务模式的涌现奠定网络基础。

云计算在大数据处理、大数据存储、应用程序开发、机器学习和人工智能等方面存在很大优势，但目前无法满足自动驾驶、工业互联网等对于计算的实时性和可靠性的需求。到 2022 年，全球一半以上的企业数据将在数据中心之外产生，如果将外部数据全部上传至云端分析处理，会给云端造成强大压力，带来网络拥塞和时延问题。边缘计算更接近数据源，可以提供实时、快速的数据分析处理，有效降低时延，对各类应用场景给予及时、有效响应。特别是在工业互联网等需要深入分析和决策制定的应用场景中，部署和管理边缘应用至关重要，云边协同将成为驱动工业数字化转型的重要动力。

（二）网络自动化为智能网络发展奠定基础

5G 时代，网络结构将变得日趋复杂，网络协同和互操作、资源统一调度和运营管理，以及故障的界定和定位将成为难点。人与人通信的单一模式将逐渐演化为人与人、人与物、物与物的全场景通信模式，业务体验也随之呈现出多元化、个性化态势。技术与需求给网络运营和维护带来了全方位挑战，传统网络在业务部署效率、市场需求响应速度等方面存在的短板不断显露。未来几年，全球网络将朝着自动化升级，预计 2019—2022 年，全球 SDN 和 NFV 市场规模的年复合增长率将分别达 43% 和 24%，应用范围也将由最初的数据中心逐渐扩大至广域网范围。网络自动化将为下一阶段自适应、自治的全智能型网络发展奠定基础。

16．数据中心与云服务数据来源：Gartner

五、消费体验升级，线上线下深度融合

当前，移动互联网产业已经进入稳定增长期，随着人口红利消失，行业红利告别野蛮增长。在超级应用生态把持着巨大话语权的形势下，流量入口之争日趋白热化，仅依靠渠道难以在现有产业格局中获得突破。维持用户黏性，提升产品依赖度，成为维系老用户，吸引增量用户的重要手段。从企业巨头到初创新贵，都在不断加大对于消费者增长模式的研究力度。

（一）新技术推动视频应用场景更多元化

从长视频到碎片化的娱乐短视频，再到更短的资讯类、广告类短视频，整个信息流市场都在快速的视频化。未来，在线流媒体将继续保持高速增长，Gartner 公司估测，2020 年消费者在流媒体服务上的支出，将从目前的 187 亿美元增加到 300 亿美元。高清视频直播结合 VR/AR 技术将走进消费者的日常生活，从体育赛事到音乐会现场直播，将为消费者带来虚实结合的沉浸式体验。除了远程文娱直播之外，超高清视频的应用场景也将更加多元化，在远程安防监控、远程超高清医疗、商业性远程现场、实时展示及街景采集等方面都有着十分广阔的市场，包括直播在内的实时视频将被更广泛地应用于市场营销。

（二）人工智能助力内容创作更个性化

随着人工智能技术的引入，未来的内容将更加个性化，更加以用户为中心。从用户感受和体验出发，围绕用户需求打造的开放式内容生态将成为主流。机器学习将实现个性化用户体验，弥合内容制作和观众需求之间的差距。一方面，传统内容平台通过对线上数据进行统计分析，将更好地了解用户偏好和个性特征，获知当前流行热点，从而有选择地策划平台内容，推出契合市场需求的 IP 内容作品。另一方面，社会化的内容创作平台迎来发展春天。新平台将赋予内容更多娱乐社交属性，降低创作门槛。功能上更侧重普通用户表达自我，满足消费者精神需求，使得用户作为内容消费者的同时，也成为“创作者”。

（三）数据价值被进一步挖掘，助力实体经济发展

未来，集社交、电商、生活服务功能为一体，面向消费者个性化需求，可提供全服务的集中式生态系统即将建立。线上数据将与线下数据统一，共同推动实体经济发展。通过社交网络，商品推荐在用户消费中的影响力将大幅提升，新产品营销的信用成本大大降低，商品推介更为精准。通过电商和实体店数据，线下仓储调度流程得以优化，商业效率将获得进一步提升。此外，社交、生活服务整合了消费者偏好，出行路径、生活需求等相关数据，将为城市规划、旅游、商圈发展等领域提供更高效优质服务。

（四）新技术改变用户消费习惯，消费体验升级

图像识别、语音识别、AR/VR 等技术将全方位提升用户的消费体验。智能家电逐渐普及，语音和图像使得搜索变得更容易，可以帮助那些阅读或输入能力较低的消费者，改变用户发现商品的方式及消费习惯。到 2020 年，预计至少有 50% 的搜索将通过图像或语音进行。基于 AR/VR 技术的混合现实将能够为零售行业带来真正的浸入式互动体验，成为零售行业不可错过的重大革新技术。

六、产业数字化转型成为互联网经济新形态

随着信息化水平日益提升，互联网和新技术已经融入各行各业，“互联网 +”推动产业数字化转型，传统垂直行业正经历着网络化到数字化，再到智能化的巨大转变。在数字化转型的过程中，工业、交通和医疗是最具有产业潜力、市场需求最明确的几大领域之一，具备应用空间广、产业潜力大、社会效益强等几个特点，是信息化和传统产业深度融合的重要方向，将率先从产业转型变革中获益。

（一）工业：向网络化和数字化快速推进

当前，全球工业互联网尚处于初级阶段，受政策、技术等多方因素推动，未来 3 到 5 年将成为该领域网络化和数字化转型的关键时期。制造领域实体间将实现互联互通，网络连接和通信技术将打开“物与物”之间的通道，实现设备、系统间互联，为企业跨系统、跨终端的数据信息流动和整合提供通道。感知技术发展，推动传感设备微型化、智能化、多功能化和网络化。工业领域中传感器的使用将愈加广泛，使机器状态、工艺参数、仓储库存等各环节信息能够被及时监控获取。生产环节的网络化和数据化不仅将为业务应用创新提供丰富的数据支撑，同时也将促进资源的优化配置，提升经济附加值，推动企业高质量发展。此外，企业 IT 基础设施升级，数据资源汇聚，将为机器学习等人工智能技术发力提供底层支撑，为下一步智能化生产制造奠定基础。

生产模式从个体向协同生态转变。工业平台、软件和大数据将推动产业链升级。随着生产要素数据的流动和交互，工业平台为企业和用户等利益相关方搭建起无缝对接的桥梁，构建出全产业生态，拉近制造端和服务端的距离，推动服务型制造快速发展。当前，工业互联网基础设施建设蓬勃发展，公有平台正逐渐被越来越多的企业认可和接受，工业互联网将为不同企业搭建出信息共享与集成平台，使得企业能够在全球范围内整合优势资源，迅速发现并动态调整合作伙伴，驱动企业业务模式从个体独立生产向协同创新转变。

（二）交通：重塑汽车产业生态和商业模式

车联网融合了物联网、大数据、人工智能等新兴技术，是未来智能交通的焦点和核心。汽

车的网联化、智能化，产业间跨界融合，将打破传统汽车产业生态体系，重塑新型商业模式。参与主体更加丰富，汽车电子成为增长引擎。首先，更多的消费类电子企业和互联网企业加入到汽车产业链中，参与主体数量增加和影响扩大。其次，汽车电子和软件在汽车产业中的重要性增加，为传统汽车产业竞争格局带来影响。

1. 跨界融合构建互联网汽车生态体系

传统汽车产业积极拥抱人工智能和信息通信技术，渐进式推动自动驾驶发展。新兴汽车企业与互联网公司，注重“软件定义汽车”，发力智能电动汽车。在不断实践和尝试的过程中，传统汽车厂商、信息通信企业、互联网企业都意识到自动驾驶技术、应用以及商业模式的发展是一个长期演进的过程。未来，三者间强强跨界合作的产业联盟是最佳选择，自动驾驶领域将逐渐形成多方参与、竞争合作的复杂生态体系。

2. 商业模式呈现不同新特点

以用户体验为核心的信息服务类应用中，海量用户数据结合大数据分析模型将催生更多O2O 服务模式，车险、汽车维护等后市场服务的盈利前景向好。以车辆驾驶为核心的汽车智能化类应用中，安全和效率类应用正处于快速成长期，渗透率逐步提升，整体市场规模有望进一步拓展。以协同为核心的智慧交通类应用中，基于自动驾驶的协同化应用发展还正处在起步阶段，传统汽车厂商、互联网公司、共享出行公司都是价值链的重要参与者，将结合自身优势形成各具特色的商业模式。

（三）医疗：从线上外围服务到医疗物联网

当前，挂号、支付、在线问诊等外围就医流程已经通过互联网得到优化。未来，物联网、人工智能等新兴技术将推动互联网医疗产业朝纵深方向发展。

1. 人工智能将引领医疗核心领域变革

诊断方面，基于大量医学影像，机器学习可以帮助医生进行病灶区域定位，减少漏诊误诊问题。诊疗方面，通过对病人医疗数据进行分析挖掘，系统可以识别病人的临床状态和各项生理指标，进一步给出可靠的诊断和治疗方案。新药品研发方面，依托患者大数据信息，人工智能将缩短药品研发周期，降低研制成本，提高成功率。医疗机器人分工精细化，除了与临床紧密结合的手术机器人之外，康复机器人、护理服务机器人也将被广泛应用。

2. 医疗物联网带动产业迈向新阶段

随着感知器件的微型化和智能化，无线通信技术飞速发展[17]，未来医疗产业将向基于物联网智能感知和大数据分析的精准医疗服务迈进。医疗物联网将提升医院整体信息化水平和服务能力，帮助医院实现业务流程标准化，运营管理精细化；实现对医疗对象的全生命周期、全流程的闭环管理；实现医疗器械与药品的生产、配送、防伪、追溯，避免公共医疗安全问题。医疗物联网将实现医药领域科研、生产、流动到使用过程的全方位实时监控，有效提升产品质量、

17. 来源：中国信息通信研究院《医疗物联网产业发展趋势研究》

降低管理成本。此外，通过生理指标监测，为患者建立健康信息档案，并将数据反馈到社区、护理人或医疗单位，医疗物联网将构建以患者为中心，基于危急重病患的远程会诊和持续监护服务体系。未来，物联网技术将广泛融合应用于健康服务、医疗卫生、养老供等环节，覆盖从家庭社区到医院、从疾病诊疗到健康管理等方面，改变现有的以疾病为中心的医疗模式，将疾病治疗推进到疾病预防和健康管理阶段。

注：相关主要名词解释

互联网行业：以互联网为依托，以信息技术为主要支撑的现代服务业，包括互联网基础服务业和互联网应用服务业。其中：互联网基础服务主要包括互联网接入服务（ISP）、互联网数据中心（IDC）、内容分发网络（CDN）等，互联网应用服务主要包括互联网信息获取、网络娱乐、在线数据处理与交易处理、云服务、物联网、互联网金融等。

“互联网 +”：把互联网的创新成果与经济社会各领域深度融合，推动技术进步、效率提升和组织变革，提升实体经济创新力和生产力，形成更广泛的以互联网为基础设施和创新要素的经济社会发展新形态，是现有互联网行业统计范畴的延伸。

互联网企业：主要从事互联网基础服务和应用服务业务，且该收入占本企业营业收入 50% 以上，包括基础电信企业和从事互联网业务的增值电信企业。

区块链：狭义上，区块链是一种按照时间顺序将数据区块以顺序相连的方式组合成的一种链式数据结构，并以密码学方式保证的不可篡改和不可伪造的分布式账本。广义上，区块链技术是利用块链式数据结构来验证与存储数据、利用分布式节点共识算法来生成和更新数据、利用密码学的方式保证数据传输和访问的安全、利用由自动化脚本代码组成的智能合约来编程和操作数据的一种全新的分布式基础架构与计算范式。

2018 年上海市互联网行业发展报告

一、2018 年上海市互联网行业运行动态

近年来，上海市互联网行业保持稳步、快速发展，电子商务、网络游戏等主导产业稳定增长。物联网、大数据、人工智能、工业互联网、互联网金融等新兴领域蓬勃发展，新创企业不断涌现，产业规模不断扩大。上海市互联网行业不仅极大地推动了传统产业转型升级，还促进了新兴产业的发展，已成为上海市数字经济发展的主要推动力。

（一）互联网行业增速趋于平稳，互联网业务收入增速近 20%

2018 年上海市互联网重点调度联系企业（以下简称互联网重点企业）总营业收入 4 678.8 亿元，同比增长 10.8%。其中，互联网业务收入达到 3 421.3 亿元，同比增长 18.2%。上海市互联网重点企业营业及互联网业务收入发展情况如图 1 所示。

（二）上市公司数量保持稳定，市值受大环境影响有所下降

2018 年上海市互联网企业中上市或挂牌交易的企业数量为 92 家[1]，上海证券交易所（以下简称“上交所”）上市 7 家，深圳证券交易所（以下简称“深交所”，含创业板、中小企业板）上市 10 家、香港证券交易所（以下简称“港交所”）上市 5 家，纽约证券交易所（以下简称“纽交所”）上市 9 家，在全国中小企业股份转让系统挂牌公司（以下简称“新三板”）61 家。截至 2018 年 12 月底，上市或挂牌交易的企业总市值为 6 404.2 亿元。

在上海市上市的互联网企业中，内地上市公司 78 家，市值合计 2 770.5 亿元，具体见表 1。香港及海外上市 14 家，市值合计 3 633.8 亿元。从上市地的市值占比来看，内地上市企业市值占比 43.2%，其中新三板上市企业在内地上市企业市值占比达到 10.1%。香港上市企业市值占比 49.4%。

从市值规模来看，市值超 100 亿元的企业 13 家，分别是美团点评、东方财富、众安在线、阅文集团、东方明珠、拼多多、网宿科技、携程网、二三四五、游族网络、三七互娱、万达信息、

1．根据 2017 年上海市增值电信企业年检结果整理的上市互联网企业名录，市值根据 2017 年上市互联网企业结果测算，下同。

宝信软件。其中，美团点评一家市值突破 2 000 亿元，明显领先于其他企业，市值超越小米和京东，仅次于 BAT（百度、阿里巴巴、腾讯）。50 亿～100 亿元有 4 家，分别为上海钢联、号百控股、大智慧和泛微网络，市值低于 50 亿元有 75 家，其规模较小，大多在新三板上市。上海市作为全国的金融、经济中心，领军互联网企业培育空间依然很大。

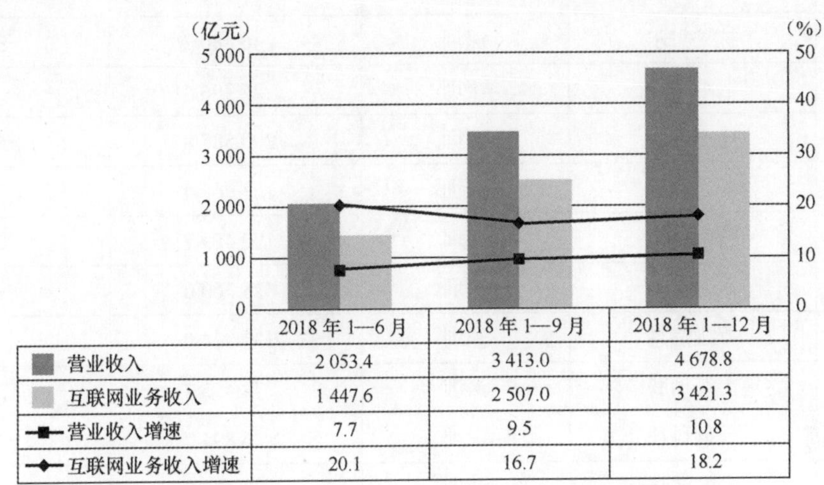

图 1　上海市互联网重点企业营业及互联网业务收入发展情况

表 1　2018 年 12 月上海市互联网上市企业的发展情况

排名	公司名称	上市地	2018年12月末市值（亿元）	同比增长
1	拼多多	纽约	248.587 3	
2	携程网	纽约	146.341 9	-35.3%
3	前程无忧	纽约	38.575 6	2.6%
4	趣头条	纽约	17.988 6	
5	拍拍贷	纽约	10.822 1	-49.4%
6	触宝	纽约	5.317 9	
7	四季教育	纽约	1.182 7	-72.4%
8	信而富	纽约	0.732 6	-80.2%
9	第九城市	纽约	0.165 2	7.9%
10	美团点评-W	香港	2 411.301 8	
11	众安在线	香港	368.188 1	-63.9%
12	阅文集团	香港	371.187 2	-50.9%
13	联华超市	香港	13.435 2	-57.7%

（续表）

排名	公司名称	上市地	2018年12月末市值（亿元）	同比增长
14	微盟	香港		
15	游族网络	深圳	165.166 2	-16.6%
16	拉夏贝尔	深圳	46.880 7	-38.4%
17	汇纳科技	深圳	27.396 4	-24.8%
18	三七互娱	深圳	200.587 8	-54.5%
19	二三四五	深圳	163.945 4	-17.8%
20	网宿科技	深圳	190.489 7	-25.7%
21	东方财富	深圳	625.360 0	12.6%
22	万达信息	深圳	131.824 0	-5.2%
23	上海钢联	深圳	72.455 7	21.3%
24	天玑科技	深圳	26.894 7	-38.7%
25	会畅通讯	深圳	22.575 9	-14.7%
26	东方明珠	上海	351.603 5	-20.1%
27	号百控股	上海	78.057 8	-32.9%
28	游久游戏	上海	37.221 8	-38.6%
29	ST中安	上海	25.660 4	-62.2%
30	宝信软件	上海	182.918 7	45.9%
31	大智慧	上海	66.389 2	-32.7%
32	泛微网络	上海	74.121 6	68.0%
33	点点客	新三板	2.107 3	-35.6%
34	绿岸网络	新三板	2.235 7	-85.6%
35	大汉三通	新三板	2.265 2	-69.7%
36	新网程	新三板	1.716 8	103.6%
37	永天科技	新三板	0.309 9	-50.0%
38	巨灵信息	新三板	0.140 7	-51.4%
39	雷腾软件	新三板	2.779 9	-35.7%
40	长信股份	新三板	1.500 0	-79.8%
41	希奥信息	新三板	1.543 2	-12.0%
42	海阳股份	新三板	2.161 2	-9.3%

（续表）

排名	公司名称	上市地	2018年12月末市值（亿元）	同比增长
43	领意信息	新三板	—	
44	上海零动	新三板	—	
45	安畅网络	新三板	1.621 3	-59.9%
46	帝联科技	新三板	1.562 4	-33.2%
47	未来宽带	新三板	2.935 1	-26.3%
48	微企信息	新三板	0.218 9	-7.3%
49	商会网络	新三板	3.511 2	59.7%
50	帜讯信息	新三板	4.514 8	0.0%
51	童石网络	新三板	4.722 1	-44.6%
52	翼码科技	新三板	—	
53	卓易科技	新三板	17.160 0	-40.0%
54	爱扑网络	新三板	0.531 9	100.0%
55	时光科技	新三板	1.320 4	-68.7%
56	我享科技	新三板	0.677 1	-83.1%
57	钢之家	新三板	—	
58	东方网	新三板	46.759 3	-17.7%
59	悦游网络	新三板	1.885 0	-73.3%
60	钢银电商	新三板	44.924 7	6.3%
61	中传股份	新三板	0.960 0	15.4%
62	奕通信息	新三板	3.740 0	-0.5%
63	皿鎏软件	新三板	2.283 8	0.0%
64	ST乐蜀	新三板	1.070 0	6.9%
65	百姓网	新三板	45.830 1	8.8%
66	麦广互娱	新三板	2.674 7	-3.8%
67	博为峰	新三板	2.954 2	49.1%
68	留成网	新三板	1.113 5	-86.8%
69	天戏互娱	新三板	6.041 7	8.1%
70	塔人网络	新三板	5.000 0	0.0%
71	中钢电商	新三板	3.528 0	530.0%

（续表）

排名	公司名称	上市地	2018年12月末市值（亿元）	同比增长
72	俊芮股份	新三板	3.090 0	0.0%
73	赛若福	新三板	0.320 0	23.1%
74	仙谷股份	新三板	—	
75	瑞铂慧家	新三板	0.780 0	-69.7%
76	帕科科技	新三板	4.148 8	51.9%
77	掌玩互娱	新三板	2.057 0	
78	人人游戏	新三板	3.580 0	-16.1%
79	寅酷网络	新三板	—	
80	地面通	新三板	3.487 5	
81	ST创图	新三板	5.850 0	
82	普瑾特	新三板	8.969 9	
83	宽惠股份	新三板	0.119 0	
84	众智电商	新三板	—	
85	置荟谷	新三板	—	
86	嗨皮网络	新三板	5.925 6	11.1%
87	每日科技	新三板	5.045 2	44.9%
88	百胜软件	新三板	5.328 0	-31.7%
89	ST天呈	新三板	1.203 7	0.0%
90	ST信隆行	新三板	0.767 8	-85.6%
91	安继行	新三板	5.925 6	11.1%
92	润世股份	新三板	—	44.9%

（三）互联网企业融资突破 45 亿元，企业服务和金融等行业融资受捧

1．投融资领域业务集中，企业服务型企业最受关注

2018 年，上海市互联网领域融资事件发生了 120 件。融资规模约为 45.3 亿元。企业服务异军突起，27 个项目获得投融资，金融、本地生活、文化娱乐依然是受投资人青睐的领域。

2．企业融资规模七成以上为百万级和千万级

融资金额分布为，融资金额方面主要集中在千万级和百万级两个量级，分别有 31 起和 41 起，占融资事件的 60.0%，其中亿元级以上融资也有 7 起。

单起超亿元行业分布为，融资金额单笔超亿元的融资有 7 起，其中，Brii Biosciences 融资达到 16 亿元人民币。主要分布在健康医疗（3 起）、本地生活（2 起）、企业服务（1 起），金融（1 起）。

3．投资领域业务集中，企业服务、电子商务领域占据主导

截至 2018 年 12 月底，融资重点关注的领域主要集中在企业服务、金融、本地生活、文化娱乐、电子商务、汽车交通、教育、游戏等细分领域，具体见表 2。从融资中数量来看，企业服务、金融、本地生活领域位列前三位。三个领域的投资数量占比达到 48.3%，其中企业服务以 27 起位居第一。

表 2　上海市互联网企业融资业务领域分布

类别	数量	占比
企业服务	27	22.5%
金融	16	13.3%
本地生活	15	12.5%
文化娱乐	11	9.2%
医疗健康	11	9.2%
教育	8	6.7%
硬件	6	5.0%
电子商务	5	4.2%
游戏	4	3.3%
汽车交通	4	3.3%
社交网络	4	3.3%
物流	2	1.7%
房产服务	2	1.7%
工具软件	2	1.7%
广告营销	2	1.7%
旅游	1	0.7%

与人们日常生活休闲相关的文化娱乐、健康医疗领域涉及的范围广、市场潜力巨大。此外，企业服务、教育、健康医疗等领域成为投资的新热点，预计未来人工智能领域的投资占比也越来越多。

二、基础业务发展情况

（一）互联网基础设施能力稳步提升，互联网基础业务收入占比近 20%

2018 年，上海市互联网重点企业互联网基础服务业务收入为 676.9 亿元，占互联网行业

收入的比重达到 19.8%，同比增长 18.8%。上海市互联网基础设施建设稳步推进，应用水平显著提升，物联网基础条件不断完善，光纤网络和移动宽带网络设施水平不断提高，为互联网发展以及未来 5G 商用打下了坚实的基础。上海市互联网基础服务业务收入发展情况如图 2 所示。

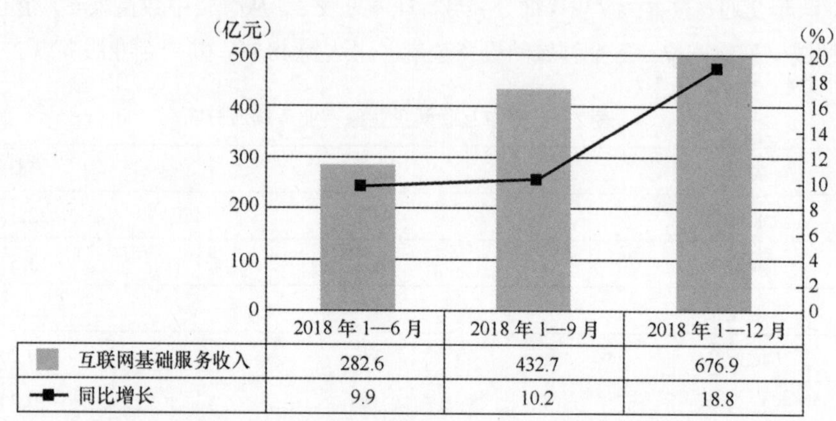

	2018 年 1—6 月	2018 年 1—9 月	2018 年 1—12 月
互联网基础服务收入	282.6	432.7	676.9
同比增长	9.9	10.2	18.8

图 2　上海市互联网基础服务业务收入发展情况

（二）互联网接入服务业务占比突破四成，数据中心业务保持稳定增长

2018 年，上海市互联网接入服务业务收入达到 288.8 亿元，占互联网基础服务业务收入的比重达到 42.7%，是推动基础服务收入增长的主要动力。上海市移动互联网接入服务业务收入达到 190.1 亿元，同比增长 11.2%，占全部互联网接入服务收入的比重达到 65.8%，互联网接入不断呈现移动化趋势。互联网与实体经济的深度融合，数据中心作为信息基础设施的重要性日益凸显，数据中心需求旺盛。上海市互联网数据中心业务收入达 43.7 亿元，占互联网基础服务业务收入的比重达到 6.4%。上海市互联网基础服务业务收入结构变化情况如图 3 所示。

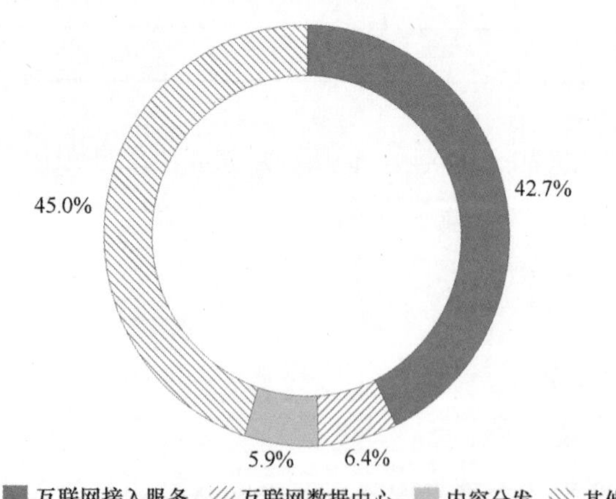

图 3　上海市互联网基础服务业务收入结构变化情况

三、应用服务发展情况

2018年，上海市互联网企业完成互联网应用服务业务收入2 744.4亿元，在互联网业务总收入的占比达到80.2%，同比增长18.0%。上海市互联网应用服务业务收入发展情况如图4所示。

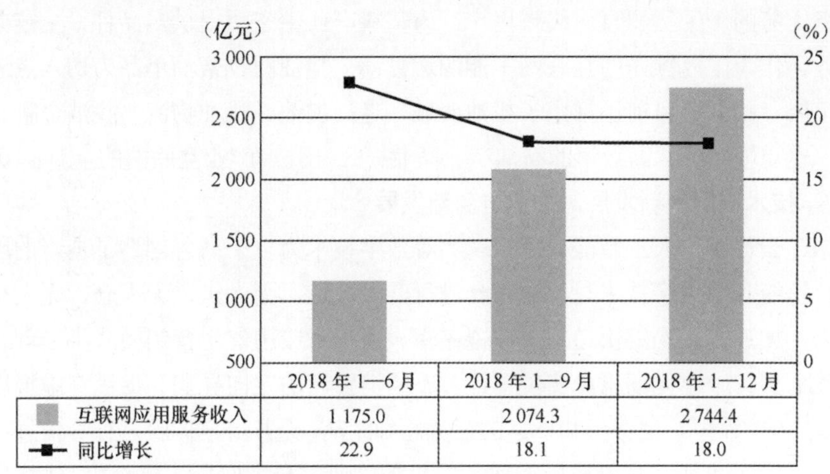

	2018年1—6月	2018年1—9月	2018年1—12月
互联网应用服务收入	1 175.0	2 074.3	2 744.4
同比增长	22.9	18.1	18.0

图4　上海市互联网应用服务业务收入发展情况

（一）电子商务赋能新经济，产业电商打造工业新生态

2018年，上海市商务交易类应用服务收入规模达到1 725.8亿元，同比增长达到14.8%，连续保持高速增长。B2B电商、跨境电商等细分领域蓬勃发展，推动了电商业务保持快速发展势头。

1. 电商与实体经济加速融合，赋能新经济

上海市部分传统行业通过平台型电商及生态型电商，与大数据、云计算、人工智能等诸多互联网应用领域实现有机的融合，从而提高效率并实现加速转型升级，实现虚拟经济为实体经济服务、宏观经济转型升级的目的。功能上，B2B解决了困扰传统通路的诸多问题，其对传统通路的升级改造效应主要体现在三个方面：一是缩短了供应链层级，减少层层加价成本；二是提升了仓配效率，减少资源浪费，降低运营成本；三是实现了供应链全盘信息数据化可视化，可有效辅助上游品牌商进行产品分析、开发以及营销。拼多多采用社交 + 电商，迅速产生品牌效应并建立市场地位，2B+2C并行，快速打开市场。2C端的历程即拼团分享到拼团内部，以此推进实现品种丰富、品牌效应打造的过程；2B端供需对接，把最前端的用户的各种需求得以存储起来并推送给上游供应链，完成用户消费者需求和部分上游厂商供应对接。

2. 加速发展产业电商，打造工业新生态

产业电商快速发展，逐步形成了“自营”“半自营”“撮合”为代表的电子商务交易模式，自营式B2B电商类似于自营B2C电商，只是客户前移，由C端消费者前移到小B端的零售门

店。自营模式从货源开始，在整条供应链上建立一套自主采购仓储配送系统，利用大数据进行统仓统配，为零售门店进行供货。撮合式 B2B 电商不直接参与供应链构建，主要目标是打通品牌商、经销商与零售门店的信息渠道，更类似于一个枢纽，一方面提高全链路各方的信息沟通效率，另一方面提供相关服务。

其中，塑米科技和找油网作为行业的领头羊，一直在行业内保持较快发展。塑米科技通过"塑米城"交易平台对接货主和终端用户，加上免费找货、集采和寄售的业务模式，减少了中间环节，将优势的一手货源直达终端用户，为塑料产业生态圈提供多品种、全链条、一站式的供应链服务。作为国内领先的互联网 + 能源运营商，找油网以柴油单品为切入点逐渐向石油化工全品类拓展，找油网目前已推出了找油商城、老吕加油、找油物流、找油金融、资讯服务等业务产品，建立轻资产、高效率的石油产业商业模式，开启产业互联网的全新篇章。

3. 数字技术应用创新发展，加速电商新发展

大数据、云计算、人工智能、虚拟现实等数字技术为电子商务创造了丰富的应用场景。电子商务平台纷纷利用数字技术对物流平台进行升级改造，无人机，无人仓、无人车、智慧物流等开始应用，加速提升物流快递效率和覆盖率。新技术应用催生营销模式不断创新，大数据和人工智能技术支持个性化场景，实现了针对不同消费者的定向导购和促销；虚拟现实和增强现实技术逐步成熟，缩短了消费者和商品的视觉感知距离，提升用户体验。行吟信息主要通过"小红书"App 提供在线社区和跨境电商服务。目前，通过自主研发，整合机器学习和人工智能，让每个用户拥有个性化的页面。与此同时，行吟信息借助大数据，推动社区和电商之间的数据联动，创造"小红书模式"。

4. 跨境电子商务综合试点示范，打造上海新标杆

上海市跨境电子商务服务平台基于航运和商贸，分销、物流、批发、进出口贸易等商贸流通行业在上海形成产业集聚现象。在国际物流建设上，凭借空海港优势，与企业积极建设以物流园区、配送基地、第三方物流企业为主的物流配送体系。在支付服务上，电子支付应用的普及率全国领先且在线电子支付体系已完善成熟，稳步推进电子认证服务建设。虽然上海市通过产业集聚实现资源优化配置，提高了跨境电商整体行业规模与产值；但是由于体系庞杂充斥大量中小企业，创新能力不足，产品同质化与企业同质化现象普遍，导致恶性竞争压缩整体利润，削弱行业竞争力，遏制产业转型创新。

（二）泛娱乐"IP+ 产业"催生新模式，推动娱乐文化产业持续高速增长

网络游戏收入达到 281 亿元，未来将进入平稳发展期。2018 年，上海市互联网重点企业网络游戏业务收入达到 281.7 亿元，同比增长 0.5%。巨人、游族等领先企业保持增长势头，新兴企业不断涌现，推动行业持续增长。晨之科深耕于产业链的每个垂直领域，旗下业务涵盖 IP 源头内容打造、IP 衍生业务、游戏研发与发行、用户社区、线下演出及主题游乐等；利用自主游戏运营平台的经验，注重运营与研发的结合，提高产品市场定位能力，有计划地针对细分市场领域进行定制开发。

2018年上海市移动游戏市场增长放缓，主要原因是用户规模增长缓慢，增量市场已转化为存量市场。但随着用户的游戏习惯和付费习惯的逐渐成熟，用户付费的意愿和付费额度还有一定上升空间，市场整体相对稳定。其次，新游戏精品数量不足，游戏开发同质化严重；同时，用户对游戏体验需求逐步升级，对产品品质、体验等方面的要求愈发严格，导致产品获取用户难度提升。

互联网助推娱乐文化产业升级发展，“互联网＋动漫”成行业趋势。上海市娱乐文化产业实现从原创制作到版权授权的发展，并开始围绕IP进行全产业链开发，打造与积累了众多知名的IP形象，并通过多样化的新媒体传播途径使IP渗透到动漫、游戏、影视、文学等多个文化产业领域，并在新媒体动漫产业中拥有强大的运营能力，逐渐凝聚行业领先的品牌影响力，形成全产业链布局的泛娱乐生态系统。三七互娱以“传承中华文化精髓”为理念，积极推动国产游戏的全球化发展，同时积极布局影视、音乐、动漫及VR等领域。为了推动产业价值与文化价值的互相赋能，三七互娱于2015年加大文化创意产业的布局，目前已经通过外延式并购及股权投资等方式在影视音乐制作与推广、动漫制作与发行、虚拟现实技术以及海外IP等领域打造全产业链生态布局，不断提高自身IP运营能力，并对平台产业能力进行升级。

（三）新技术推动互联网新业态蓬勃发展，企业深挖用户群体需求

2018年，上海市新兴应用业务规模全面提升。上海市先后制订了战略新兴产业、大数据、物联网等发展实施方案，加强对新兴业务发展的指导和促进，催生了很多新产品、新业务、新模式，在整个产业链中的优势不断放大，促进了生产方式、商业模式创新。

云计算发展速度迅猛，云计算应用延伸至各行各业。伴随着“互联网＋”及“智能制造”进程的推进，各个行业开始着手转型升级。云计算不断加深与各行业领域的融合，依托超大体量的云生态系统架构，来支撑传统企业的转型，推动行业转型升级。上海市云计算服务市场进入高速发展期，目前，上海市IT企业逐步向云计算转型，对于云计算的接纳度普遍提升，对于云计算的认识逐渐落地。此外，传统行业受到移动互联网的影响，对于云服务的市场需求快速提升，充分释放了云计算市场，从而扩大了市场规模。上海有孚网络通过互联网向用户提供云计算基础架构服务，包括提供存储、计算、网络等基础服务，以及负载均衡、灾备、容错等增值服务，此外，还根据用户的不同应用需求，为用户提供云托管、云加速、“互联网＋”（即行业云及公有云）、云方案（即私有云及云桌面）等系统化云解决方案，有效实现了IDC基础设施云化管理。

上海市深挖大数据产业，抢占行业新高点。随着大数据应用的发展，大数据价值得以充分的体现，大数据在企业和社会层面成为重要的战略资源，数据成为新的战略制高点，成为抢夺的新焦点。上海市已拥有如上海晶赞融宣、网宿科技等一批在云计算硬件设备、应用软件服务和大数据服务等领域国内领先、产值超亿元的应用类大数据、云计算企业。上海晶赞融宣将先进的大数据处理技术应用于数字营销行业；同时，利用AI技术提高数字营销效率，研发智能受众营销平台。AI技术落地场景包括：智能受众、智能创意、智能内容、智能投放，核心突破

是采用深度学习技术提高大数据量条件下的数据挖掘效率。

“互联网 + 企业服务” 助力企业成长，企业服务型企业再度发力。“互联网 + 企业服务”涵盖了通过互联网对其他企业进行关于产品、服务或信息交易的企业；行业目前主要分为多个利用互联网提供服务的子行业，包括云计算、数据服务、传统软件开发、安全服务、网络营销、网络招聘、商业地产租赁以及如法务、财务等外包服务，涵盖企业的多种商业需求。在经济下行压力增大、企业预算收紧的大环境下，“互联网 + 企业服务” 能够为企业用户提供多个维度的运营解决方案，帮助企业节省软件及硬件成本，提高运营效率。上海创蓝结合防薅羊毛、二次验证、无感验证 3 项功能产品，对传统验证方式进行整合与创新，把数据中的“羊毛党”筛选出来，并为正常用户提供良好的验证体验。

四、自由贸易试验区互联网企业发展情况

上海市大力发展自由贸易区（以下简称自贸区）经济，扩大和加深经济合作。随着科技的进步以及互联网的迅猛发展，自贸区的基础设施和管理方式不断改革创新，高水平自贸区网络建设的步伐正在加快。在互联网的持续渗透和影响下，自贸区建设与互联网融合已成为一大趋势。

（一）自贸区加速信息化发展，推动中外互联网产业融合

自贸区主动借助互联网、移动通信、大数据、云计算等信息技术，组建“上海自贸区”移动平台，积极探索、构建具有创造性的“互联网 + 自贸区”全新生态模式，推进物流、保税仓储和现货交易及信息服务全面提升与发展，推进自贸信息流的大整合，提供信息增值服务，从而促进自由贸易发展。自贸区致力于成为经济多元发展的新载体。而站在自贸区和“互联网 +”的风口上，对外进出口贸易企业也有了更多的机会。

中国上海市自贸区自成立以来，吸引了众多互联网企业涌入，这些企业依托自贸区的天然优势，整合内外资源，在互联网企业服务、电子商务等多个方向助力上海的经济发展，为中国数字经济的发展做出重要贡献。作为上海市自贸区政策的重要组成部分，互联网产业开放引起了全球企业的高度关注，大量企业通过自贸区在中国进一步推进业务。

（二）自贸区互联网企业营收突破千亿元，文创、企业服务类企业众多

上海市自贸区内的互联网企业达到 230 家[2]，总营业收入 1 042.5 亿元。从产业类型来看，电子商务、文创和企业服务成为上海市自贸区互联网产业最大特点。跨境电商发展推动了电子商务企业的发展，电子商务企业总数达到 57 家，位列第一，占比超过 1/4。其次，以网络游戏、

2. 上海自贸区互联网企业是指企业注册地为中国（上海）自由贸易试验区的企业。

视频等为代表的文创传媒企业增多，总数超过53家，占比达到23%。企业服务型互联网企业达到45家，位列第三。其他类型企业中，较为繁荣的互联网金融和服务广大民众的益民服务企业发展循序。自贸区作为上海市互联网发展重点地区，重视文创、电商等传统互联网领域的发展，也推出了一系列政策、措施，推动工业互联网、人工智能、大数据、区块链等新兴领域的发展，并已取得初步成效。上海市自贸区互联网企业开展业务服务或应用领域情况如图5所示。

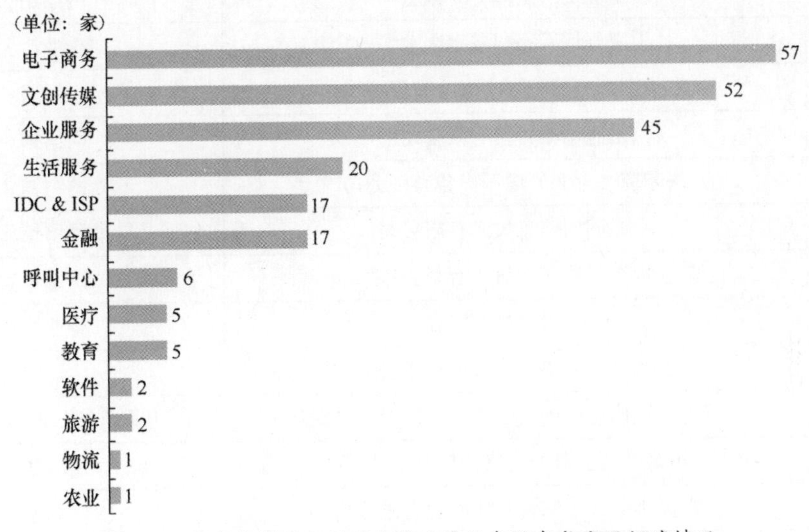

图5　上海市自贸区互联网企业开展业务服务或应用领域情况

上海市自贸区成立多年来，拓宽开放领域，对互联网等领域进一步放宽外资准入条件；同时，积极创造一流法制化、国际化、便利化营商环境，营造高效便捷的货物和服务进口贸易环境，彰显上海在外商投资负面清单管理、审批服务“一网通办”“证照分离”等领域的改革特色，完善国际贸易“单一窗口”功能，从而进一步将上海的营商环境改革专项行动向更深、更广的领域推进。目前，上海市自贸区有39家中外合资互联网企业，2018年营业收入达到6.9亿元，这些企业的行业分布主要集中在电子商务领域，多达20家，占比超过50%，其次是企业服务，有7家。上海市自贸区互联网行业中外合资企业及业务分布情况见表3。

表3　上海市自贸区互联网行业中外合资企业及业务分布

序号	公司名称	主要业务领域
1	优估（上海）信息科技有限公司	网络销售
2	上海馨煜信息科技有限公司	网络销售
3	上海捷声商务服务有限公司	网络销售
4	上海甄祺电子商务有限公司	网络销售
5	华泛（上海）投资管理有限公司	金融

（续表）

序号	公司名称	主要业务领域
6	中粮弋虎（上海）科技有限公司	网络销售
7	博房网客服中心（上海）有限公司	呼叫中心
8	上海善居电子商务有限公司	网络销售
9	赛咨信息技术（上海）有限公司	呼叫中心
10	新蛋商贸（上海）有限公司	网络销售
11	上海好近网络科技有限公司	企业服务
12	酷怡国际旅行社（上海）有限公司	生活服务
13	上海苏帕科技有限公司	网络销售
14	珐菲琦（上海）电子商务有限公司	网络销售
15	上海润国信息技术有限公司	网络销售
16	福汽贸易（上海）有限公司	网络销售
17	上海秀天科技有限公司	企业服务
18	上海旅家网络信息技术有限公司	生活服务
19	英电通讯信息咨询（上海）有限责任公司	互联网接入服务（ISP）
20	拼多多（上海）网络科技有限公司	网络销售
21	白银小镇（上海）文化产业有限公司	旅游
22	上海昶熤信息技术有限公司	企业服务
23	上海安家网络科技有限公司	网络销售
24	上海洋漪信息技术有限公司	网络销售
25	上海淼程信息技术有限公司	企业服务
26	韦史德（上海）通信技术有限公司	网络销售
27	蜜缇（上海）网络科技有限公司	网络销售
28	上海婴启电子商务有限公司	网络销售
29	上海优晗信息科技有限公司	企业服务
30	上海房多多互联网科技有限公司	生活服务
31	上海旌荣信息科技有限公司	生活服务
32	上海是泰网络科技有限公司	互联网接入服务（ISP）
33	上海宝玉石交易中心有限公司	网络销售
34	史泰博电子商务（上海）有限公司	网络销售
35	家乐福（上海）电子商务有限公司	网络销售
36	上海攸品电子商务有限公司	网络销售

（续表）

序号	公司名称	主要业务领域
37	博世（上海）安保系统有限公司	企业服务
38	点典科技（上海）有限公司	企业服务
39	上海五翼文化传播有限公司	新闻和内容

（三）互联网助中外文化融合，拓展产业发展边界

长期以来，文化贸易因为交易成本的居高不下，一直未见大起色。自贸区文化贸易的发展不仅促进文化交易的数量增长，更成为文化产业与贸易行业深度融合的绝佳时机，同时将刺激文化企业技术、信息、产品的外部延伸，助力文化产业的多元化发展，促进关联产业的深度融合，培育市场经济新增长极。另外，自贸区内文化产业的开放，将有力推动中外文化的互动融合，“海派”文化产业有望迎来跨越式发展的机遇。

阅文集团作为上海市优秀文化企业，一直致力于建立适用于新一代网络文学的“文化出海”模式。阅文集团正式开始启动海外传播 2.0 战略，从原来的内容输出向文化输出升级，以线上互动阅读为核心，集合版权授权、开放平台等举措；同时，进一步创新平台运营模式，以智能化服务、社交化体验带动海外数字阅读快速发展。

（四）企业数字化、智能化加速，推动互联网企业服务多样化

上海市自贸区有企业服务类互联网企业 36 家，其中，营收突破亿元的企业有 4 家。华讯网络和宝信软件作为自贸区内大型互联网企业，把握企业痛点，深挖企业需求，在企业转型与创新的关键时刻，提供企业需要的应用驱动、灵活扩展、快速部署和安全可信的新 IT 架构，以支撑企业业务应用。华讯网络以云计算、大数据、SDN 引领创新，通过基础网络、信息安全、协作通信、智能运维等领域的专业技术，结合卓越的 IT 综合服务能力，为客户提供定制化的新 IT 解决方案与全生命周期的新 IT 服务。宝信软件致力于推动新一代信息技术与制造技术的融合发展，引领中国工业化与信息化的深度融合，促进制造企业从信息化、自动化向智慧制造迈进。公司顺应 IT 产业和技术的发展趋势，借助商业模式创新，全面提供工业互联网、云计算、数据中心（IDC）、大数据、智能装备等相关产品和服务，成为发展与创新的中坚力量。

附件 1　上海市互联网行业统计主要指标及名词解释

1. **互联网行业**：以互联网为依托，以信息技术为主要支撑的现代服务业，包括互联网基础服务业和互联网应用服务业。其中，互联网基础服务主要包括互联网接入服务（ISP）、互联网数据中心（IDC）、内容分发网络（CDN）等；互联网应用服务主要包括互联网信息获取、网络娱乐、在线数据处理与交易处理、云服务、物联网、互联网金融等。

2. **“互联网 +”**：“互联网 +”把互联网的创新成果与经济社会各领域深度融合，推动技术进步、效率提升和组织变革，提升实体经济创新力和生产力，形成更广泛的以互联网为基础设施和创新要素的经济社会发展新形态，是现有互联网行业统计范畴的延伸。

3. **互联网企业**：在上海市注册，主要从事互联网基础服务和应用服务业务，且该收入占本企业营业收入 50% 以上的企业，包括基础电信企业和从事互联网业务的增值电信企业。

4. **营业收入**：报告期内上海市纳入互联网统计的企业经营所有业务取得的收入总额。

5. **互联网业务收入**：报告期内上海市互联网企业经营互联网业务取得的收入，包括互联网基础服务业务收入和互联网应用服务业务收入。其中，基础电信企业的互联网业务收入包括数据业务收入（含固定数据及互联网和移动数据及互联网），新兴增值及其他业务（含数据中心、信息化服务、互联网产品等业务，不含短彩信、语音等传统增值业务）。

6. **互联网基础服务业务收入**：包括互联网接入服务业务（分固定互联网接入服务业务和移动互联网接入服务业务）收入、互联网数据中心服务业务收入、内容分发网络服务业务及其他基础业务收入等。

7. **互联网应用服务业务收入**：包括信息获取类应用服务业务收入、网络娱乐类应用服务业务收入、商务交易类应用服务业务收入和新兴应用及其他服务业务收入等。

8. **区块链**：狭义上，区块链是一种按照时间顺序将数据区块以顺序相连的方式组合的链式数据结构，且是以密码学方式保证的不可篡改和不可伪造的分布式账本。广义上，区块链技术是利用块链式数据结构来验证与存储数据，利用分布式节点共识算法来生成和更新数据，利用密码学的方式保证数据传输和访问安全，利用由自动化脚本代码组成的智能合约来编程和操作数据的一种全新的分布式基础架构与计算范式。

附件 2　上海市自贸区互联网企业名单及业务分布

序号	企业名称	业务领域
1	上海网之易网络科技发展有限公司	游戏
2	上海阅文信息技术有限公司	新闻和内容
3	上海华讯网络系统有限公司	企业服务
4	上海玄霆娱乐信息科技有限公司	新闻和内容
5	上交所技术有限责任公司	互联网数据中心（IDC）
6	沪江教育科技（上海）股份有限公司	教育

（续表）

序号	企业名称	业务领域
7	上海激想体育文化股份有限公司	网络销售
8	上海聚力传媒技术有限公司	音乐和视频
9	上海七牛信息技术有限公司	互联网数据中心（IDC）
10	东方有线网络有限公司	互联网数据中心（IDC）
11	微额速达（上海）金融信息服务有限公司	企业服务
12	上海大承网络技术有限公司	游戏
13	上海汉涛信息咨询有限公司	生活服务
14	快点文化传播（上海）有限公司	内容分发
15	上海蓝云网络科技有限公司	软件
16	华泛（上海）投资管理有限公司	金融
17	上海帜讯信息技术股份有限公司	企业服务
18	国视通讯（上海）有限公司	内容分发
19	上海空中宏电网络技术有限公司	游戏
20	上海点点乐信息科技有限公司	游戏
21	上海奇虎科技有限公司	软件
22	上海大汉三通数据通信有限公司	物流
23	上海丫丫信息科技有限公司	生活服务
24	上海数龙科技有限公司	游戏
25	上海钦文信息科技有限公司	教育
26	上海全土豆网络科技有限公司	内容分发
27	东方钢铁电子商务有限公司	网络销售
28	银联商务股份有限公司	网络销售
29	上海维赛特网络系统有限公司	互联网数据中心（IDC）
30	上海薄荷信息科技有限公司	生活服务
31	上海艾窠儿电子商务有限公司	网络销售
32	上海链展国际贸易有限公司	网络销售
33	车城网络科技（上海）有限公司	网络销售
34	上海佰贝科技发展有限公司	游戏
35	上海棕榈电脑系统有限公司	呼叫中心
36	上海中传网络技术股份有限公司	互联网接入服务（ISP）
37	上海文华财经资讯股份有限公司	金融
38	上海宝信软件股份有限公司	企业服务

（续表）

序号	企业名称	业务领域
39	上海锦江汽车服务有限公司	生活服务
40	上海伊邦医药信息科技有限公司	医疗
41	上海掌玩互娱网络科技股份有限公司	游戏
42	上海时年信息科技有限公司	游戏
43	上海雪山金融信息服务有限公司	金融
44	国华人寿保险股份有限公司	生活服务
45	上海数众投资管理有限公司	金融
46	上海点诺信息技术有限公司	互联网数据中心（IDC）
47	上海悦游网络信息科技股份有限公司	游戏
48	数码通信息产业（集团）有限公司	互联网接入服务（ISP）
49	北方视讯传媒（上海）有限公司	内容分发
50	上海邦助信息技术有限公司	企业服务
51	上海游纵网络技术有限公司	游戏
52	上海红之盟网络科技有限公司	企业服务
53	上海广电通讯网络有限公司	企业服务
54	上海岩浆数码技术有限公司	游戏
55	上海旺品信息科技有限公司	金融
56	上海风格信息技术股份有限公司	游戏
57	上海雷腾软件股份有限公司	生活服务
58	点点客信息技术股份有限公司	网络销售
59	中移德电网络科技有限公司	互联网接入服务（ISP）
60	上海轩恩信息科技有限公司	互联网接入服务（ISP）
61	上海美华系统有限公司	企业服务
62	上海其明信息技术有限公司	医疗
63	承承网络科技（上海）有限公司	教育
64	广视通网络通信传媒有限公司	内容分发
65	上海留成网信息技术股份有限公司	生活服务
66	上海图目信息技术有限公司	企业服务
67	上海鸿利数码科技有限公司	游戏
68	平安付电子支付有限公司	生活服务
69	上海盛霄云计算技术有限公司	企业服务
70	上海趋兴信息服务有限公司	企业服务

（续表）

序号	企业名称	业务领域
71	上海若雅软件系统有限公司	企业服务
72	上海淘景立画信息技术有限公司	内容分发
73	上海英杰特信息技术有限公司	企业服务
74	上海外高桥英得网络信息有限公司	企业服务
75	上海鸿云软件科技有限公司	企业服务
76	上海魔腾网络科技有限公司	游戏
77	中宇联云计算服务（上海）有限公司	企业服务
78	上海易漫优网络科技有限公司	生活服务
79	上海分互链信息技术有限公司	网络销售
80	上海乐畅信息技术有限公司	游戏
81	上海池乐信息科技有限公司	内容分发
82	上海柒与陆信息科技有限公司	游戏
83	中报视讯（上海）文化传媒有限公司	内容分发
84	上海海湃计算机科技有限公司	游戏
85	上海颐翔通信有限公司	生活服务
86	上海云翌通信科技有限公司	呼叫中心
87	上海映信信息科技有限公司	网络销售
88	上海畅采电子商务有限公司	网络销售
89	上海博为峰软件技术股份有限公司	教育
90	上海乐港信息科技有限公司	游戏
91	上海乐钢供应链股份有限公司	网络销售
92	上海鸿安能源科技有限公司	生活服务
93	上海飚游网络科技有限公司	游戏
94	上海富友支付服务股份有限公司	生活服务
95	上海声隆科技有限公司	呼叫中心
96	上海森画电子商务有限公司	网络销售
97	上海兴容信息技术有限公司	企业服务
98	上海清居电子商务有限公司	网络销售
99	上海摩客多媒体科技有限公司	企业服务
100	上海飞境信息科技有限公司	网络销售
101	上臻科技有限公司	企业服务
102	上海微图网络科技有限公司	网络销售

（续表）

序号	企业名称	业务领域
103	上海会甲信息技术有限公司	生活服务
104	翼享（上海）影视科技有限公司	内容分发
105	上海创动信息科技有限公司	游戏
106	上海劲牛信息技术有限公司	网络销售
107	上海国际棉花交易中心股份有限公司	网络销售
108	上海皿鎏软件股份有限公司	游戏
109	上海贝涛金融信息服务有限公司	金融
110	上海麦界信息技术有限公司	游戏
111	上海自贸区咖啡交易中心有限公司	网络销售
112	上海乐雅健康科技有限公司	医疗
113	上海序曲网络科技有限公司	游戏
114	中钢银通信息技术服务有限公司	互联网接入服务（ISP）
115	上海陛沙门信息技术有限公司	游戏
116	上海菲懋网络科技有限公司	游戏
117	上海会鼎科技发展有限公司	企业服务
118	上海精语电子商务有限公司	网络销售
119	华院分析技术（上海）有限公司	企业服务
120	财拓云计算（上海）有限公司	企业服务
121	上海塑盛电子商务有限公司	网络销售
122	上海众人信息技术有限公司	生活服务
123	英姿网络科技（上海）有限公司	游戏
124	星土数据科技（上海）有限公司	企业服务
125	上海网邻信息技术有限公司	企业服务
126	上海龙辉信息科技有限公司	企业服务
127	上海儒果网络科技有限公司	企业服务
128	樱月（上海）网络科技有限公司	游戏
129	上海通善互联网金融信息服务有限公司	金融
130	兴业数字金融服务（上海）股份有限公司	金融
131	上海宁翼资产管理有限公司	金融
132	上海欣方软件有限公司	企业服务
133	上海金银猫金融服务有限公司	金融
134	中财视讯文化传播有限公司	内容分发

（续表）

序号	企业名称	业务领域
135	上海酒石国际贸易有限公司	网络销售
136	上海拍拍贷金融信息服务有限公司	金融
137	上海百丰金融信息服务有限公司	金融
138	上海平通信息科技有限公司	企业服务
139	上海景晶通信科技有限公司	企业服务
140	上海星游文化传媒有限公司	内容分发
141	上海数凹文化传媒有限公司	内容分发
142	上海心桥医疗科技有限公司	医疗
143	上海鼎鼎通金融信息服务有限公司	金融
144	浦信金融服务（上海）有限公司	金融
145	上海永嘉信风管理有限公司	金融
146	通联支付网络服务股份有限公司	生活服务
147	上海映雄体育文化有限公司	企业服务
148	上海捍康科技有限公司	企业服务
149	上海华瑞金融科技有限公司	金融
150	上海道讯信息技术有限公司	企业服务
151	上海新域系统集成股份有限公司	企业服务
152	上海翰云信息技术有限公司	企业服务
153	上海冰屋电子商务股份有限公司	网络销售
154	中城银信控股集团有限公司	农业
155	上海铁鞋电子商务有限公司	网络销售
156	爱发信（上海）云计算有限公司	企业服务
157	上海续连信息科技有限公司	互联网接入服务（ISP）
158	安连信息科技（上海）有限公司	企业服务
159	上海畅蓝电子商务有限公司	网络销售
160	上海领啸信息科技有限公司	企业服务
161	上海信城通数码科技有限公司	企业服务
162	中移智行网络科技有限公司	互联网接入服务（ISP）
163	智熹电子商务（上海）有限公司	网络销售
164	悠谷网络科技（上海）有限公司	游戏
165	英电通讯信息咨询（上海）有限责任公司	互联网接入服务（ISP）
166	史泰博电子商务（上海）有限公司	网络销售

（续表）

序号	企业名称	业务领域
167	上海载和网络科技有限公司	网络销售
168	上海域起网络科技有限公司	游戏
169	上海攸品电子商务有限公司	网络销售
170	上海馨煜信息科技有限公司	网络销售
171	上海喜泊客信息技术有限公司	生活服务
172	上海我图网络科技有限公司	网络销售
173	上海维跃信息科技有限公司	网络销售
174	上海王教智能科技有限公司	游戏
175	上海推易吧实业有限公司	网络销售
176	上海塑米信息科技有限公司	网络销售
177	上海世高健康科技有限公司	医疗
178	上海盛戏网络科技有限公司	游戏
179	上海盛维网络科技有限公司	游戏
180	上海升游网络科技有限公司	游戏
181	上海深蓝亿康电子商务有限公司	网络销售
182	上海善居电子商务有限公司	网络销售
183	上海润国信息技术有限公司	网络销售
184	上海千君富信息科技有限公司	网络销售
185	上海品图网络科技有限公司	网络销售
186	上海零日网络科技有限公司	游戏
187	上海凯移通信技术有限公司	互联网接入服务（ISP）
188	上海静嘉网络科技有限公司	生活服务
189	上海简玩网络科技有限公司	游戏
190	上海汇翼信息科技有限公司	网络销售
191	上海晖歌信息技术有限公司	企业服务
192	上海砉领网络科技有限公司	互联网接入服务（ISP）
193	上海钢之家电子商务股份有限公司	网络销售
194	上海鼎骏贸易有限公司	网络销售
195	上海大智慧基金销售有限公司	金融
196	上海昶煜信息技术有限公司	企业服务
197	上海包图网络科技有限公司	网络销售
198	上海暗冬网络科技有限公司	游戏

（续表）

序号	企业名称	业务领域
199	上海安家网络科技有限公司	网络销售
200	赛咨信息技术（上海）有限公司	呼叫中心
201	家乐福（上海）电子商务有限公司	网络销售
202	财牛（上海）教育科技有限公司	教育
203	上海是泰网络科技有限公司	互联网接入服务（ISP）
204	珐菲琦（上海）电子商务有限公司	网络销售
205	优估（上海）信息科技有限公司	网络销售
206	上海捷声商务服务有限公司	呼叫中心
207	上海甄祺电子商务有限公司	网络销售
208	中粮弋虎（上海）科技有限公司	网络销售
209	博房网客服中心（上海）有限公司	呼叫中心
210	新蛋商贸（上海）有限公司	网络销售
211	上海好近网络科技有限公司	企业服务
212	酷怡国际旅行社（上海）有限公司	旅游
213	上海苏帕科技有限公司	网络销售
214	福汽贸易（上海）有限公司	网络销售
215	上海秀天科技有限公司	企业服务
216	上海旅家网络信息技术有限公司	生活服务
217	拼多多（上海）网络科技有限公司	网络销售
218	白银小镇（上海）文化产业有限公司	旅游
219	上海洋漪信息技术有限公司	网络销售
220	上海淼程信息技术有限公司	企业服务
221	韦史德（上海）通信技术有限公司	网络销售
222	蜜缇（上海）网络科技有限公司	网络销售
223	上海婴启电子商务有限公司	网络销售
224	上海优晗信息科技有限公司	企业服务
225	上海房多多互联网科技有限公司	生活服务
226	上海旌荣信息科技有限公司	生活服务
227	上海宝玉石交易中心有限公司	网络销售
228	博世（上海）安保系统有限公司	企业服务
229	点典科技（上海）有限公司	企业服务
230	上海五翼文化传播有限公司	网络销售

第二部分　统计数据

公用通信网统计信息

2014—2018年电信业主要指标发展情况（一）

指 标 名 称	单位	2014年	2015年	2016年	2017年	2018年	五年平均增长率（%）
电信综合价格下降水平	%	11.6	24.0	23.2	39.7	56.7	
电信业务总量	亿元	18 138.3	23 346.3	15 616.9	27 596.7	65 633.9	
电信业务收入	亿元	11 908.0	11 665.2	12 001.5	12 636.9	13 005.7	1.8
非话音收入所占比重	%	60.2	69.5	75.2	82.1	86.6	
电信固定资产投资	亿元	4 006.2	4 524.8	4 350.1	3 725.2	3 507.3	
占全社会投资比重	%	0.8	0.8	0.7	0.6	0.5	
全社会固定资产投资	亿元	512 761.0	562 000.0	606 466.0	641 238.0	645 675.0	
电信增加值	亿元	6 661.3	6 682.5	6 414.1	6 619.9	6 722.7	0.2
占GDP比重	%	1.0	1.0	0.9	0.8	0.7	
GDP	亿元	636 463.0	676 708.0	744 127.0	827 122.0	900 309.0	
固定电话用户	万户	24 943.0	23 099.6	20 662.4	19 375.7	19 208.5	-5.1
移动电话用户	万户	128 609.3	127 139.7	132 193.4	141 748.8	156 609.8	4.0
互联网宽带接入用户	万户	20 048.3	25 946.6	29 720.7	34 854.0	40 738.2	15.2
互联网网民人数	万人	64 875.0	68 826.0	73 125.0	77 198.0	82 851.0	5.0
女性网民所占比重	%	43.6	46.4	47.6	47.4	47.3	
固定电话主叫通话时长	亿分钟	3 144.0	2 723.7	2 277.2	1 842.0	1 499.5	
移动电话通话时长	亿分钟	59 012.7	57 648.9	56 599.0	54 004.7	51 125.2	-2.8
移动短信业务量	亿条	7 674.2	6 991.8	6 670.9	6 641.4	11 398.6	
移动互联网接入流量	万GB	206 193.6	418 753.3	937 863.5	2 459 380.0	7 090 039.3	102.9
网页长度（总字节数）	GB	8 879 006	14 129 575	12 912 603	16 314 789	18 178 539	15.4

注：1. 2015年之前（含2015年）的电信业务总量按照2010年不变单价测算，2016年及以后的电信业务总量按照2015年不变单价测算。

2. 根据国家统计局编制的《中国统计摘要（2015）》，调整以前年度的全社会固定资产投资和GDP，并重新计算相应的比重。

3. 固定电话主叫通话时长和移动电话通话时长中分别包括了从固定和移动电话发起的IP电话通话时长。

4. 电信固定资产投资2016年及以后为中国电信、中国移动、中国联通和中国铁塔投资。

2014—2018年电信业主要指标发展情况（二）

指标名称	单位	2014年	2015年	2016年	2017年	2018年	五年平均增长率（%）
光缆线路长度	万公里	2 061.3	2 486.3	3 042.1	3 780.1	4 316.8	15.9
长途光缆线路	万公里	92.8	96.5	99.4	104.5	99.4	1.4
本地网中继光缆线路	万公里	997.7	1 160.9	1 043.8	1 233.6	1 410.2	7.2
接入网光缆线路	万公里	970.7	1 228.9	1 898.9	2 442.0	2 807.2	23.7
局用交换机容量	万门	40 517.1	26 446.5	22 441.6	18 398.8	11 440.4	−22.3
移动电话基站数	万个	350.8	465.6	559.4	618.7	667.2	13.7
互联网宽带接入端口	万个	40 546.1	57 709.4	71 276.9	77 599.1	86 752.3	16.4
IPv4地址数	万个	33 199.0	24 698.3	28 229.8	33 870.5	33 892.5	0.4
域名数	万个	2 060.1	3 102.1	4 227.6	3 848.0	3 792.8	13.0
其中：CN域名数	万个	1 108.9	1 636.4	2 060.8	2 084.6	2 124.3	13.9
网站数	万个	335.0	423.0	482.4	533.3	523.4	9.3
互联网国际出口带宽	Mbps	4 118 663	5 392 116	6 640 291	7 320 180	8 946 570	16.8
固定电话普及率	部/百人	18.2	16.8	14.9	13.9	13.8	
移动电话普及率	部/百人	94.0	92.5	95.6	102.0	112.2	
互联网普及率	%	47.9	50.3	53.2	55.8	59.6	

注：1．IPv4地址数、域名数、网站数、互联网国际出口带宽和互联网普及率等数据均来源CNNIC发布的《第43次中国互联网络发展状况统计报告》。

2．以前年度的互联网普及率根据最新发布的数据调整。

2018年电信业务总量、收入、投资、增加值分省情况

	电信业务总量		电信业务收入		电信固定资产投资		电信增加值	
	2018年（亿元）	比2017年（%）	2018年（亿元）	比2017年（%）	2018年（亿元）	比2017年（%）	2018年（亿元）	比2017年（%）
全　国	**65 633.9**	**137.8**	**13 005.7**	**2.9**	**3 507.3**	**−5.8**	**6 722.7**	**2.5**
东　部	**29 688.8**	**127.3**	**6 416.4**	**0.8**	**1 450.5**	**−8.1**	**3 366.0**	**2.9**
北　京	1 755.5	101.6	603.6	2.8	130.0	13.2	338.0	3.0
天　津	737.8	145.4	153.0	−4.5	45.9	−3.3	71.6	−9.2
河　北	2 790.1	154.5	471.2	−3.4	128.1	−19.4	209.3	−1.4
上　海	1 436.3	107.0	571.7	0.7	127.1	−5.6	277.9	−2.5
江　苏	4 814.7	133.0	949.3	3.8	201.0	−4.8	490.4	1.8
浙　江	4 101.3	128.6	789.8	1.9	185.9	−0.7	451.7	18.6
福　建	2 026.2	122.9	432.5	−4.1	103.8	−22.5	223.7	−1.2
山　东	3 659.1	144.1	675.0	−0.9	156.8	−7.9	343.2	1.7
广　东	7 798.4	117.9	1 666.1	1.8	340.2	−12.1	910.7	2.1
海　南	569.2	126.6	104.3	−1.5	31.6	−0.7	49.4	−1.4
中　部	**13 710.5**	**156.3**	**2 497.1**	**0.6**	**642.5**	**−10.4**	**1 216.0**	**−0.2**
山　西	1 372.9	135.0	244.7	−3.9	80.6	2.2	111.7	−6.9
安　徽	2 261.0	171.8	413.9	1.9	105.8	−3.0	209.9	1.0
江　西	1 609.2	143.3	291.8	5.9	75.3	−14.5	142.0	5.8
河　南	3 950.3	166.1	633.7	−0.1	151.8	−15.9	295.1	0.0
湖　北	2 040.0	137.9	446.5	0.4	109.4	−13.9	233.0	−1.2
湖　南	2 477.1	166.6	466.5	−0.2	119.6	−10.5	224.3	−0.5
西　部	**18 101.7**	**155.8**	**2 990.4**	**0.2**	**955.2**	**−5.2**	**1 324.1**	**−4.4**
内蒙古	1 270.8	158.7	210.2	−8.4	86.5	7.7	74.8	−20.7
广　西	2 053.7	188.6	335.3	−1.1	106.8	7.0	156.2	−7.1
重　庆	1 543.5	152.4	257.3	−0.4	80.3	−13.9	116.1	−5.8
四　川	3 297.2	164.6	627.4	4.2	165.3	−9.4	308.8	7.4
贵　州	2 193.4	162.3	290.4	7.2	82.3	−18.5	145.9	11.9
云　南	2 478.7	116.8	348.6	0.6	91.3	−15.9	170.7	0.3
西　藏	112.5	148.8	54.6	7.1	43.6	35.7	9.7	−59.2
陕　西	2 215.9	165.1	343.2	−0.5	101.3	−9.0	160.4	−5.4
甘　肃	1 194.2	161.8	182.4	−7.5	64.4	−17.3	63.9	−27.9
青　海	422.8	161.5	56.6	−5.2	23.6	10.1	22.2	−5.0
宁　夏	462.9	126.0	62.3	−4.3	26.4	−6.9	17.7	−19.3
新　疆	856.2	156.9	222.2	1.3	83.5	18.3	77.8	−7.1
东　北	**3 984.3**	**103.6**	**764.4**	**−7.4**	**235.2**	**−6.4**	**326.5**	**−9.0**
辽　宁	1 775.0	103.3	360.4	−8.4	96.0	−8.0	166.1	−6.5
吉　林	1 077.8	121.7	176.4	−6.4	55.8	−14.6	61.4	−19.3
黑龙江	1 131.5	89.4	227.7	−6.7	82.9	2.3	99.0	−5.7
总部及直属	148.6		337.2		224.5	30.3	490.0	51.7

注：2018年电信业务总量按照2015年不变单价测算。

2014—2018年电信用户发展情况

指 标 名 称	单位	2014年	2015年	2016年	2017年	2018年
固定电话用户	万户	24 943.0	23 099.6	20 662.4	19 375.7	19 208.5
其中：住宅电话用户	万户	15 665.3	13 899.8	11 995.1	10 964.2	9 901.1
占固定电话用户比重	%	62.8	60.2	58.1	56.6	51.5
移动电话用户	万户	128 609.3	127 139.7	132 193.4	141 748.8	156 609.8
其中：3G移动电话用户	万户	48 525.5	27 573.0	17 080.5	13 463.2	14 018.3
4G移动电话用户	万户	9 728.4	43 038.1	76 994.9	99 688.9	116 546.4
3G/4G移动电话用户占比	%	45.3	55.5	71.2	79.8	83.4
互联网宽带接入用户	万户	20 048.3	25 946.6	29 720.7	34 854.0	40 738.2
其中：*x*DSL用户	万户	8 938.6	5 238.1	1 977.0	1 120.4	615.0
LAN用户	万户	4 180.5	5 601.7	4 719.2	4 089.8	2 982.3
FTTH/O用户	万户	6 831.6	14 833.7	22 765.6	29 392.5	36 832.7
其中：城市宽带接入用户	万户	15 174.6	19 547.2	22 266.6	25 476.7	28 996.5
农村宽带接入用户	万户	4 873.7	6 398.4	7 454.0	9 377.3	11 741.7

注：互联网宽带接入用户为基础电信企业合计数。

2018年固定电话用户分省情况

（单位：万户）

	固定电话用户		其中：住宅用户	
	2018年	比2017年	2018年	所占比重（%）
全　国	**19 208.5**	**−167.3**	**9 901.1**	**51.5**
东　部	**9 154.8**	**−195.4**	**4 302.6**	**47.0**
北　京	577.4	−72.0	239.8	41.5
天　津	337.1	41.2	76.8	22.8
河　北	698.0	−65.8	303.5	43.5
上　海	663.2	−27.8	382.2	57.6
江　苏	1 418.3	−93.8	758.0	53.4
浙　江	1 260.9	49.8	458.1	36.3
福　建	785.4	8.4	379.1	48.3
山　东	1 031.6	148.1	448.8	43.5
广　东	2 211.4	−194.7	1 150.3	52.0
海　南	171.7	11.1	106.1	61.8
中　部	**3 345.1**	**−53.7**	**1 613.5**	**48.2**
山　西	276.6	−25.7	94.0	34.0
安　徽	576.3	25.0	295.6	51.3
江　西	465.4	−11.6	302.6	65.0
河　南	777.2	42.2	334.4	43.0
湖　北	602.8	−56.0	348.7	57.8
湖　南	646.8	−27.6	238.2	36.8
西　部	**5 180.3**	**258.7**	**3 037.2**	**58.6**
内蒙古	213.5	−18.9	85.6	40.1
广　西	331.1	23.3	155.9	47.1
重　庆	593.1	26.3	465.6	78.5
四　川	1 833.0	197.0	1 009.9	55.1
贵　州	244.1	−3.8	152.5	62.5
云　南	303.6	2.5	121.2	39.9
西　藏	61.9	14.7	45.7	73.8
陕　西	650.7	27.9	443.0	68.1
甘　肃	332.8	6.1	229.1	68.8
青　海	119.9	13.2	71.9	60.0
宁　夏	56.0	−6.2	23.9	42.6
新　疆	440.7	−23.3	233.0	52.9
东　北	**1 528.3**	**−176.8**	**947.9**	**62.0**
辽　宁	690.2	−87.0	388.2	56.2
吉　林	477.9	−19.7	280.3	58.7
黑龙江	360.2	−70.1	279.4	77.6

2018年移动电话用户分省情况

（单位：万户）

	移动电话用户		其中：3G移动电话用户			其中：4G移动电话用户	
	2018年	比2017年	2018年	比2017年	所占比重（%）	2018年	所占比重（%）
全　国	**156 609.8**	**14 861.0**	**14 018.3**	**555.1**	**9.0**	**116 546.4**	**74.4**
东　部	**68 710.1**	**6 056.5**	**5 489.9**	**169.1**	**8.0**	**53 233.4**	**77.5**
北　京	4 009.2	257.2	383.6	−31.2	9.6	3 164.6	78.9
天　津	1 648.5	68.4	147.0	−4.2	8.9	1 260.9	76.5
河　北	8 195.6	613.9	686.3	58.1	8.4	5 919.9	72.2
上　海	3 722.3	423.6	361.8	−57.7	9.7	3 265.2	87.7
江　苏	9 794.0	986.3	691.7	−48.4	7.1	7 707.6	78.7
浙　江	8 308.8	718.2	570.2	−26.6	6.9	6 501.3	78.2
福　建	4 553.5	258.5	311.4	37.3	6.8	3 633.4	79.8
山　东	10 569.6	625.7	1 074.2	148.1	10.2	7 294.2	69.0
广　东	16 823.3	2 027.1	1 190.4	95.3	7.1	13 631.7	81.0
海　南	1 085.3	77.9	73.1	−1.6	6.7	854.7	78.8
中　部	**34 767.6**	**3 555.3**	**2 780.6**	**233.8**	**8.0**	**26 145.8**	**75.2**
山　西	3 961.5	313.6	342.2	31.9	8.6	2 947.2	74.4
安　徽	5 535.8	651.5	596.9	154.4	10.8	4 122.9	74.5
江　西	4 043.5	594.3	293.6	34.2	7.3	2 970.0	73.5
河　南	9 354.1	800.8	639.5	−147.6	6.8	7 232.2	77.3
湖　北	5 569.8	575.7	403.3	47.0	7.2	4 162.6	74.7
湖　南	6 302.9	619.5	505.2	113.9	8.0	4 710.9	74.7
西　部	**41 416.7**	**4 815.3**	**4 635.8**	**109.3**	**11.2**	**28 815.6**	**69.6**
内蒙古	3 044.4	203.3	306.7	18.1	10.1	2 230.9	73.3
广　西	5 045.3	660.3	436.6	68.5	8.7	3 672.0	72.8
重　庆	3 650.7	375.9	331.6	42.4	9.1	2 553.1	69.9
四　川	9 068.6	1 374.9	541.3	−184.2	6.0	6 540.7	72.1
贵　州	3 940.4	454.8	330.5	70.3	8.4	2 960.2	75.1
云　南	4 659.1	430.6	284.2	−36.1	6.1	3 375.5	72.4
西　藏	312.3	22.0	43.2	−122.5	13.8	232.3	74.4
陕　西	4 688.6	468.0	371.4	21.5	7.9	3 598.1	76.7
甘　肃	2 736.0	209.6	280.3	31.8	10.2	2 001.0	73.1
青　海	686.4	75.5	65.6	−10.9	9.6	526.1	76.6
宁　夏	881.0	89.1	76.0	8.9	8.6	669.6	76.0
新　疆	2 703.8	451.5	1 568.5	201.7	58.0	456.2	16.9
东　北	**11 715.4**	**433.9**	**1 112.0**	**43.0**	**9.5**	**8 351.6**	**71.3**
辽　宁	4 880.7	125.1	418.7	27.6	8.6	3 605.3	73.9
吉　林	3 001.1	132.3	307.9	29.8	10.3	2 130.5	71.0
黑龙江	3 833.6	176.5	385.5	−14.4	10.1	2 615.8	68.2

2018年互联网宽带接入用户分省情况

（单位：万户）

	互联网宽带接入用户		其中：FTTH/O用户		其中：100M以上用户		互联网宽带接入用户中：	
	2018年	比2017年	2018年	比2017年	2018年	比2017年	城市用户	农村用户
全　国	**40 738.2**	**5 884.1**	**36 832.7**	**7 440.2**	**28 640.5**	**15 095.3**	**28 996.5**	**11 741.7**
东　部	**18 406.0**	**1 924.7**	**16 482.5**	**2 837.8**	**13 173.9**	**6 203.6**	**13 078.6**	**5 327.4**
北　京	638.8	96.9	610.1	98.8	499.8	156.1	571.0	67.8
天　津	437.9	98.6	362.8	42.7	377.1	176.4	411.8	26.2
河　北	2 159.8	249.7	2 047.7	262.3	1 624.3	571.5	1 302.2	857.5
上　海	772.9	91.6	695.7	134.1	483.5	186.2	772.9	0.0
江　苏	3 351.9	245.7	2 982.2	653.5	2 307.9	1 463.7	2 107.5	1 244.4
浙　江	2 653.8	189.2	2 354.4	243.2	1 899.5	807.2	1 751.5	902.3
福　建	1 629.1	255.5	1 424.9	356.7	1 210.9	564.9	1 061.1	568.0
山　东	2 884.8	296.1	2 534.5	404.9	2 057.0	1 273.6	1 933.5	951.3
广　东	3 597.8	351.0	3 226.8	584.6	2 554.7	932.8	2 970.5	627.3
海　南	279.1	50.4	243.4	57.1	159.1	71.2	196.5	82.6
中　部	**9 596.8**	**1 716.4**	**8 691.5**	**1 950.9**	**6 810.3**	**3 960.5**	**6 688.0**	**2 908.8**
山　西	991.0	118.2	955.2	143.7	746.1	522.5	794.3	196.7
安　徽	1 662.4	338.8	1 520.6	377.3	1 069.4	608.2	1 022.1	640.4
江　西	1 323.4	326.3	1 010.9	363.6	788.8	471.7	908.1	415.3
河　南	2 503.9	375.5	2 328.7	391.0	2 042.8	1 123.8	1 774.2	729.7
湖　北	1 480.7	237.8	1 405.2	375.2	1 016.5	536.4	1 074.2	406.6
湖　南	1 635.3	319.8	1 470.8	300.1	1 146.7	698.1	1 115.1	520.2
西　部	**10 200.5**	**1 932.9**	**9 379.9**	**2 280.2**	**6 870.8**	**3 813.3**	**7 244.0**	**2 956.5**
内蒙古	628.3	134.3	578.6	152.4	521.0	164.1	531.9	96.4
广　西	1 230.6	262.6	1 142.3	334.1	904.8	595.4	754.8	475.8
重　庆	1 070.1	203.2	956.1	234.1	605.6	235.7	854.4	215.8
四　川	2 624.5	457.0	2 468.1	588.9	1 635.1	1 096.1	1 772.6	851.9
贵　州	732.0	163.4	665.7	174.5	536.6	373.2	568.0	164.1
云　南	1 019.4	206.9	890.9	203.0	532.7	258.9	713.6	305.9
西　藏	78.2	17.0	73.7	18.3	56.1	19.8	66.1	12.1
陕　西	1 057.4	154.2	952.3	174.4	682.7	368.3	773.3	284.1
甘　肃	742.8	166.5	699.4	199.9	603.4	256.9	465.0	277.9
青　海	152.9	32.8	143.3	35.1	127.1	58.5	118.5	34.4
宁　夏	217.0	57.9	208.0	59.7	179.3	114.1	174.6	42.4
新　疆	647.3	77.3	601.7	105.8	486.5	272.4	451.4	195.8
东　北	**2 534.9**	**310.2**	**2 278.9**	**371.3**	**1 785.5**	**1 117.9**	**1 985.9**	**549.0**
辽　宁	1 136.0	77.4	1 046.4	106.4	829.4	425.1	922.5	213.5
吉　林	588.2	86.7	520.6	94.0	406.4	322.5	493.9	94.3
黑龙江	810.7	146.1	711.8	170.9	549.8	370.3	569.5	241.1

注：1．互联网宽带接入用户为基础电信企业合计数。
2．互联网宽带接入用户自2011年起不包括WLAN用户，2013年按调整后口径统计。

2014—2018年固定电话用户分省情况

（单位：万户）

	2014年	2015年	2016年	2017年	2018年
全　国	**24 943.0**	**23 099.6**	**20 662.4**	**19 375.7**	**19 208.5**
东　部	**12 364.8**	**11 332.5**	**10 149.0**	**9 350.2**	**9 154.8**
北　京	831.3	784.6	695.0	649.4	577.4
天　津	360.6	343.8	311.3	295.9	337.1
河　北	1 085.1	978.2	850.6	763.8	698.0
上　海	840.2	797.3	731.6	691.0	663.2
江　苏	2 133.6	1 973.0	1 708.3	1 512.1	1 418.3
浙　江	1 641.9	1 471.0	1 287.2	1 211.1	1 260.9
福　建	933.3	888.5	815.7	776.9	785.4
山　东	1 418.3	1 118.0	970.4	883.5	1 031.6
广　东	2 950.6	2 807.1	2 609.7	2 406.1	2 211.4
海　南	170.0	171.0	169.2	160.5	171.7
中　部	**4 866.0**	**4 421.6**	**3 688.1**	**3 398.9**	**3 345.1**
山　西	554.2	444.6	343.7	302.3	276.6
安　徽	839.8	739.4	613.9	551.4	576.3
江　西	577.4	568.4	517.5	477.0	465.4
河　南	1 143.0	1 009.7	798.6	735.0	777.2
湖　北	907.4	872.5	731.7	658.8	602.8
湖　南	844.1	787.0	682.7	674.4	646.8
西　部	**5 345.7**	**5 141.1**	**4 917.0**	**4 921.5**	**5 180.3**
内蒙古	359.1	324.5	268.1	232.3	213.5
广　西	499.9	439.7	348.9	307.7	331.1
重　庆	579.5	559.6	541.6	566.8	593.1
四　川	1 294.2	1 353.4	1 490.1	1 636.0	1 833.0
贵　州	339.1	312.5	258.7	247.9	244.1
云　南	429.8	377.5	335.0	301.1	303.6
西　藏	35.9	34.9	38.9	47.3	61.9
陕　西	750.8	723.3	679.9	622.8	650.7
甘　肃	341.3	326.0	312.3	326.8	332.8
青　海	100.2	104.2	102.1	106.7	119.9
宁　夏	102.7	84.4	70.5	62.2	56.0
新　疆	513.3	501.2	471.0	464.0	440.7
东　北	2 366.5	2 204.5	1 908.4	1 705.1	1 528.3
辽　宁	1 151.2	1 036.2	890.6	777.2	690.2
吉　林	574.8	572.3	520.3	497.6	477.9
黑龙江	640.5	596.0	497.4	430.3	360.2

2014—2018年移动电话用户分省情况

（单位：万户）

	2014年	2015年	2016年	2017年	2018年
全　国	**128 609.3**	**127 139.7**	**132 193.4**	**141 748.8**	**156 609.8**
东　部	**59 182.6**	**58 475.4**	**60 115.5**	**62 653.5**	**68 710.1**
北　京	4 076.4	3 944.4	3 869.0	3 752.1	4 009.2
天　津	1 351.8	1 369.7	1 499.8	1 580.1	1 648.5
河　北	6 229.1	6 135.6	7 121.0	7 581.8	8 195.6
上　海	3 292.7	3 132.4	3 156.1	3 298.7	3 722.3
江　苏	8 070.4	7 993.1	8 198.8	8 807.7	9 794.0
浙　江	7 370.6	7 283.7	7 225.9	7 590.6	8 308.8
福　建	4 276.7	4 154.0	4 159.0	4 295.0	4 553.5
山　东	8 664.1	9 088.8	9 594.5	9 943.9	10 569.6
广　东	14 943.4	14 479.7	14 349.0	14 796.2	16 823.3
海　南	907.4	894.1	942.3	1 007.5	1 085.3
中　部	**27 532.5**	**27 220.1**	**28 415.8**	**31 212.3**	**34 767.6**
山　西	3 332.3	3 241.4	3 365.7	3 647.9	3 961.5
安　徽	4 215.9	4 188.3	4 343.0	4 884.3	5 535.8
江　西	2 938.5	3 030.4	3 140.7	3 449.2	4 043.5
河　南	7 712.9	7 537.4	7 889.0	8 553.4	9 354.1
湖　北	4 606.8	4 530.5	4 683.8	4 994.1	5 569.8
湖　南	4 726.1	4 692.0	4 993.6	5 683.4	6 302.9
西　部	**31 287.9**	**31 312.6**	**33 134.7**	**36 601.4**	**41 416.7**
内蒙古	2 634.6	2 377.1	2 470.8	2 841.2	3 044.4
广　西	3 553.8	3 594.9	3 774.2	4 385.1	5 045.3
重　庆	2 589.9	2 737.7	2 880.1	3 274.9	3 650.7
四　川	6 608.5	6 798.3	7 294.5	7 693.6	9 068.6
贵　州	2 885.3	2 941.5	3 082.7	3 485.7	3 940.4
云　南	3 748.5	3 740.1	3 942.8	4 228.4	4 659.1
西　藏	291.8	268.7	284.4	290.3	312.3
陕　西	3 607.2	3 567.1	3 813.3	4 220.6	4 688.6
甘　肃	2 058.6	2 105.3	2 203.8	2 526.4	2 736.0
青　海	544.0	517.1	539.8	610.9	686.4
宁　夏	688.3	636.6	716.4	792.0	881.0
新　疆	2 077.4	2 028.4	2 132.1	2 252.3	2 703.8
东　北	**10 605.7**	**10 131.2**	**10 527.4**	**11 281.6**	**11 715.4**
辽　宁	4 535.6	4 289.8	4 427.1	4 755.7	4 880.7
吉　林	2 612.3	2 511.5	2 654.8	2 868.8	3 001.1
黑龙江	3 457.8	3 329.8	3 445.6	3 657.1	3 833.6

注：全国数大于分省数之和，是由于部分3G上网卡用户不能拆分到省所致。

2014—2018年互联网宽带接入用户分省情况

（单位：万户）

	2014年	2015年	2016年	2017年	2018年
全　国	**20 048.3**	**25 946.6**	**29 720.7**	**34 854.0**	**40 738.2**
东　部	**9 867.9**	**12 738.6**	**14 329.4**	**16 481.3**	**18 406.0**
北　京	482.4	491.9	475.8	541.9	638.8
天　津	208.8	249.8	283.9	339.4	437.9
河　北	1 127.6	1 317.2	1 612.0	1 910.1	2 159.8
上　海	532.2	568.8	635.7	681.3	772.9
江　苏	1 523.4	2 346.3	2 685.2	3 106.2	3 351.9
浙　江	1 276.1	1 906.8	2 159.7	2 464.6	2 653.8
福　建	899.2	1 044.8	1 144.6	1 373.6	1 629.1
山　东	1 523.9	1 980.8	2 366.5	2 588.7	2 884.8
广　东	2 174.1	2 682.7	2 779.4	3 246.8	3 597.8
海　南	120.3	149.5	186.5	228.7	279.1
中　部	**4 271.8**	**5 762.0**	**6 610.7**	**7 880.4**	**9 596.8**
山　西	571.1	723.9	747.2	872.9	991.0
安　徽	563.8	913.3	1 075.0	1 323.7	1 662.4
江　西	434.2	710.9	822.5	997.1	1 323.4
河　南	1 087.9	1 489.0	1 767.2	2 128.4	2 503.9
湖　北	869.7	1 014.4	1 131.9	1 242.9	1 480.7
湖　南	744.9	910.5	1 066.9	1 315.5	1 635.3
西　部	**4 237.1**	**5 638.7**	**6 793.8**	**8 267.6**	**10 200.5**
内蒙古	316.8	365.7	417.2	494.0	628.3
广　西	592.4	715.8	790.0	968.0	1 230.6
重　庆	475.4	602.7	704.7	866.9	1 070.1
四　川	883.1	1 424.0	1 851.2	2 167.5	2 624.5
贵　州	310.9	386.8	459.5	568.6	732.0
云　南	424.9	537.3	655.3	812.6	1 019.4
西　藏	22.1	29.6	40.2	61.2	78.2
陕　西	552.4	689.9	803.0	903.2	1 057.4
甘　肃	213.9	302.7	392.9	576.4	742.8
青　海	61.4	82.3	99.7	120.2	152.9
宁　夏	78.2	92.5	111.9	159.2	217.0
新　疆	305.7	409.5	468.4	569.9	647.3
东　北	**1 671.6**	**1 807.3**	**1 986.8**	**2 224.7**	**2 534.9**
辽　宁	772.1	860.5	971.7	1 058.6	1 136.0
吉　林	414.9	427.3	440.0	501.5	588.2
黑龙江	484.6	519.5	575.1	664.6	810.7

注：1．互联网宽带接入用户为基础电信企业合计数。

2．互联网宽带接入用户自2011年起不包括WLAN用户，2012年和2013年按调整后统计口径。

2014—2018年电信业务使用量发展情况

指标名称	单位	2014年	2015年	2016年	2017年	2018年	2018年比2017年（%）
固定电话主叫通话时长	亿分钟	3 144.0	2 723.7	2 277.2	1 842.0	1 499.5	−18.6
移动电话通话时长（来去话合计）	亿分钟	59 012.7	57 648.9	56 606.0	54 004.7	51 125.2	−5.3
移动电话去话通话时长	亿分钟	29 270.1	28 499.9	28 072.8	26 904.2	25 441.5	−5.4
移动电话来话通话时长	亿分钟	29 742.6	29 149.0	28 526.2	27 100.5	25 683.7	−5.2
移动短信业务量	亿条	7 674.2	6 991.8	6 670.9	6 641.4	11 398.6	
其中：点对点短信业务量	亿条	3 523.3	2 705.7	1 898.4	1 324.0	1 116.3	
移动彩信业务量	亿条	647.4	617.5	556.8	488.1	493.0	
移动互联网接入流量	万G	206 193.6	418 753.3	937 863.5	2 459 380.3	7 090 039.3	188.3
其中：手机上网流量	万G	179 064.4	375 909.5	842 965.5	2 350 190.9	7 020 867.6	198.7
固定电话互联互通通话时长	亿分钟	1 751.4	1 665.5	1 303.7	1 067.5	806.5	−24.4
移动电话互联互通通话时长	亿分钟	9 076.6	8 905.9	8 916.7	8 933.0	8 735.6	−2.2
短信互联互通业务量	亿条	1 223.7	946.1	689.1	517.7	402.7	−22.2

注：固定电话主叫通话时长和移动电话通话时长中分别包括了从固定和移动电话发起的IP电话通话时长。

2018年固定电话通话量分省情况

（单位：万分钟）

	固定电话主叫通话时长		其中：国际及港澳台
	2018年	比2017年（%）	2018年
全　国	**14 994 797.5**	**−18.6**	**36 310.1**
东　部	**8 596 757.7**	**−19.6**	**33 487.6**
北　京	927 851.9	−17.0	4 343.9
天　津	176 315.1	−19.3	389.9
河　北	930 014.5	−18.3	114.5
上　海	1 109 789.3	−22.0	9 898.1
江　苏	1 177 739.1	−18.5	2 286.8
浙　江	958 752.8	−17.1	1 191.1
福　建	473 933.5	−29.9	1 222.5
山　东	978 310.5	−12.9	1 020.2
广　东	1 791 916.5	−22.2	12 735.3
海　南	72 134.6	−20.9	285.4
中　部	**2 479 077.5**	**−15.7**	**838.2**
山　西	151 695.5	−22.3	59.5
安　徽	429 978.8	−15.8	365.1
江　西	289 213.6	−21.7	53.5
河　南	626 836.3	−9.3	86.8
湖　北	490 721.0	−16.5	171.5
湖　南	490 632.4	−16.3	101.9
西　部	**3 012 297.5**	**−17.0**	**631.4**
内蒙古	176 130.3	−21.1	19.0
广　西	302 709.9	−26.5	67.1
重　庆	325 075.7	−16.3	94.7
四　川	844 397.1	−11.6	205.9
贵　州	146 285.0	−11.2	17.0
云　南	311 492.4	−11.8	39.0
西　藏	5 691.0	−43.0	0.7
陕　西	438 705.9	−15.0	87.2
甘　肃	98 002.1	−23.2	24.6
青　海	40 095.2	−21.2	1.0
宁　夏	31 940.8	−24.9	3.2
新　疆	291 772.3	−24.4	72.1
东　北	**906 664.7**	**−21.8**	**1 352.9**
辽　宁	509 427.9	−23.0	886.5
吉　林	141 236.8	−22.0	404.9
黑龙江	256 000.0	−19.1	61.5

2018年移动电话通话量分省情况

（单位：万分钟）

	移动电话通话时长		其中：					
			去话通话时长				来话通话时长	
					其中：			
	2018年	比2017年（%）	2018年	比2017年（%）	国际及港澳台长途时长	国际及港澳台漫游时长	2018年	比2017年（%）
全　国	**511 251 989.0**	**−5.3**	**254 415 034.2**	**−5.4**	**54 215.6**	**56 264.4**	**256 836 954.8**	**−5.2**
东　部	**219 012 456.2**	**−6.1**	**110 391 552.7**	**−6.3**	**43 011.8**	**41 409.2**	**108 620 573.5**	**−5.9**
北　京	12 197 152.7	−8.8	6 540 420.1	−8.0	5 467.8	5 277.5	5 656 732.6	−9.6
天　津	5 729 648.4	−6.2	2 900 579.9	−7.6	883.2	836.4	2 829 068.5	−4.8
河　北	23 501 005.1	−6.7	11 517 511.8	−6.8	648.8	787.6	11 983 493.4	−6.5
上　海	9 984 100.2	−6.6	5 124 898.4	−6.0	8 399.8	5 466.8	4 859 201.8	−7.1
江　苏	31 161 654.5	−4.9	15 621 978.8	−4.6	3 539.2	3 798.7	15 539 675.7	−5.2
浙　江	27 528 958.8	−5.2	13 845 523.3	−5.7	2 886.8	3 309.5	13 683 435.5	−4.8
福　建	16 424 154.4	−3.2	8 278 366.9	−5.2	2 275.3	2 346.8	8 145 787.6	−1.2
山　东	38 097 104.1	−2.3	18 934 989.0	−2.0	2 427.4	2 073.2	19 162 115.1	−2.5
广　东	50 147 023.0	−9.7	25 501 992.2	−9.9	16 129.1	16 990.3	24 645 030.8	−9.6
海　南	4 241 654.9	−7.4	2 125 622.4	−8.7	354.6	522.5	2 116 032.6	−6.1
中　部	**110 451 351.7**	**−3.9**	**53 834 728.9**	**−3.6**	**3 056.8**	**5 511.9**	**56 616 622.8**	**−4.2**
山　西	12 966 771.6	−6.4	6 442 146.4	−6.7	174.3	368.0	6 524 625.2	−6.1
安　徽	16 168 291.1	−4.2	7 924 872.6	−3.7	410.4	484.8	8 243 418.5	−4.6
江　西	12 887 132.7	−2.4	6 270 041.9	−2.1	315.1	786.7	6 617 090.8	−2.8
河　南	30 957 205.7	−2.7	14 930 236.3	−2.1	699.9	1 403.3	16 026 969.4	−3.2
湖　北	16 939 446.6	−3.9	8 293 392.4	−3.4	794.4	1 188.6	8 646 054.2	−4.3
湖　南	20 532 504.1	−5.0	9 974 039.4	−4.9	662.8	1 280.6	10 558 464.7	−5.2
西　部	**143 674 634.6**	**−4.4**	**71 272 373.0**	**−4.7**	**5 707.6**	**6 727.6**	**72 402 261.5**	**−4.0**
内蒙古	10 743 047.1	−6.3	5 421 920.4	−5.2	337.7	1 060.8	5 321 126.7	−7.3
广　西	14 067 281.3	−5.9	6 881 828.5	−5.5	1 553.8	998.4	7 185 452.8	−6.2
重　庆	12 480 335.8	0.8	6 011 868.1	−3.0	399.0	600.1	6 468 467.7	4.5
四　川	29 615 539.8	−3.9	14 567 200.4	−3.8	731.7	1 392.1	15 048 339.4	−3.9
贵　州	15 861 790.3	−3.8	7 864 595.7	−4.5	199.8	563.2	7 997 194.5	−3.2
云　南	17 704 374.2	−1.7	8 800 987.9	−2.6	1 462.0	997.4	8 903 386.2	−0.7
西　藏	1 393 812.6	−4.6	733 465.9	−4.0	17.9	9.8	660 346.6	−5.2
陕　西	14 793 232.3	−5.0	7 350 185.1	−5.2	515.2	637.6	7 443 047.2	−4.7
甘　肃	9 231 146.6	−8.1	4 538 439.8	−8.2	109.2	206.9	4 692 706.7	−8.0
青　海	2 158 574.2	−12.3	1 081 540.8	−13.0	34.7	46.1	1 077 033.3	−11.6
宁　夏	2 603 070.4	−12.2	1 309 526.8	−12.1	46.0	27.9	1 293 543.6	−12.4
新　疆	13 022 430.2	−4.4	6 710 813.6	−3.4	300.6	187.4	6 311 616.6	−5.4
东　北	**38 113 546.5**	**−8.4**	**18 916 049.5**	**−8.2**	**2 439.3**	**2 615.7**	**19 197 496.9**	**−8.6**
辽　宁	16 837 290.6	−7.7	8 442 866.3	−7.8	1 514.5	1 492.2	8 394 424.3	−7.7
吉　林	9 384 625.8	−8.3	4 633 586.4	−7.5	495.2	470.3	4 751 039.4	−9.1
黑龙江	11 891 630.0	−9.5	5 839 596.8	−9.5	429.6	653.3	6 052 033.2	−9.6

2018年移动互联网接入流量分省情况

（单位：万吉比）

	移动互联网接入流量		手机上网流量	
	2018年	比2017年（%）	2018年	比2017年（%）
全　国	**7 090 039.3**	**188.3**	**7 020 867.6**	**198.7**
东　部	**3 147 655.7**	**179.8**	**3 128 667.8**	**185.5**
北　京	181 330.2	132.1	177 824.1	144.3
天　津	79 874.1	215.2	79 716.1	220.3
河　北	306 648.4	199.1	297 479.4	239.0
上　海	134 846.8	180.0	134 251.6	189.1
江　苏	514 026.7	188.6	512 007.2	190.4
浙　江	429 803.0	185.0	429 642.2	185.9
福　建	209 900.3	194.1	207 416.9	197.1
山　东	383 441.1	222.7	383 289.6	223.4
广　东	845 841.2	157.4	845 302.8	158.9
海　南	61 944.2	170.1	61 738.0	172.5
中　部	**1 490 616.6**	**212.6**	**1 481 799.5**	**224.6**
山　西	145 721.1	196.1	145 664.6	197.5
安　徽	251 826.2	196.2	243 774.8	259.7
江　西	173 557.3	200.9	173 431.8	202.0
河　南	434 883.9	223.6	434 820.1	224.5
湖　北	217 677.7	192.2	217 323.7	197.6
湖　南	266 950.4	250.9	266 784.6	254.0
西　部	2 005 914.0	208.9	1 992 563.0	214.1
内蒙古	142 977.5	218.5	140 287.1	225.5
广　西	228 728.8	261.4	228 659.5	261.9
重　庆	169 556.6	209.2	167 626.2	213.5
四　川	355 855.9	243.8	355 452.2	245.2
贵　州	250 673.2	196.3	249 788.2	204.8
云　南	280 875.1	141.5	278 403.4	142.6
西　藏	10 618.4	338.7	10 296.8	345.3
陕　西	248 683.2	215.8	247 199.7	222.8
甘　肃	131 267.3	223.2	131 222.2	224.0
青　海	49 550.7	185.9	47 870.0	217.2
宁　夏	52 402.9	151.7	52 296.9	155.4
新　疆	84 724.5	285.1	83 460.7	320.2
东　北	**445 852.9**	**114.2**	**417 837.2**	**155.8**
辽　宁	190 081.1	119.4	186 768.8	161.9
吉　林	135 590.4	107.4	112 241.9	186.3
黑龙江	120 181.5	114.0	118 826.5	125.0

2018年移动短信和彩信业务量分省情况

	移动短信业务量		移动彩信业务量
	2018年（万条）	点对点短信（万条）	2018年（万条）
全　国	**113 986 398.9**	**11 163 028.9**	**4 929 850.1**
东　部	**67 962 611.9**	**4 901 508.5**	**2 103 635.1**
北　京	10 349 912.3	927 430.1	137 056.5
天　津	1 083 333.3	113 733.3	46 380.3
河　北	4 782 127.2	399 162.4	118 813.4
上　海	5 289 852.7	289 351.7	169 970.8
江　苏	9 960 551.7	596 269.0	589 386.2
浙　江	10 208 833.2	516 200.5	375 267.6
福　建	7 991 930.7	327 983.2	155 545.2
山　东	5 954 016.4	660 954.8	264 642.9
广　东	11 373 158.5	925 184.3	224 332.7
海　南	968 895.9	145 239.3	22 239.6
中　部	**18 925 969.4**	**2 425 789.3**	**1 454 182.0**
山　西	3 921 501.0	258 194.6	260 896.5
安　徽	2 322 653.1	390 032.4	45 246.2
江　西	1 647 700.8	349 097.3	481 771.5
河　南	5 407 933.2	589 709.2	144 562.3
湖　北	2 803 172.8	454 802.0	228 420.2
湖　南	2 823 008.5	383 953.8	293 285.3
西　部	**20 287 535.0**	**3 210 988.5**	**1 193 497.2**
内蒙古	1 644 532.3	203 203.1	78 608.7
广　西	2 187 358.7	258 606.7	124 635.2
重　庆	1 526 514.7	252 223.5	276 284.7
四　川	3 118 531.3	772 207.8	175 012.7
贵　州	1 624 927.3	300 738.1	23 566.1
云　南	2 053 073.0	350 435.9	119 436.7
西　藏	347 461.0	140 007.5	6 442.0
陕　西	3 738 063.7	285 695.8	193 867.4
甘　肃	1 373 119.9	182 154.6	33 262.5
青　海	626 221.7	58 748.7	20 669.2
宁　夏	570 959.1	84 374.2	25 890.1
新　疆	1 476 772.4	322 592.8	115 821.8
东　北	**6 810 282.7**	**624 742.6**	**178 535.8**
辽　宁	3 263 625.5	284 616.3	54 293.7
吉　林	1 851 171.1	156 873.2	59 967.9
黑龙江	1 695 486.0	183 253.1	64 274.3

2018年互联互通业务量分省情况

	固定电话互联互通通话时长		移动电话互联互通通话时长		短信互联互通业务量	
	2018年（万分钟）	比2017年（%）	2018年（万分钟）	比2017年（%）	2018年（万条）	比2017年（%）
全　国	**8 065 211.0**	**-24.5**	**87 356 232.5**	**-2.2**	**4 026 982.5**	**-22.2**
东　部	**4 507 970.4**	**-22.6**	**35 767 253.5**	**-3.7**	**1 721 853.9**	**-23.5**
北　京	428 314.2	-28.0	2 508 603.9	-7.1	138 176.4	-21.7
天　津	102 416.1	-21.1	1 218 335.7	-4.3	37 657.1	-28.3
河　北	554 302.0	-18.5	4 487 175.9	-5.6	133 961.5	-31.7
上　海	418 155.1	-27.8	2 064 597.0	-3.1	122 110.6	-19.8
江　苏	514 250.9	-20.3	5 071 697.0	-4.4	295 482.2	-25.6
浙　江	556 602.8	-13.6	3 583 246.0	-4.4	208 460.0	-16.6
福　建	255 296.8	-31.9	2 980 652.8	-4.0	136 358.0	-19.2
山　东	547 788.7	-25.7	6 430 828.7	1.7	219 705.0	-27.2
广　东	1 087 352.5	-21.2	6 735 293.0	-5.3	377 124.7	-22.9
海　南	43 491.4	-22.4	686 823.5	-2.8	52 818.4	-20.8
中　部	**1 515 311.0**	**-25.9**	**19 982 661.1**	**-0.4**	**890 030.9**	**-24.6**
山　西	118 280.9	-27.2	2 190 672.0	-1.5	83 193.3	-30.2
安　徽	196 562.1	-28.6	2 964 366.8	-1.3	147 497.0	-29.9
江　西	151 358.7	-25.2	1 873 526.6	1.4	91 286.2	-12.3
河　南	559 466.8	-22.2	5 844 011.3	1.2	212 102.7	-21.7
湖　北	276 475.2	-27.4	3 251 736.1	-0.4	190 873.9	-25.2
湖　南	213 167.3	-30.4	3 858 348.4	-2.2	165 077.8	-25.2
西　部	**1 474 393.4**	**-25.7**	**25 059 832.3**	**-0.3**	**1 195 580.3**	**-19.8**
内蒙古	106 079.8	-18.6	1 770 610.3	-4.6	82 312.9	-23.9
广　西	153 472.0	-36.7	2 426 578.3	0.7	110 416.4	-16.1
重　庆	169 112.1	-26.5	2 495 700.3	1.0	85 265.2	-21.4
四　川	314 301.9	-17.9	5 193 850.7	0.8	282 472.3	-17.6
贵　州	83 702.6	-18.5	2 336 419.0	3.8	119 336.0	-13.3
云　南	154 559.3	-2.3	1 958 099.5	4.9	97 454.2	-13.1
西　藏	35 817.2	-4.5	361 329.9	15.8	26 075.8	-2.0
陕　西	214 005.0	-30.8	2 855 526.5	-2.3	115 744.8	-27.1
甘　肃	63 893.4	-27.0	1 841 841.4	-4.8	84 887.5	-31.1
青　海	15 855.3	-45.3	462 336.0	-9.7	22 906.0	-32.7
宁　夏	23 346.7	-20.7	527 505.1	-10.7	35 404.9	-24.4
新　疆	140 248.3	-43.0	2 830 035.3	-0.5	133 304.2	-17.1
东　北	**567 536.2**	**-31.1**	**6 546 485.7**	**-6.4**	**219 517.4**	**-14.1**
辽　宁	285 756.9	-23.9	2 667 635.6	-7.2	92 519.6	-12.5
吉　林	125 772.4	-39.4	1 729 755.8	-5.4	67 080.3	-1.7
黑龙江	156 006.9	-35.1	2 149 094.3	-6.1	59 917.5	-26.6

2014—2018年电信通信能力发展情况

指标名称	单位	2014年	2015年	2016年	2017年	2018年	2018年比2017（%）
光缆线路长度	万公里	2 061.3	2 486.3	3 042.1	3 780.1	4 316.8	14.2
长途光缆线路长度	万公里	92.8	96.5	99.4	104.5	99.4	-4.9
本地网中继光缆线路长度	万公里	997.7	1 160.9	1 043.8	1 233.6	1 410.2	14.3
接入网光缆线路长度	万公里	970.7	1 228.9	1 898.9	2 442.0	2 807.2	15.0
固定长途电话交换机容量	万路端	982.9	811.1	681.1	603.5	392.4	-35.0
局用交换机容量	万门	40 517.1	26 446.5	22 441.6	18 398.8	11 440.4	-37.8
接入网设备容量	万门	25 882.2	17 541.1	18 547.0	15 960.6	10 641.4	-33.3
移动电话交换机容量	万户	205 024.9	218 150.0	218 540.0	242 185.8	259 453.1	7.1
移动电话基站	万个	350.8	465.6	559.4	618.7	667.2	7.8
其中：3G基站	万个	127.8	142.8	141.4	133.0	116.3	-12.6
4G基站	万个	84.9	177.4	263.2	328.4	372.4	13.4
互联网宽带接入端口	万个	40 546.1	57 709.4	71 276.9	77 599.1	86 752.3	11.8
*x*DSL端口	万个	13 833.3	10 034.0	3 886.8	2 224.3	1 081.5	-51.4
FTTH/O端口	万个	16 384.6	34 197.4	53 781.1	65 497.3	77 137.9	17.8

注：互联网宽带端口为基础电信企业合计数。

2018年光缆线路长度分省情况

（单位：公里）

	光缆线路长度				
	2018年	比2017年（%）	长途光缆	本地网中继光缆	接入网光缆
全　国	**43 167 888**	**14.2**	**994 130**	**14 101 816**	**28 071 942**
东　部	**16 617 179**	**3.4**	**226 396**	**4 495 123**	**11 895 660**
北　京	377 020	5.7	4 217	62 922	309 881
天　津	238 077	16.3	4 146	91 958	141 973
河　北	2 119 472	23.6	35 102	909 234	1 175 136
上　海	617 611	6.0	4 024	162 430	451 157
江　苏	3 511 781	8.1	37 391	1 024 324	2 450 066
浙　江	3 021 205	8.8	26 770	230 183	2 764 251
福　建	1 547 784	21.8	23 477	460 910	1 063 396
山　东	2 340 000	11.6	36 400	598 033	1 705 567
广　东	2 588 927	7.5	53 955	865 000	1 669 973
海　南	255 302	9.4	915	90 128	164 259
中　部	**10 491 782**	**-4.6**	**198 696**	**3 900 143**	**6 392 944**
山　西	1 194 828	11.7	30 060	464 857	699 910
安　徽	2 161 095	20.1	35 275	915 037	1 210 783
江　西	1 772 865	15.1	28 385	697 004	1 047 476
河　南	1 768 718	1.0	34 124	315 190	1 419 404
湖　北	1 592 659	12.1	29 055	719 169	844 435
湖　南	2 001 617	5.5	41 797	788 885	1 170 935
西　部	**12 767 755**	**18.9**	**463 183**	**4 422 846**	**7 881 726**
内蒙古	876 328	-11.1	75 109	148 343	652 876
广　西	1 340 276	22.6	39 725	472 735	827 816
重　庆	1 059 427	13.8	6 174	390 353	662 900
四　川	2 775 875	10.8	67 133	1 030 398	1 678 344
贵　州	1 057 248	22.1	35 006	517 697	504 545
云　南	1 523 855	40.0	48 060	527 819	947 976
西　藏	194 143	19.8	35 419	59 545	99 179
陕　西	1 215 546	11.9	27 973	511 936	675 636
甘　肃	826 956	13.9	36 100	160 519	630 338
青　海	288 659	37.2	40 330	115 717	132 612
宁　夏	223 071	12.3	11 224	26 841	185 006
新　疆	1 386 371	56.6	40 929	460 943	884 498
东　北	**3 291 172**	**22.5**	**105 855**	**1 283 704**	**1 901 613**
辽　宁	1 354 703	15.4	21 866	465 725	867 111
吉　林	872 629	103.1	33 747	553 192	285 690
黑龙江	1 063 840	-1.8	50 242	264 787	748 811

2018年固定通信能力分省情况

	固定长途电话交换机容量		局用交换机容量		其中：接入网设备容量	
	2018年（万路端）	**比2017年**（万路端）	**2018年**（万门）	**比2017年**（万门）	**2018年**（万门）	**比2017年**（万门）
全　国	**392.4**	**-211.1**	**11 440.4**	**-6 958.3**	**10 641.4**	**-5 319.2**
东　部	**211.5**	**-91.1**	**4 522.0**	**-1 234.3**	**4 142.2**	**-722.9**
北　京	37.7	-8.2	1 149.9	-88.2	1115.2	-7.2
天　津	9.6	-1.0	421.8	-31.3	410.3	-8.5
河　北	11.3	-14.2	891.9	-124.7	891.9	-76.1
上　海	35.8	-10.6	480.1	-70.6	480.1	-29.5
江　苏	12.3	-8.9	73.0	-95.2	5.0	-9.1
浙　江	66.8	-11.6	375.7	-103.1	324.8	-85.4
福　建	0.0	-4.1	249.6	-30.6	249.6	-2.5
山　东	12.4	-6.7	357.2	-464.9	357.2	-406.9
广　东	25.8	-24.4	473.8	-228.1	262.4	-106.0
海　南	0.0	-1.5	49.1	2.4	45.8	8.3
中　部	**62.4**	**-44.9**	**2 128.5**	**-617.7**	**2 060.7**	**-177.8**
山　西	17.6	-3.9	267.6	-164.5	266.5	-81.2
安　徽	0.0	-1.8	106.9	-59.8	98.2	-1.2
江　西	8.4	-12.3	346.7	-61.7	326.6	-36.9
河　南	0.0	-18.8	774.2	-103.5	766.3	-15.6
湖　北	0.0	-3.6	322.1	-86.3	303.9	-9.4
湖　南	36.4	-4.6	310.9	-142.0	299.3	-33.4
西　部	**73.5**	**-57.3**	**3 495.8**	**-429.4**	**3 164.8**	**-5.1**
内蒙古	0.0	-4.6	181.5	-56.6	176.0	-6.2
广　西	23.6	-1.8	912.2	-122.0	910.6	-82.4
重　庆	0.0	-6.5	333.4	94.0	305.2	125.5
四　川	16.4	-20.9	598.8	-115.1	563.9	-33.6
贵　州	0.0	-2.7	309.8	-21.5	308.7	-1.0
云　南	18.5	-1.4	682.6	-1.6	442.8	27.7
西　藏	0.0	0.0	0.0	-10.8	0.0	-10.8
陕　西	0.0	-10.1	219.6	-56.0	208.7	-30.7
甘　肃	4.3	-1.5	16.9	-59.3	8.5	-14.1
青　海	6.7	-4.3	7.6	-13.7	7.1	0.6
宁　夏	4.0	-0.8	64.3	-17.9	64.2	-1.8
新　疆	0.0	-2.8	169.2	-48.7	169.2	21.6
东　北	**45.0**	**-13.2**	**1 294.2**	**-4 674.9**	**1 273.6**	**-4413.4**
辽　宁	11.3	-12.1	429.4	-601.1	429.3	-453.6
吉　林	10.3	1.6	256.0	-157.4	254.6	-96.9
黑龙江	23.5	-2.8	608.9	-3 916.4	589.8	-3 863.0
总部及直属	0.0	-4.6	0.0	-2.0	0.0	0.0

2018年移动通信能力分省情况

	移动电话交换机容量		移动电话基站		其中：	
					3G基站	4G基站
	2018年（万户）	比2017年（万户）	2018年（万个）	比2017年（万个）	2018年（万个）	2018年（万个）
全　国	**259 453.1**	**17 267.4**	**667.2**	**48.5**	**116.3**	**372.4**
东　部	**112 161.2**	**12 782.3**	**282.7**	**20.6**	**49.1**	**155.7**
北　京	6 540.0	690.0	16.6	0.8	3.2	9.5
天　津	3 456.0	106.0	6.7	1.1	1.3	3.5
河　北	14 637.0	656.0	29.9	1.0	5.0	17.5
上　海	6 548.0	1 504.0	11.6	1.8	2.0	6.2
江　苏	19 333.7	8 690.0	40.8	2.5	5.5	24.6
浙　江	16 202.0	967.3	40.6	1.6	6.8	22.1
福　建	7 417.6	154.0	23.6	0.5	3.7	13.8
山　东	12 870.4	−420.0	42.3	1.9	7.1	21.3
广　东	23 037.5	0.0	65.1	9.1	13.4	34.2
海　南	2 119.0	435.0	5.5	0.3	1.0	2.9
中　部	**51 540.8**	**413.7**	**141.9**	**6.1**	**24.8**	**79.8**
山　西	6 090.8	528.3	19.0	0.5	3.4	9.5
安　徽	8 224.3	−338.9	22.7	1.1	4.9	12.5
江　西	6 484.9	359.0	19.3	0.4	2.4	10.8
河　南	12 115.5	−123.5	33.8	0.4	5.5	20.1
湖　北	8 502.3	−331.2	23.1	2.0	4.3	12.6
湖　南	10 123.0	320.0	24.0	1.7	4.1	14.2
西　部	**74 940.6**	**3 714.3**	**195.2**	**18.6**	**33.7**	**110.2**
内蒙古	5 969.0	−114.3	14.2	1.9	2.0	7.1
广　西	12 582.0	773.0	18.8	1.0	2.4	10.9
重　庆	4 099.0	0.0	16.2	1.3	2.1	10.0
四　川	16 388.3	0.0	34.2	2.8	4.6	20.3
贵　州	5 605.0	697.0	20.9	1.6	3.6	12.1
云　南	7 627.7	1 600.5	24.8	3.3	3.2	14.6
西　藏	2 820.0	0.0	3.8	0.7	1.4	1.4
陕　西	5 105.5	−6.0	20.9	0.9	3.4	13.1
甘　肃	5 465.1	238.1	15.8	1.8	4.4	7.9
青　海	927.0	0.0	3.7	0.2	0.7	2.0
宁　夏	1 583.0	132.0	3.7	0.5	0.6	2.3
新　疆	6 769.0	394.0	18.1	2.5	5.3	8.7
东　北	**20 810.5**	**357.0**	**47.4**	**3.3**	**8.8**	**26.7**
辽　宁	6 499.2	0.0	22.0	1.2	4.4	12.0
吉　林	5 244.0	140.5	11.3	1.1	2.2	6.4
黑龙江	9 067.4	216.5	14.2	1.0	2.2	8.3

2018年互联网宽带接入端口分省情况

（单位：万个）

	互联网宽带接入端口		其中：				
			*x*DSL端口		LAN端口	FTTH/O端口	
	2018年	比2017年	2018年	比2017年	2018年	2018年	比2017年
全　国	**86 752.3**	**9 153.2**	**1 081.5**	**−1 142.8**	**5 640.9**	**77 137.9**	**11 640.6**
东　部	**40 556.3**	**4 506.3**	**598.4**	**−475.0**	**3 209.2**	**35 525.1**	**5 588.2**
北　京	2 059.9	241.8	56.1	−18.3	20.9	1 757.3	265.3
天　津	897.4	102.1	6.6	−12.5	15.9	819.5	121.6
河　北	4 192.4	65.5	7.2	−43.5	82.4	3 962.8	227.0
上　海	1 871.8	61.6	35.5	−6.2	146.7	1 655.1	160.8
江　苏	7 131.5	599.7	7.4	−32.5	1 013.3	5 934.1	704.1
浙　江	5 971.0	515.9	27.2	−39.9	751.7	5 113.7	536.5
福　建	3 245.0	383.2	35.3	−38.9	382.1	2 761.5	504.1
山　东	6 312.3	715.4	0.1	−26.2	247.5	5 708.1	1 008.6
广　东	8 149.1	1 666.8	391.8	−248.4	507.1	7 168.5	1 895.1
海　南	726.1	154.5	31.2	−8.7	41.8	644.5	165.2
中　部	**17 959.0**	**1 743.4**	**68.0**	**−191.1**	**959.0**	**16 541.5**	**2 184.4**
山　西	1 989.2	149.0	1.8	−21.9	76.3	1 852.8	237.0
安　徽	3 374.0	501.7	9.6	−8.7	198.4	3 110.6	497.7
江　西	2 032.7	46.8	14.0	−38.1	137.6	1 827.3	115.4
河　南	4 780.8	305.0	3.6	−32.8	79.5	4 623.6	367.2
湖　北	2 961.3	355.8	15.5	−15.5	279.2	2 611.3	459.9
湖　南	2 821.1	385.1	23.5	−74.2	188.0	2 515.9	507.1
西　部	**21 356.9**	**2 840.4**	**392.3**	**−399.8**	**1 168.8**	**19 164.1**	**3 506.9**
内蒙古	1 358.4	64.3	1.7	−8.2	29.5	1 238.9	117.2
广　西	2 760.1	543.7	22.5	−66.8	328.6	2 298.8	697.4
重　庆	2 245.7	310.6	50.1	−25.7	93.0	2 020.4	353.0
四　川	5 400.5	697.7	65.3	−56.7	159.5	5 089.8	776.4
贵　州	1 535.4	209.8	12.6	−21.1	149.5	1 302.0	313.7
云　南	1 962.6	300.9	60.9	−36.7	65.5	1 791.9	324.0
西　藏	194.3	39.7	0.4	0.0	5.2	181.9	39.2
陕　西	2 239.6	246.4	58.2	−24.0	213.2	1 886.5	245.1
甘　肃	1 128.0	28.1	8.6	−96.8	41.2	1 056.5	201.2
青　海	355.4	44.9	9.8	−3.6	4.6	338.4	48.7
宁　夏	498.2	83.2	8.3	−5.1	1.5	486.8	87.9
新　疆	1 678.6	271.2	93.9	−55.1	77.6	1 472.6	303.2
东　北	**6 880.2**	**63.1**	**22.8**	**−77.0**	**303.9**	**5 907.3**	**361.2**
辽　宁	3 240.3	121.5	5.2	−49.6	134.5	2 835.6	233.9
吉　林	1 526.7	−234.3	17.6	0.5	74.4	1 275.9	−114.4
黑龙江	2 113.2	175.9	0.0	−27.9	95.0	1 795.8	241.7

2014—2018年电信财务、投资、服务水平发展情况

指 标 名 称	单位	2014年	2015年	2016年	2017年	2018年
电信业务收入	万元	119 079 749.2	116 651 582.2	120 014 943.9	126 369 385.1	130 056 623.8
其中：增值电信业务收入	万元	20 022 400.2	19 087 525.9	15 413 611.1	15 388 596.3	21 628 726.0
固定通信业务收入	万元	33 786 638.0	34 557 632.3	34 179 504.5	35 451 203.2	37 987 962.1
移动通信业务收入	万元	85 939 774.9	82 093 949.9	85 835 439.4	90 918 181.9	92 068 661.7
电信业务成本	万元	65 548 540.8	76 988 874.4	86 129 129.0	86 322 426.6	87 440 376.5
电信利润总额	万元	16 515 594.5	16 454 771.6	15 448 615.2	16 355 392.1	17 668 854.2
电信增加值	万元	66 613 288.9	66 825 088.3	64 141 244.6	66 198 921.8	67 226 839.5
电信资产总额	万元	282 283 474.8	306 411 905.5	318 038 706.3	316 546 767.9	317 517 240.4
电信固定资产原值	万元	353 482 243.0	346 653 244.8	366 967 620.1	383 733 790.9	398 102 367.8
电信固定资产净值	万元	153 441 148.0	147 050 412.0	153 058 285.3	157 437 394.3	157 214 594.9
电信固定资产投资完成额	万元	40 062 001.7	45 248 446.7	43 501 364.5	37 251 756.4	35 073 316.6
固定通信投资	万元	374 952.5	98 819.3	68 682.1	64 034.4	46 102.5
移动通信投资	万元	18 084 370.5	20 570 253.1	22 031 747.1	16 712 019.5	14 119 828.3
互联网及数据通信投资	万元	4 002 363.7	7 163 219.4	8 093 120.0	6 705 050.1	6 535 117.1
创新及增值平台投资	万元	1 414 104.4	1 419 552.1	1 727 914.9	2 235 672.8	2 754 774.3
业务支撑系统投资	万元	1 486 113.3	1 642 739.7	1 577 363.6	1 461 128.7	1 599 432.3
传输投资	万元	9 612 320.4	10 060 741.9	5 934 225.7	6 026 127.6	5 663 245.7
局房及营业场所投资	万元	2 568 707.5	3 027 202.3	2 814 346.2	2 811 076.8	3 033 262.4
其他投资	万元	2 519 069.4	1 265 918.9	1 253 964.9	1 236 646.7	1 321 554.2
移动电话漫游国家和地区						
中国电信	个	258	245	245	262	262
中国移动	个	251	255	255	257	260
中国联通	个	251	251	258	252	253
固定电话普及率	部/百人	18.2	16.8	14.9	13.9	13.8
移动电话普及率	部/百人	94.0	92.5	95.6	102.0	112.2
互联网宽带接入普及率	%	14.7	18.9	21.5	25.1	29.2

2018年电信主要经济效益分省情况（一）

（单位：万元）

	电信业务收入	其中：增值业务收入	电信业务收入中：		电信业务成本
			固定通信	移动通信	
全　国	**130 056 623.8**	**21 628 726.0**	**37 987 962.1**	**92 068 661.7**	**87 440 376.5**
东　部	**64 164 324.8**	**12 912 722.7**	**21 527 022.9**	**42 637 299.9**	**41 100 737.0**
北　京	6 035 993.1	2 211 964.6	2 719 394.9	3 316 598.2	3 665 023.4
天　津	1 530 252.7	214 737.4	571 011.4	959 241.4	1 202 339.3
河　北	4 711 764.9	598 546.1	1 171 146.7	3 540 617.3	3 432 317.1
上　海	5 716 625.6	1 658 594.6	2 914 159.8	2 802 465.8	3 589 210.5
江　苏	9 492 561.7	1 747 260.1	3 117 060.9	6 375 500.8	5 843 627.7
浙　江	7 898 493.8	1 508 330.3	2 548 166.7	5 350 327.1	5 039 376.6
福　建	4 325 387.9	804 176.9	1 279 904.6	3 045 483.3	2 896 764.2
山　东	6 749 646.2	977 143.8	1 863 064.5	4 886 581.7	4 472 458.9
广　东	16 660 511.1	3 012 287.8	5 098 084.3	11 562 425.8	10 252 776.7
海　南	1 043 087.8	179 681.2	245 029.2	798 058.6	706 842.8
中　部	**24 971 307.4**	**3 370 238.6**	**5 882 065.7**	**19 089 241.7**	**16 437 282.6**
山　西	2 446 695.6	309 148.7	644 386.5	1 802 310.1	1 973 129.9
安　徽	4 139 229.0	571 738.8	944 104.9	3 195 124.1	2 589 169.7
江　西	2 918 456.2	432 793.1	809 519.6	2 108 936.6	1 906 441.3
河　南	6 336 882.1	781 688.6	1 320 361.3	5 016 520.8	4 281 506.1
湖　北	4 464 668.2	638 420.8	1 150 651.0	3 314 016.3	2 874 318.3
湖　南	4 665 376.3	636 448.6	1 013 042.4	3 652 333.9	2 812 717.3
西　部	**29 904 425.3**	**3645 447.7**	**7 379 931.1**	**22 524 495.3**	**21 960 639.4**
内蒙古	2 101 572.3	216 932.6	534 269.5	1 567 302.8	1 829 865.2
广　西	3 352 846.4	346 641.3	863 713.2	2 489 133.2	2 322 675.9
重　庆	2 572 892.2	275 382.0	725 913.4	1 846 978.8	1 891 819.2
四　川	6 273 826.5	863 359.9	1 863 200.5	4 410 626.0	4 391 338.2
贵　州	2 904 161.2	302 068.4	552 095.9	2 352 065.3	1 887 770.6
云　南	3 486 340.9	424 909.4	630 259.3	2 856 082.6	2 289 063.8
西　藏	545 972.5	93 628.7	155 809.0	390 163.4	522 890.6
陕　西	3 431 689.2	453 480.4	749 557.8	2 682 131.5	2 441 516.7
甘　肃	1 824 387.1	270 100.0	434 493.3	1 389 893.9	1 548 324.6
青　海	565 978.1	69 937.3	139 954.0	426 024.1	459 182.7
宁　夏	622 656.8	76 667.4	173 787.4	448 869.4	532 360.9
新　疆	2 222 102.2	252 340.2	556 877.9	1 665 224.3	1 843 831.1
东　北	**7 644 494.6**	**997 931.1**	**2 067 120.5**	**5 577 373.1**	**6 239 724.0**
辽　宁	3 603 549.1	485 972.9	1 029 287.7	2 574 261.5	2 765 678.1
吉　林	1 763 591.5	190 780.6	428 631.4	1 334 959.1	1 543 598.3
黑龙江	2 277 353.9	321 177.6	609 201.4	1 668 152.6	1 930 447.5
总部及直属	3 372 069.6	702 386.9	1 131 820.0	2 240 250.6	1 701 994.6

2018年电信主要经济效益分省情况（二）

（单位：万元）

	电信利润总额	增加值	资产总额	固定资产原值	固定资产净值
全　国	**17 668 854.2**	**67 226 839.5**	**317 517 240.4**	**398 102 367.8**	**157 214 594.9**
东　部	**12 992 032.7**	**33 659 569.4**	**142 198 359.5**	**176 123 751.3**	**66 865 407.0**
北　京	1 632 000.9	3 380 375.2	12 208 111.1	16 185 382.9	5 710 668.8
天　津	75 826.7	716 232.5	3 239 386.4	5 155 263.1	1 976 999.2
河　北	357 259.1	2 092 892.5	9 571 067.1	15 549 393.8	6 053 100.6
上　海	1 016 771.5	2 779 177.1	12 545 965.7	15 304 523.1	5 454 068.3
江　苏	1 770 612.9	4 904 494.5	18 135 114.5	23 792 344.6	9 456 321.0
浙　江	1 641 602.9	4 516 728.1	19 096 097.3	20 521 267.8	8 289 916.6
福　建	672 474.1	2 236 784.7	9 255 895.1	13 279 516.8	5 107 786.4
山　东	1 077 197.8	3 431 987.5	12 908 046.2	20 674 974.2	7 596 462.6
广　东	4 615 229.4	9 107 269.3	43 165 179.7	42 776 311.7	16 035 066.1
海　南	133 057.5	493 627.9	2 073 496.3	2 884 773.3	1 185 017.3
中　部	**3 589 193.4**	**12 160 467.6**	**46 007 658.9**	**67 030 380.2**	**27 538 869.1**
山　西	44.8	1 116 736.3	5 066 133.6	9 122 929.9	3 645 527.7
安　徽	686 609.6	2 099 430.9	7 390 192.3	10 529 692.6	4 398 997.8
江　西	400 331.0	1 420 045.3	5 269 096.5	7 224 583.6	3 075 319.1
河　南	896 456.1	2 950 998.9	11 538 433.8	17 120 432.3	7 164 275.1
湖　北	815 014.7	2 330 434.1	8 114 354.6	12 233 533.2	4 540 250.3
湖　南	790 737.3	2 242 822.1	8 629 448.1	10 799 208.5	4 714 499.0
西　部	**1806 425.9**	**13 241 439.2**	**57 106 940.7**	**88 628 092.7**	**37 685 684.8**
内蒙古	−258 658.1	748 497.2	4 900 400.1	8 699 574.6	3 607 140.6
广　西	414 813.2	1 562 082.6	6 187 153.7	8 778 831.0	3 551 747.2
重　庆	207 462.1	1 161 036.9	4 705 616.0	8 304 178.7	3 437 132.8
四　川	841 638.8	3 088 402.4	11 368 642.1	15 684 063.9	6 771 694.8
贵　州	465 267.5	1 458 505.2	4 976 577.6	7 204 728.4	3 357 213.2
云　南	531 594.1	1 706 552.7	5 996 617.3	9 906 441.7	3 827 668.8
西　藏	−143 888.3	96 844.4	1 551 714.8	1 978 887.5	946 859.0
陕　西	251 201.2	1 603 877.1	6 147 514.5	9 805 174.2	4 186 815.1
甘　肃	−142 019.8	638 694.6	3 965 618.2	6 197 762.6	2 760 031.5
青　海	−57 829.1	221 952.8	1 302 481.8	1 944 944.6	860 345.9
宁　夏	−101 748.3	177 269.2	1 332 041.8	2 188 599.4	979 204.4
新　疆	−201 407.3	777 724.2	4 672 562.7	7 934 906.3	3 399 831.7
东　北	**−195 316.6**	**3 265 426.7**	**16 800 698.5**	**30 660 419.0**	**11 788 841.3**
辽　宁	150 372.5	1 660 511.8	7 575 113.6	13 387 887.3	5 078 714.9
吉　林	−231 749.0	614 444.5	3 742 346.0	7 299 235.8	2 761 553.8
黑龙江	−113 940.2	990 470.5	5 483 238.8	9 973 295.8	3 948 572.6
总部及直属	−523 483.2	4 899 937.6	55 403 581.9	35 659 723.7	13 335 792.7

2018年电信固定资产投资分省情况

（单位：万元）

	电信固定资产投资	其中：							
		固定通信	移动通信	互联网及数据	创新及增值平台	业务支撑系统	传输投资	局房及营业场所	其他投资
全　国	**35 073 316.6**	**46 102.5**	**14 119 828.3**	**6 535 117.1**	**2 754 774.3**	**1 599 432.3**	**5 663 245.7**	**3 033 262.4**	**1 321 554.2**
东　部	**14 505 474.2**	**23 977.9**	**5 917 189.1**	**2 755 544.0**	**1 006 604.2**	**610 617.5**	**2 312 509.0**	**1 589 666.2**	**289 366.4**
北　京	1 300 216.4	3 116.3	522 711.4	214 056.8	63 863.6	82 477.4	192 472.9	194 539.4	26 978.6
天　津	459 259.1	411.8	176 448.6	77 209.9	19 064.1	28 632.9	58 783.1	74 128.6	24 580.2
河　北	1 281 483.4	2 623.0	583 862.6	230 163.9	64 365.1	44 166.1	181 669.8	150 543.9	24 089.1
上　海	1 271 352.3	2 533.5	323 796.5	257 918.1	143 757.2	62 849.7	225 380.7	209 509.1	45 607.5
江　苏	2 010 248.0	5 064.6	824 640.2	402 662.5	148 189.0	57 255.6	266 981.8	280 785.8	24 668.6
浙　江	1 859 057.1	2 485.0	766 929.8	334 373.7	183 882.6	67 189.7	293 938.9	150 621.6	59 635.9
福　建	1 037 813.3	683.2	424 827.4	202 668.9	75 699.7	41 406.9	180 722.4	121 346.8	−9 542.0
山　东	1 568 341.2	854.8	751 177.9	255 064.2	102 848.3	60 735.9	225 377.6	136 779.6	35 502.8
广　东	3 402 146.8	5 103.9	1391 688.0	720 570.3	194 147.7	155 449.9	635 432.7	247 517.5	52 236.7
海　南	315 556.6	1 101.9	151 106.7	60 855.7	10 786.9	10 453.4	51 749.0	23 894.0	5 609.1
中　部	**6 424 913.2**	**5 066.1**	**2863 919.3**	**1 363 339.8**	**359 631.1**	**210 764.2**	**1 092 319.5**	**483 107.1**	**46 766.0**
山　西	805 519.7	802.2	300 921.5	163 944.7	45 799.8	33 458.5	152 730.2	86 645.3	21 217.4
安　徽	1 058 117.4	2 587.0	413 047.3	314 160.9	47 308.4	48 267.2	147 794.0	74 788.3	10 164.5
江　西	753 037.0	439.5	403 042.9	152 377.3	42 736.4	28 743.2	83 058.1	56 168.1	−13 528.6
河　南	1 518 366.7	613.7	735 899.1	177 370.9	86 254.1	26 861.2	337 227.6	122 800.6	31 339.4
湖　北	1 094 311.4	512.5	479 133.4	261 267.7	54 609.0	34 284.7	178 615.7	79 289.7	6 598.6
湖　南	1 195 561.1	111.2	531 875.1	294 218.2	82 923.4	39 149.4	192 893.8	63 415.3	−9 025.3
西　部	**9 551 603.9**	**11 770.1**	**4215 725.5**	**2 022 423.7**	**685 320.0**	**337 158.6**	**1 634 144.8**	**598 364.4**	**46 696.8**
内蒙古	864 591.9	526.7	276 008.4	134 508.6	207 810.8	29 665.1	141 871.2	54 517.3	19 683.8
广　西	1 067 835.3	996.6	437 252.5	258 631.1	44 513.2	44 780.7	202 433.0	67 510.7	11 717.5
重　庆	802 672.1	229.7	395 365.8	165 612.2	39 973.4	25 264.2	121 721.7	52 574.3	1 930.8
四　川	1 652 521.9	3 438.8	730 891.9	424 535.7	84 523.6	52 531.3	260 598.5	103 840.6	−7 838.3
贵　州	822 950.6	918.2	440 133.0	164 383.3	30 874.9	20 519.9	126 081.0	46 778.8	−6 738.6
云　南	912 677.4	784.7	438 108.5	137 084.6	49 361.6	40 692.1	139 064.9	74 413.4	33 167.6
西　藏	436 147.6	497.8	191 836.7	82 592.0	19 558.1	12 103.6	103 370.1	21 356.4	4 833.0
陕　西	1 012 711.0	3 302.2	514 264.5	166 014.7	63 752.5	42 428.2	164 608.0	64 316.7	−5 976.0
甘　肃	644 424.4	346.2	257 690.1	110 287.1	69 059.6	20 174.0	144　115.4	37 095.5	5 656.5
青　海	236 111.9	10.5	95 194.3	60 696.7	21 417.0	12 277.6	37 858.6	14 453.1	−5 795.8
宁　夏	263 973.0	43.3	100 367.4	62 554.5	14 670.6	10 980.4	50 535.8	15 736.2	9 084.9
新　疆	834 986.8	675.5	338 612.4	255 523.3	39 804.8	25 741.5	141 886.5	45 771.4	−13 028.6
东　北	**2 346 299.5**	**3 382.6**	**1 044 407.5**	**400 281.4**	**203 030.5**	**80 702.2**	**393 397.3**	**165 341.6**	**55 756.5**
辽　宁	959 885.7	1 431.3	405 851.6	138 247.9	59 307.7	31 317.9	217 893.3	74 176.0	31 660.1
吉　林	557 815.9	1 536.4	262 777.9	119 215.9	18 439.7	23 242.2	65 477.6	52 497.0	14 629.2
黑龙江	828 597.9	414.9	375 778.0	142 817.6	125 283.1	26 142.1	110 026.5	38 668.6	9 467.2
总部及直属	2 245 025.9	1 905.9	78 586.9	−6471.8	500 188.5	360 189.8	230 875.1	196 783.0	882 968.5

2018年电信通信水平分省情况

	固定电话普及率（部/百人）	移动电话普及率（部/百人）	互联网宽带接入普及率（%）	城市互联网宽带接入普及率（%）	农村互联网宽带接入普及率（%）	家庭互联网宽带接入普及率（%）
全　国	**13.8**	**112.2**	**29.2**	**34.9**	**20.8**	**86.2**
东　部	**17.0**	**127.8**	**34.2**	**35.6**	**31.3**	**100.4**
北　京	26.8	186.1	29.7	30.6	23.3	80.6
天　津	21.6	105.7	28.1	31.8	10.0	78.1
河　北	9.2	108.5	28.6	30.5	26.0	87.9
上　海	27.4	153.6	31.9	31.9	0.0	75.0
江　苏	17.6	121.7	41.6	37.6	50.9	116.9
浙　江	22.0	144.8	46.3	44.3	50.6	132.2
福　建	19.9	115.5	41.3	40.9	42.2	120.8
山　东	10.3	105.2	28.7	31.5	24.4	81.7
广　东	19.5	148.3	31.7	37.0	18.9	106.0
海　南	18.4	116.2	29.9	35.6	21.6	105.4
中　部	**9.0**	**93.7**	**25.9**	**32.4**	**17.7**	**77.6**
山　西	7.4	106.6	26.7	36.6	12.7	72.1
安　徽	9.1	87.5	26.3	29.6	22.3	74.1
江　西	10.0	87.0	28.5	34.9	20.3	92.0
河　南	8.1	97.4	26.1	35.7	15.7	82.8
湖　北	10.2	94.1	25.0	30.1	17.3	69.2
湖　南	9.4	91.4	23.7	28.9	17.1	75.4
西　部	**13.6**	**109.1**	**26.9**	**36.1**	**16.5**	**78.4**
内蒙古	8.4	120.1	24.8	33.5	10.2	64.5
广　西	6.7	102.4	25.0	30.5	19.4	86.3
重　庆	19.1	117.7	34.5	42.1	20.2	94.5
四　川	22.0	108.7	31.5	40.6	21.4	81.1
贵　州	6.8	109.5	20.3	33.2	8.7	59.2
云　南	6.3	96.5	21.1	30.9	12.1	64.8
西　藏	18.0	90.8	22.7	61.7	5.1	82.2
陕　西	16.8	121.3	27.4	34.4	17.6	83.6
甘　肃	12.6	103.7	28.2	37.0	20.1	88.6
青　海	19.9	113.8	25.3	36.1	12.5	64.3
宁　夏	8.1	128.0	31.5	43.1	15.0	96.0
新　疆	17.7	108.7	26.0	35.7	16.0	80.6
东　北	**14.1**	**108.1**	**23.4**	**29.2**	**13.6**	**62.5**
辽　宁	15.8	112.0	26.1	31.1	15.4	68.6
吉　林	17.7	111.0	21.8	31.8	8.2	61.0
黑龙江	9.5	101.6	21.5	25.1	16.0	56.5

2014—2018年固定电话普及率分省情况

（单位：部/百人）

	2014年	2015年	2016年	2017年	2018年
全　国	**18.2**	**16.8**	**14.9**	**13.9**	**13.8**
东　部	**23.7**	**21.6**	**19.2**	**17.5**	**17.0**
北　京	38.6	36.1	32.0	29.9	26.8
天　津	23.8	22.2	19.9	19.0	21.6
河　北	14.7	13.2	11.4	10.2	9.2
上　海	34.6	33.0	30.2	28.6	27.4
江　苏	26.8	24.7	21.4	18.8	17.6
浙　江	29.8	26.6	23.0	21.4	22.0
福　建	24.5	23.1	21.1	19.9	19.9
山　东	14.5	11.4	9.8	8.8	10.3
广　东	27.5	25.9	23.7	21.5	19.5
海　南	18.8	18.8	18.4	17.3	18.4
中　部	**13.4**	**12.1**	**10.0**	**9.2**	**9.0**
山　西	15.2	12.1	9.3	8.2	7.4
安　徽	13.8	12.0	9.9	8.8	9.1
江　西	12.7	12.4	11.3	10.3	10.0
河　南	12.1	10.7	8.4	7.7	8.1
湖　北	15.6	14.9	12.4	11.2	10.2
湖　南	12.5	11.6	10.0	9.8	9.4
西　部	**14.5**	**13.8**	**13.1**	**13.1**	**13.6**
内蒙古	14.3	12.9	10.6	9.2	8.4
广　西	10.5	9.2	7.2	6.3	6.7
重　庆	19.4	18.5	17.8	18.4	19.1
四　川	15.9	16.5	18.0	19.7	22.0
贵　州	9.7	8.9	7.3	6.9	6.8
云　南	9.1	8.0	7.0	6.3	6.3
西　藏	11.3	10.8	11.7	14.0	18.0
陕　西	19.9	19.1	17.8	16.2	16.8
甘　肃	13.2	12.5	12.0	12.4	12.6
青　海	17.2	17.7	17.2	17.8	19.9
宁　夏	15.5	12.6	10.5	9.1	8.1
新　疆	22.3	21.2	19.6	19.0	17.7
东　北	**21.6**	**20.1**	**17.5**	**15.7**	**14.1**
辽　宁	26.2	23.6	20.3	17.8	15.8
吉　林	20.9	20.8	19.0	18.3	17.7
黑龙江	16.7	15.6	13.1	11.4	9.5

2014—2018年移动电话普及率分省情况

（单位：部/百人）

	2014年	2015年	2016年	2017年	2018年
全　国	**94.0**	**92.5**	**95.6**	**102.0**	**112.2**
东　部	**113.4**	**111.5**	**113.5**	**117.4**	**127.8**
北　京	189.5	181.7	178.1	172.9	186.1
天　津	89.1	88.5	96.0	101.5	105.7
河　北	84.4	82.6	95.3	100.8	108.5
上　海	135.7	129.7	130.4	136.4	153.6
江　苏	101.4	100.2	102.5	109.7	121.7
浙　江	133.8	131.5	129.3	134.2	144.8
福　建	112.4	108.2	107.4	109.8	115.5
山　东	88.5	92.3	96.5	99.4	105.2
广　东	139.3	133.5	130.5	132.5	148.3
海　南	100.4	98.2	102.7	108.8	116.2
中　部	**75.9**	**74.6**	**77.4**	**84.6**	**93.7**
山　西	91.3	88.5	91.4	98.5	106.6
安　徽	69.3	68.2	70.1	78.1	87.5
江　西	64.7	66.4	68.4	74.6	87.0
河　南	81.7	79.5	82.8	89.5	97.4
湖　北	79.2	77.4	79.6	84.6	94.1
湖　南	70.1	69.2	73.2	82.8	91.4
西　部	**84.9**	**84.3**	**88.6**	**97.1**	**109.1**
内蒙古	105.2	94.7	98.0	112.4	120.1
广　西	74.8	75.0	78.0	89.8	102.4
重　庆	86.6	90.8	94.5	106.5	117.7
四　川	81.2	82.9	88.3	92.7	108.7
贵　州	82.2	83.3	86.7	97.4	109.5
云　南	79.5	78.9	82.6	88.1	96.5
西　藏	91.9	82.9	85.9	86.1	90.8
陕　西	95.6	94.0	100.0	110.0	121.3
甘　肃	79.5	81.0	84.4	96.2	103.7
青　海	93.2	87.9	91.0	102.1	113.8
宁　夏	104.0	95.3	106.2	116.2	128.0
新　疆	90.4	86.0	88.9	92.1	108.7
东　北	**96.6**	**92.4**	**96.5**	**103.7**	**108.1**
辽　宁	103.3	97.9	101.1	108.9	112.0
吉　林	94.9	91.2	97.1	105.6	111.0
黑龙江	90.2	87.4	90.7	96.5	101.6

2018年地（市）电信用户发展情况

	固定电话用户（户）	固定电话普及率（部/百人）	移动电话用户（户）	移动电话普及率（部/百人）	互联网宽带接入用户（户）	互联网宽带接入普及率（部/百人）	电信业务收入（万元）
北京市	**5 774 109**	**26.57**	**40 092 157**	**184.51**	**6 388 021**	**29.40**	**6 035 993**
天津市	**3 370 605**	**21.58**	**16 484 899**	**105.53**	**4 379 121**	**28.03**	**1 530 253**
河北省	**6 979 605**	**9.34**	**81 956 429**	**109.71**	**21 597 686**	**28.91**	**4 711 765**
石家庄市	1 236 123	11.90	13 755 732	132.41	3 736 624	35.97	835 050
唐山市	978 018	12.76	9 363 376	122.14	2 412 834	31.47	535 489
秦皇岛市	421 895	13.96	3 721 146	123.11	1 202 307	39.78	232 089
邯郸市	555 000	5.98	9 579 506	103.14	1 737 522	18.71	405 350
邢台市	536 052	7.44	6 679 243	92.76	1 847 747	25.66	402 018
保定市	984 809	8.68	11 761 921	103.63	3 119 124	27.48	691 675
张家口市	281 312	6.39	4 538 150	103.16	1 237 322	28.13	263 601
承德市	238 242	6.80	3 718 256	106.06	962 619	27.46	224 750
沧州市	694 279	9.59	7 799 451	107.71	2 136 249	29.50	427 705
廊坊市	517 189	11.65	6 416 005	144.57	1 930 724	43.51	473 229
衡水市	536 686	12.22	4 623 643	105.28	1 274 614	29.02	211 613
山西省	**2 765 886**	**7.51**	**39 615 371**	**107.60**	**9 910 304**	**26.92**	**2 446 696**
太原市	944 791	22.20	7 967 600	187.25	1 894 028	44.51	610 808
大同市	172 452	5.13	3 437 953	102.33	828 090	24.65	208 704
阳泉市	100 658	7.30	1 679 389	121.74	467 231	33.87	90 405
长治市	225 253	6.69	3 432 888	102.02	893 570	26.56	192 087
晋城市	174 782	7.63	2 560 457	111.73	652 812	28.49	144 487
朔州市	97 102	5.60	1 737 851	100.18	378 730	21.83	100 436
晋中市	271 316	8.26	3 628 796	110.41	970 680	29.53	220 051
运城市	286 340	5.50	4 747 637	91.27	1 370 411	26.34	268 835
忻州市	129 489	4.17	2 972 226	95.75	673 693	21.70	165 876
临汾市	197 553	4.53	4 036 766	92.54	1 024 550	23.49	245 103
吕梁市	166 150	4.40	3 413 808	90.42	756 509	20.04	201 889
内蒙古自治区	**2 134 607**	**8.47**	**30 444 407**	**120.81**	**6 282 794**	**24.93**	**2 101 572**
呼和浩特市	525 263	17.83	4 683 079	158.93	955 993	32.44	426 113
包头市	244 040	8.94	3 795 030	139.01	706 813	25.89	231 430

（续表）

	固定电话用户（户）	固定电话普及率（部/百人）	移动电话用户（户）	移动电话普及率（部/百人）	互联网宽带接入用户（户）	互联网宽带接入普及率（部/百人）	电信业务收入（万元）
乌海市	68 088	12.41	841 545	153.34	195 287	35.58	59 186
赤峰市	280 300	6.49	4 512 275	104.46	907 735	21.01	277 638
通辽市	142 543	4.56	3 140 184	100.43	623 017	19.93	216 105
鄂尔多斯市	157 521	7.86	2 834 896	141.48	531 108	26.50	220 333
呼伦贝尔市	249 204	9.84	3 066 515	121.06	657 872	25.97	189 896
巴彦淖尔市	175 919	10.53	2 017 217	120.74	443 477	26.54	132 700
乌兰察布市	115 805	5.43	1 970 413	92.36	382 547	17.93	116 764
兴安盟	74 064	4.61	1 782 281	110.99	351 635	21.90	110 699
锡林郭勒盟	69 624	6.69	1 498 031	144.03	291 022	27.98	107 176
阿拉善盟	29 343	12.28	302 941	126.79	88 734	37.14	34 639
辽宁省	**6 902 171**	**15.77**	**48 807 392**	**111.49**	**11 359 929**	**25.95**	**3 603 549**
沈阳市	1 364 429	18.81	12 754 553	175.82	2 391 983	32.97	1 083 094
大连市	1 609 827	27.25	8 936 267	151.28	1 811 954	30.67	843 574
鞍山市	448 843	12.80	3 656 384	104.26	984 448	28.07	281 366
抚顺市	268 621	12.24	2 068 320	94.24	624 615	28.46	153 106
本溪市	150 630	9.83	1 569 701	102.41	433 154	28.26	120 594
丹东市	497 336	20.67	2 305 861	95.85	682 285	28.36	191 835
锦州市	463 857	15.06	2 870 738	93.20	786 284	25.53	199 025
营口市	299 557	12.76	2 358 388	100.45	688 815	29.34	212 294
阜新市	237 016	12.37	1 657 588	86.49	532 448	27.78	116 396
辽阳市	184 706	10.25	1 834 918	101.82	497 226	27.59	132 823
盘锦市	248 885	19.32	1 613 277	125.25	405 484	31.48	135 590
铁岭市	192 084	6.35	2 286 974	75.60	611 432	20.21	166 251
朝阳市	447 299	13.15	2 475 997	72.81	682 054	20.06	174 765
葫芦岛市	316 663	11.29	2 418 426	86.25	667 729	23.81	166 138
吉林省	**4 778 689**	**17.48**	**30 010 558**	**109.81**	**5 882 213**	**21.52**	**1 763 592**
长春市	1 658 873	21.91	10 699 820	141.35	1 970 092	26.03	745 941
吉林市	608 444	14.11	4 621 989	107.20	1 014 249	23.52	278 117
四平市	331 044	9.85	3 122 899	92.92	590 350	17.57	165 174
辽源市	216 718	17.77	1 197 554	98.21	227 989	18.70	65 009

（续表）

	固定电话用户（户）	固定电话普及率（部/百人）	移动电话用户（户）	移动电话普及率（部/百人）	互联网宽带接入用户（户）	互联网宽带接入普及率（部/百人）	电信业务收入（万元）
通化市	458 207	20.43	2 060 835	91.87	485 101	21.62	124 692
白山市	336 310	26.32	1 234 014	96.59	281 455	22.03	72 473
松原市	368 714	12.71	2 828 967	97.51	437 905	15.09	138 741
白城市	272 256	13.63	2 024 920	101.37	356 845	17.86	106 765
延边朝鲜族自治州	613 007	28.77	2 219 561	104.15	518 228	24.32	154 069
黑龙江省	**3 601 951**	**9.48**	**38 336 312**	**100.91**	**8 106 665**	**21.34**	**2 277 354**
哈尔滨市	1 447 987	14.58	12 297 352	123.86	2 391 599	24.09	832 862
齐齐哈尔市	316 475	5.67	4 128 957	73.98	942 102	16.88	223 145
鸡西市	148 182	7.97	1 856 452	99.85	442 907	23.82	92 707
鹤岗市	61 280	5.65	1 263 701	116.53	241 397	22.26	60 318
双鸭山市	128 159	8.52	1 504 147	100.00	337 243	22.42	72 458
大庆市	205 635	7.30	3 813 279	135.37	710 504	25.22	207 241
伊春市	98 065	7.91	1 037 108	83.62	286 580	23.11	59 004
佳木斯市	229 218	9.22	2 946 637	118.52	650 333	26.16	146 193
七台河市	46 263	5.00	868 921	93.96	202 175	21.86	47 550
牡丹江市	250 963	9.42	2 636 198	98.92	674 906	25.32	146 168
黑河市	179 893	10.41	1 462 533	84.64	348 496	20.17	80 568
绥化市	434 481	7.57	4 082 023	71.15	731 920	12.76	198 367
大兴安岭地区	55 350	10.83	439 004	85.87	146 503	28.66	27 093
上海市	**6 631 921**	**27.41**	**37 222 806**	**153.83**	**7 729 169**	**31.94**	**5 716 626**
江苏省	**14 183 295**	**17.73**	**97 940 059**	**122.45**	**33 518 740**	**41.91**	**9 492 562**
南京市	2 011 652	24.65	12 840 631	157.35	4 519 754	55.39	1 442 515
无锡市	1 378 150	21.33	9 640 731	149.25	3 331 804	51.58	1 055 166
徐州市	945 459	11.04	9 037 388	105.54	2 904 546	33.92	675 499
常州市	1 025 024	21.86	6 539 338	139.46	2 367 576	50.49	703 604
苏州市	2 555 110	24.25	17 831 947	169.25	5 881 489	55.82	2 153 584
南通市	1 355 429	18.56	8 134 931	111.39	2 920 501	39.99	730 930
连云港市	578 032	13.12	4 475 263	101.61	1 509 013	34.26	347 822
淮安市	416 659	8.69	4 586 321	95.60	1 516 138	31.60	351 865
盐城市	691 121	9.58	6 857 786	95.04	2 285 563	31.67	553 825

（续表）

	固定电话用户（户）	固定电话普及率（部/百人）	移动电话用户（户）	移动电话普及率（部/百人）	互联网宽带接入用户（户）	互联网宽带接入普及率（部/百人）	电信业务收入（万元）
扬州市	946 332	21.21	5 084 899	113.96	1 811 002	40.59	458 482
镇江市	603 192	19.12	3 556 093	112.70	1 333 085	42.25	330 268
泰州市	798 985	17.25	4 709 035	101.67	1 661 124	35.86	428 378
宿迁市	335 254	7.00	4 645 696	96.96	1 477 145	30.83	374 002
浙江省	**12 608 485**	**22.56**	**83 087 511**	**148.64**	**26 537 868**	**47.47**	**7 898 494**
杭州市	2 411 748	27.41	17 170 541	195.14	4 874 755	55.40	1 988 689
宁波市	2 068 308	27.09	12 928 209	169.30	4 196 568	54.96	1 176 048
温州市	1 358 465	14.85	12 709 591	138.91	4 036 527	44.12	1 105 361
嘉兴市	811 446	17.88	6 289 701	138.56	2 085 294	45.94	546 981
湖州市	627 224	21.57	3 952 062	135.94	1 412 776	48.60	335 069
绍兴市	1 082 449	21.91	6 226 883	126.02	2 204 759	44.62	564 102
金华市	916 829	16.97	8 654 370	160.16	2 825 534	52.29	740 147
衢州市	305 314	14.38	2 486 187	117.14	923 602	43.52	174 599
舟山市	251 506	22.08	1 624 536	142.61	543 955	47.75	131 132
台州市	908 247	15.13	8 404 056	139.99	2 493 046	41.53	682 336
丽水市	334 880	15.79	2 641 375	124.52	887 035	41.82	188 169
安徽省	**5 763 311**	**9.30**	**55 357 758**	**89.35**	**16 624 184**	**26.83**	**4 139 229**
合肥市	1 179 157	15.55	10 064 975	132.69	3 150 629	41.54	932 475
芜湖市	395 959	11.06	3 713 253	103.69	1 237 846	34.57	295 282
蚌埠市	293 427	9.20	2 888 723	90.60	840 052	26.35	235 307
淮南市	240 239	10.27	2 666 778	113.96	801 134	34.24	208 990
马鞍山市	257 878	11.74	2 277 090	103.71	699 774	31.87	170 519
淮北市	168 444	7.91	1 839 082	86.41	606 644	28.50	132 140
铜陵市	155 735	21.23	1 241 663	169.27	412 199	56.19	95 636
安庆市	413 341	7.77	3 744 953	70.41	1 125 309	21.16	264 711
黄山市	209 003	15.46	1 307 773	96.74	463 576	34.29	105 739
滁州市	332 490	8.44	3 485 133	88.52	1 059 825	26.92	261 665
阜阳市	382 957	5.02	6 195 862	81.16	1 710 588	22.41	440 832
宿州市	255 359	4.74	4 519 525	83.94	1 234 540	22.93	302 345
六安市	274 975	4.87	3 631 540	64.28	1 012 216	17.92	275 049

（续表）

	固定电话用户（户）	固定电话普及率（部/百人）	移动电话用户（户）	移动电话普及率（部/百人）	互联网宽带接入用户（户）	互联网宽带接入普及率（部/百人）	电信业务收入（万元）
亳州市	201 356	4.11	3 945 342	80.54	1 083 104	22.11	269 857
池州市	162 328	11.45	13 44 462	94.82	415 876	29.33	97 553
宣城市	249 568	9.78	2 491 604	97.66	770 872	30.21	198 682
福建省	**7 853 455**	**20.27**	**45 535 218**	**117.54**	**16 291 174**	**42.05**	**4 325 388**
福州市	1 610 785	22.15	9 571 577	131.63	3 353 951	46.12	1 079 946
厦门市	1 174 628	31.99	6 313 843	171.93	2 375 956	64.70	692 231
莆田市	559 831	19.91	3 222 808	114.60	1 200 768	42.70	265 714
三明市	439 518	17.60	2 775 735	111.14	950 611	38.06	231 664
泉州市	1 714 202	20.68	10 076 983	121.58	3 511 829	42.37	967 956
漳州市	840 915	17.17	4 990 643	101.88	1 708 189	34.87	405 360
南平市	433 048	16.46	2 873 140	109.22	1 075 034	40.87	232 209
龙岩市	574 705	22.36	2 528 768	98.38	984 095	38.28	195 109
宁德市	444 513	15.63	2 791 412	98.17	983 088	34.57	218 657
平潭	61 310	15.08	390 309	95.98	147 653	36.31	36 541
江西省	**4 653 940**	**10.13**	**40 434 649**	**88.05**	**13 233 647**	**28.82**	**2 918 456**
南昌市	905 369	17.66	6 968 141	135.89	2 378 547	46.39	628 708
景德镇市	153 941	9.56	1 546 545	96.03	573 085	35.58	118 622
萍乡市	239 167	12.77	1 714 089	91.51	597 593	31.91	116 438
九江市	655 370	13.72	4 274 257	89.47	1 522 686	31.87	304 044
新余市	113 826	9.89	1 243 290	107.99	438 396	38.08	81 447
鹰潭市	131 543	11.57	1 055 461	92.84	374 331	32.93	74 917
赣州市	877 051	10.36	7 642 935	90.31	2261 159	26.72	528 396
吉安市	351 823	7.25	3 807 317	78.43	1 192 873	24.57	229 396
宜春市	460 922	8.45	4 321 021	79.18	1 385 965	25.40	289 671
抚州市	177 520	4.49	2 946 050	74.52	975 279	24.67	203 492
上饶市	594 365	8.97	4 915 543	74.15	1 533 734	23.14	335 685
山东省	**10 315 590**	**10.37**	**105 695 679**	**106.26**	**28 848 181**	**29.00**	**6 749 646**
济南市	1 566 446	22.54	10 220 316	147.08	3 075 841	44.27	844 992
青岛市	1 463 577	16.52	12 587 959	142.07	3 345 684	37.76	1 132 576
淄博市	613 099	13.39	5 210 355	113.76	1 400 405	30.58	336 153

（续表）

	固定电话用户（户）	固定电话普及率（部/百人）	移动电话用户（户）	移动电话普及率（部/百人）	互联网宽带接入用户（户）	互联网宽带接入普及率（部/百人）	电信业务收入（万元）
枣庄市	343 357	9.11	3 656 222	97.01	1 102 953	29.26	209 689
东营市	322 426	15.58	2 727 959	131.81	877 503	42.40	201 590
烟台市	786 413	11.26	8 379 173	120.03	2 092 008	29.97	526 933
潍坊市	1 010 544	10.95	9 981 095	108.17	2 504 293	27.14	599 592
济宁市	564 339	6.91	7 724 157	94.64	2 078 135	25.46	455 404
泰安市	514 164	9.30	5 234 186	94.69	1 457 014	26.36	274 576
威海市	429 707	15.34	3 674 042	131.15	1 022 731	36.51	243 148
日照市	312 303	11.05	2 936 659	103.90	809 734	28.65	177 437
莱芜市	165 475	12.63	1 252 855	95.60	454 487	34.68	70 865
临沂市	838 236	8.30	10 121 971	100.16	2 552 240	25.26	643 095
德州市	422 704	7.52	5 081 930	90.44	1 448 873	25.78	275 905
聊城市	384 788	6.53	5 418 958	91.92	1 430 617	24.27	287 413
滨州市	283 651	7.48	4 011 334	105.74	1 399 083	36.88	230 203
菏泽市	294 359	3.53	7 476 508	89.69	1 796 580	21.55	392 710
河南省	**7 772 404**	**8.15**	**93 541 408**	**98.13**	**25 039 139**	**26.27**	**6 336 882**
郑州市	1 815 039	20.10	15 912 432	176.23	4 387 022	48.59	1 397 777
开封市	312 009	6.71	4 116 260	88.52	991 235	21.32	275 081
洛阳市	823 330	12.49	7 031 062	106.67	2 174 064	32.98	486 285
平顶山市	307 067	6.23	4 529 489	91.91	1 195 478	24.26	284 222
安阳市	530 373	10.44	5 303 783	104.41	1 510 642	29.74	318 384
鹤壁市	124 460	7.82	1 586 623	99.73	443 086	27.85	91 046
新乡市	543 369	9.58	5 907 299	104.13	1 704 313	30.04	379 018
焦作市	275 524	7.83	3 496 433	99.37	1 151 420	32.72	219 987
濮阳市	233 501	6.50	3 521 386	97.96	1 010 880	28.12	221 463
许昌市	383 660	8.93	4 110 702	95.67	1 094 884	25.48	259 563
漯河市	158 249	6.17	2 301 598	89.80	618 518	24.13	147 517
三门峡市	186 455	8.35	2 138 156	95.78	652 274	29.22	142 913
南阳市	608 810	5.98	8 095 639	79.54	1 862 616	18.30	506 187
商丘市	453 737	6.20	6 812 198	93.02	1 663 740	22.72	417 588
信阳市	406 187	6.35	5 245 289	81.98	1 272 368	19.89	360 250

（续表）

	固定电话用户（户）	固定电话普及率（部/百人）	移动电话用户（户）	移动电话普及率（部/百人）	互联网宽带接入用户（户）	互联网宽带接入普及率（部/百人）	电信业务收入（万元）
周口市	225 055	2.55	6 729 412	76.40	1 618 509	18.37	443 598
驻马店市	310 273	4.47	5 935 382	85.45	1 422 137	20.48	367 244
济源市	74 570	10.67	768 265	109.93	255 910	36.62	47 102
湖北省	**6 028 086**	**10.24**	**55 697 871**	**94.64**	**14 807 329**	**25.16**	**4 464 668**
武汉市	1 864 004	18.41	15 759 204	155.69	4 169 753	41.19	1 570 449
黄石市	256 208	10.49	2 333 325	95.49	670 371	27.44	179 295
十堰市	251 689	7.51	3 057 667	91.25	675 966	20.17	217 446
宜昌市	424 474	10.38	4 111 828	100.51	1 067 634	26.10	323 899
襄阳市	455 092	8.21	4 789 873	86.45	1 321 985	23.86	363 367
鄂州市	102 336	9.70	925 737	87.77	321 872	30.52	74 569
荆门市	236 747	8.20	2 373 394	82.24	627 646	21.75	177 168
孝感市	368 391	7.63	3 404 652	70.51	827 796	17.14	242 769
荆州市	401 996	7.03	4 448 469	77.78	1320 483	23.09	338 719
黄冈市	500 897	8.05	4 595 327	73.86	1201 153	19.31	313 346
咸宁市	300 329	12.14	2 180 242	88.17	667 952	27.01	162 242
随州市	122 881	5.64	1 707 774	78.40	498 932	22.90	118 903
恩施土家族苗族自治州	178 354	5.41	3 410 486	103.41	755 999	22.92	255 832
仙桃市	107 240	9.05	995 196	84.00	255 384	21.56	72 522
潜江市	48 610	5.12	818 202	86.14	207 461	21.84	59 008
天门市	59 697	4.47	728 511	54.56	195 795	14.66	51 273
神农架林区	10 159	13.27	57 984	75.72	21 147	27.61	5 201
湖南省	**6 467 719**	**9.48**	**63 028 911**	**92.39**	**16 353 236**	**23.97**	**4 665 376**
长沙市	1 563 843	22.06	12 508 577	176.48	3 277 923	46.25	1 184 780
株洲市	505 358	13.04	4 041 229	104.27	1 171 885	30.24	304 871
湘潭市	248 400	8.99	2 936 819	106.32	883 918	32.00	213 744
衡阳市	782 866	10.93	5 530 246	77.23	1 335 835	18.66	361 714
邵阳市	422 267	5.93	4 998 773	70.25	1 218 481	17.12	327 428
岳阳市	809 259	14.74	4 936 032	89.90	1 282 742	23.36	342 053
常德市	434 815	7.57	5 041 937	87.82	1 340 707	23.35	346 810

（续表）

	固定电话用户（户）	固定电话普及率（部/百人）	移动电话用户（户）	移动电话普及率（部/百人）	互联网宽带接入用户（户）	互联网宽带接入普及率（部/百人）	电信业务收入（万元）
张家界市	103 585	6.94	1 485 885	99.54	450 007	30.15	115 778
益阳市	282 051	6.53	3 704 017	85.80	887 772	20.56	238 321
郴州市	464 940	10.10	4 266 099	92.69	1 113 515	24.19	283 168
永州市	222 805	4.28	4 020 613	77.24	976 512	18.76	253 899
怀化市	302 073	6.35	4 089 502	85.91	989 839	20.79	298 420
娄底市	246 465	6.49	3 312 237	87.26	888 342	23.40	231 498
湘西土家族苗族自治州	95 123	3.71	2 156 945	84.21	535 758	20.92	178 997
广东省	**22 114 213**	**20.11**	**168 232 580**	**152.95**	**35 978 443**	**32.71**	**16 660 511**
广州市	3 900 314	30.37	31 987 404	249.07	5 483 008	42.69	3 546 229
韶关市	365 484	12.73	2 847 261	99.17	810 203	28.22	201 573
深圳市	4 347 532	41.21	29 776 428	282.22	5 060 341	47.96	3 938 990
珠海市	584 217	36.91	3 678 986	232.43	1 053 717	66.57	410 565
汕头市	935 602	17.18	6 031 180	110.77	1 523 762	27.99	481 989
佛山市	2 085 978	28.70	12 999 692	178.87	2 932 328	40.35	1 408 512
江门市	948 414	21.18	6 404 747	143.02	1 709 142	38.17	488 453
湛江市	534 048	7.51	6 368 687	89.59	1 628 559	22.91	484 010
茂名市	513 862	8.60	5 052 567	84.57	1 328 900	22.24	355 334
肇庆市	573 572	14.41	3 985 885	100.13	1 017 645	25.56	299 037
惠州市	1 004 370	21.49	7 221 704	154.52	1 973 920	42.24	664 942
梅州市	411 628	9.59	3 728 492	86.84	1 058 734	24.66	240 026
汕尾市	342 957	11.54	2 387 601	80.32	583 706	19.64	183 839
河源市	332 394	11.05	2 486 729	82.70	685 974	22.81	190 949
阳江市	385 748	15.60	2 327 995	94.17	738 488	29.87	193 658
清远市	297 719	7.92	3 443 509	91.63	985 369	26.22	285 667
东莞市	2305 122	27.79	19 582 020	236.11	3 080 847	37.15	1 727 516
中山市	846 635	26.82	6 847 594	216.96	1 762 935	55.86	673 774
潮州市	491 461	18.19	2 777 481	102.82	764 776	28.31	195 952
揭阳市	625 669	10.51	6 197 924	104.08	1 224 958	20.57	331 752
云浮市	281 487	11.66	2 098 694	86.91	571 131	23.65	157 102

（续表）

	固定电话用户（户）	固定电话普及率（部/百人）	移动电话用户（户）	移动电话普及率（部/百人）	互联网宽带接入用户（户）	互联网宽带接入普及率（部/百人）	电信业务收入（万元）
广西壮族自治区	**3 310 562**	**6.84**	**50 453 342**	**104.29**	**12 305 686**	**25.44**	**3 352 846**
南宁市	567 221	8.35	10 425 061	153.41	2 661 534	39.17	914 377
柳州市	234 653	6.15	4 768 904	124.92	1 287 532	33.73	343 096
桂林市	289 901	6.00	5 357 821	110.86	1 348 475	27.90	342 372
梧州市	111 431	3.80	2 627 304	89.66	641 054	21.88	152 614
北海市	142 921	9.10	2 144 656	136.59	575 530	36.65	156 658
防城港市	83 890	9.43	1 213 091	136.39	295 819	33.26	84 582
钦州市	241 980	7.74	2 825 651	90.37	662 668	21.19	176 386
贵港市	190 618	4.55	3 556 708	84.92	810 217	19.35	205 214
玉林市	308 566	5.53	4 992 853	89.45	1 172 466	21.01	310 037
百色市	118 954	3.39	3 410 877	97.07	742 048	21.12	235 072
贺州市	62 601	3.15	1 832 678	92.28	412 992	20.79	107 050
河池市	114 724	3.36	3 229 970	94.72	754 349	22.12	209 112
来宾市	61 515	2.87	2 034 333	95.06	471 236	22.02	119 200
崇左市	79 122	3.92	2 033 435	100.62	469 766	23.24	135 735
海南省	**1 716 703**	**18.72**	**10 853 237**	**118.34**	**2 791 172**	**30.43**	**1 043 088**
海口市	636 532	29.75	3 747 119	175.15	975 000	45.57	395 606
三亚市	254 804	35.29	1 373 547	190.24	409 485	56.72	154 721
三沙市	256	64.16	3 336	836.05	40	10.02	56
五指山市	13 362	12.81	117 123	112.25	390 44	37.42	11 283
琼海市	105 746	21.58	562 546	114.82	181 697	37.08	48 252
儋州市	127 119	13.38	844 627	88.91	179 573	18.90	68 911
文昌市	87 887	16.21	556 952	102.73	134 993	24.90	45 205
万宁市	95 303	17.26	500 532	90.64	132 772	24.04	46 213
东方市	52 197	12.69	414 035	100.66	106 564	25.91	36 415
定安县	34 357	12.05	245 832	86.19	56 280	19.73	19 316
屯昌县	30 163	11.68	216 486	83.84	51 457	19.93	16 247
澄迈县	43 353	9.17	434 933	92.01	108 518	22.96	36 878
临高县	44 313	10.23	338 507	78.14	68 434	15.80	26 010
白沙黎族自治县	18 267	10.85	149 876	89.06	31 923	18.97	12 133

（续表）

	固定电话用户（户）	固定电话普及率（部/百人）	移动电话用户（户）	移动电话普及率（部/百人）	互联网宽带接入用户（户）	互联网宽带接入普及率（部/百人）	电信业务收入（万元）
昌江黎族自治县	30 661	13.62	223 079	99.08	54 685	24.29	20 511
乐东黎族自治县	43 884	9.51	425 291	92.12	81 944	17.75	37 787
陵水黎族自治县	55 756	17.33	378 371	117.61	99 224	30.84	38 564
保亭黎族苗族自治县	20 325	13.80	152 158	103.33	41 791	28.38	14 388
琼中黎族苗族自治县	22 418	12.87	168 886	96.94	37 749	21.67	14 593
重庆市	**5 930 606**	**19.45**	**36 507 330**	**119.76**	**10 701 443**	**35.10**	**2 572 892**
四川省	**18 329 666**	**22.19**	**90 685 452**	**109.76**	**26 244 859**	**31.77**	**6 273 826**
成都市	6 436 972	45.37	28 402 492	200.18	8 129 759	57.30	2 266 164
自贡市	547 766	20.22	2 629 072	97.03	904 413	33.38	159 267
攀枝花市	357 871	29.08	1 462 121	118.81	469 355	38.14	100 241
泸州市	720 725	16.97	4 553 150	107.22	1 347 688	31.74	289 728
德阳市	619 649	17.52	3 859 355	109.11	1 353 146	38.26	239 967
绵阳市	1 022 123	22.01	5 649 955	121.68	1 681 090	36.20	357 099
广元市	488 549	19.33	2 545 696	100.74	799 891	31.65	171 268
遂宁市	343 816	10.55	2 626 545	80.56	721 401	22.13	161 444
内江市	634 393	17.10	2 975 391	80.20	871 659	23.49	183 156
乐山市	663 775	20.40	3 641 843	111.92	1 110 693	34.13	234 292
南充市	1 108 489	17.58	5 346 794	84.79	1 460 114	23.16	330 521
眉山市	593 020	19.95	3 072 091	103.36	970 307	32.64	205 131
宜宾市	685 651	15.37	4 607 823	103.28	1 311 868	29.40	290 119
广安市	452 135	14.08	2 962 672	92.25	834 568	25.99	173 133
达州市	661 153	11.99	4 461 856	80.93	1 045 200	18.96	285 269
雅安市	248 805	16.28	2 259 997	147.89	509 707	33.35	104 740
巴中市	387 390	11.70	2 020 664	61.00	703 081	21.23	175 976
资阳市	354 455	9.85	2 085 926	57.98	568 916	15.81	127 731
阿坝藏族羌族自治州	197 128	21.70	863 731	95.08	290 102	31.94	77 946
甘孜藏族自治州	153 766	13.68	897 817	79.85	243 473	21.66	95 249

（续表）

	固定电话用户（户）	固定电话普及率（部/百人）	移动电话用户（户）	移动电话普及率（部/百人）	互联网宽带接入用户（户）	互联网宽带接入普及率（部/百人）	电信业务收入（万元）
凉山彝族自治州	529 268	11.62	3 760 461	82.58	918 430	20.17	266 105
贵州省	**2 440 952**	**6.87**	**39 404 296**	**110.84**	**7 320 126**	**20.59**	**2 904 161**
贵阳市	782 100	18.09	7 257 200	167.86	1 905 200	44.07	683 391
六盘水市	210 500	7.36	3 127 900	109.30	528 700	18.48	210 944
遵义市	510 100	8.33	6 841 000	111.69	1 200 500	19.60	506 192
安顺市	144 800	6.30	2 369 900	103.07	435 400	18.94	173 687
毕节市	164 500	2.53	5 588 100	85.90	692 800	10.65	384 647
铜仁市	125 300	4.04	3 190 600	102.93	567 700	18.31	236 166
黔西南布依族苗族自治州	112 900	4.01	3 041 000	108.03	547 000	19.43	213 525
黔东南苗族侗族自治州	163 100	4.69	3 955 600	113.77	710 700	20.44	270 787
黔南布依族苗族自治州	167 400	5.17	3 616 500	111.80	647 100	20.00	260 311
云南省	**3 035 463**	**6.36**	**46 590 466**	**97.66**	**10 194 276**	**21.37**	**3 486 341**
昆明市	1 105 809	16.94	11 483 106	175.90	2618 964	40.12	1 026 457
曲靖市	211 090	3.55	4 878 450	82.08	1052 977	17.72	316 502
玉溪市	107 747	4.62	2 313 132	99.28	546 496	23.46	157 093
保山市	90 703	3.58	2 278 779	89.85	486 323	19.17	163 942
昭通市	106 039	2.00	3 772 828	71.03	634 637	11.95	270 133
丽江市	75 792	6.02	1 235 726	98.19	340 172	27.03	99 646
普洱市	117 254	4.55	2 387 017	92.68	481 205	18.68	177 986
临沧市	103 679	4.20	2 077 879	84.23	396 450	16.07	156 753
楚雄彝族自治州	111 250	4.10	2 263 924	83.49	560 895	20.68	149 933
红河哈尼族彝族自治州	179 641	3.94	3 936 322	86.33	880 046	19.30	284 429
文山壮族苗族自治州	120 173	3.38	2 780 376	78.19	500 026	14.06	213 972
西双版纳傣族自治州	86 207	7.49	1 561 394	135.66	390 105	33.89	135 768
大理白族自治州	180 525	5.17	3 172 096	90.81	765 912	21.93	222 157

（续表）

	固定电话用户（户）	固定电话普及率（部/百人）	移动电话用户（户）	移动电话普及率（部/百人）	互联网宽带接入用户（户）	互联网宽带接入普及率（部/百人）	电信业务收入（万元）
德宏傣族景颇族自治州	101 077	8.23	1 550 415	126.28	349 705	28.48	115 373
怒江傈僳族自治州	28 608	5.34	488 295	91.09	93 755	17.49	39 312
迪庆藏族自治州	26 764	6.62	410 727	101.54	96 608	23.88	38 423
西藏自治区	**619 235**	**18.71**	**3 123 398**	**94.36**	**782 105**	**23.63**	**545 972**
拉萨市	254 269	50.02	1 114 012	219.15	306 467	60.29	205 483
昌都地区	68 493	34.59	437 182	220.75	98 134	49.55	74 448
山南地区	54 530	15.83	299 580	86.96	70 788	20.55	52 651
日喀则地区	93 826	12.80	589 906	80.49	130 441	17.80	68 893
那曲地区	44 532	47.96	321 703	346.46	69 468	74.81	47 822
阿里地区	25 480	3.77	109 033	16.15	37 588	5.57	29 901
林芝地区	60 691	12.65	251 983	52.54	69 219	14.43	31 885
陕西省	**6 507 170**	**17.07**	**46 886 203**	**122.98**	**10 573 968**	**27.73**	**3 431 689**
西安市	2 622 787	29.96	17 661 844	201.77	3 967 698	45.33	1 481 557
铜川市	74 794	8.90	790 098	94.04	196 746	23.42	55 292
宝鸡市	512 310	13.69	3 703 238	98.99	916 987	24.51	237 918
咸阳市	378 132	7.66	4 835 077	98.00	1 090 732	22.11	296 450
渭南市	601 145	11.31	5 033 608	94.68	1 252 408	23.56	295 441
延安市	323 995	14.73	2 841 431	129.21	554 967	25.24	212 066
汉中市	427 133	12.50	3 312 665	96.94	786 263	23.01	209 161
榆林市	527 434	15.74	4 424 119	132.04	894 283	26.69	306 136
安康市	297 350	11.31	2 524 840	96.00	576 231	21.91	165 510
商洛市	175 193	7.47	1 759 283	74.98	337 653	14.39	107 464
甘肃省	**3 328 373**	**12.75**	**27 359 872**	**104.83**	**7 428 356**	**28.46**	**1824 387**
兰州市	658 375	18.12	5 772 015	158.90	1723 522	47.45	571 276
嘉峪关市	124 029	52.95	451 011	192.55	139 259	59.45	31 091
金昌市	57 118	12.22	588 016	125.79	177 694	38.01	34 141
白银市	257 489	15.00	1 700 610	99.10	456 803	26.62	93 563
天水市	507 112	15.50	2 821 252	86.23	811 218	24.79	157 462
武威市	140 641	7.71	1 648 800	90.40	445 528	24.43	91 776

（续表）

	固定电话用户（户）	固定电话普及率（部/百人）	移动电话用户（户）	移动电话普及率（部/百人）	互联网宽带接入用户（户）	互联网宽带接入普及率（部/百人）	电信业务收入（万元）
张掖市	197 247	16.35	1 385 942	114.90	462 008	38.30	75 421
平凉市	265 280	12.77	1 866 383	89.88	556 412	26.79	106 788
酒泉市	262 042	23.71	1 378 892	124.79	448 411	40.58	91 891
庆阳市	251 157	11.30	2 345 785	105.58	571 165	25.71	148 037
定西市	110 345	4.01	2 398 736	87.15	590 798	21.46	132 059
陇南市	264 396	10.27	2 376 765	92.32	530 865	20.62	142 360
临夏回族自治州	168 257	8.52	1 913 376	96.86	354 280	17.94	97 806
甘南藏族自治州	64 885	9.36	712 289	102.73	160 393	23.13	50 718
青海省	**1 198 760**	**20.20**	**6 863 976**	**115.66**	**1 529 004**	**25.76**	**565 978**
西宁市	660 476	33.25	3 122 764	157.21	802 874	40.42	283 467
海东地区	180 793	10.84	1 433 736	85.97	232 743	13.96	85 264
海北藏族自治州	45 754	15.76	315 476	108.65	79 566	27.40	25 427
黄南藏族自治州	22 228	8.48	280 668	107.09	53 764	20.51	22 319
海南藏族自治州	72 126	15.77	486 498	106.35	91 389	19.98	37 474
果洛藏族自治州	17 891	9.52	196 379	104.50	32 512	17.30	19 651
玉树藏族自治州	37 002	9.42	359 329	91.50	50 917	12.97	31 844
海西蒙古族藏族自治州	88 266	32.27	353 995	129.41	96 538	35.29	31 729
格尔木市	74 224	57.22	315 131	242.94	88 701	68.38	28 802
宁夏回族自治区	**559 786**	**8.29**	**8 810 309**	**130.54**	**2 170 182**	**32.16**	**622 657**
银川市	263 949	12.89	3 850 286	188.02	934 631	45.64	310 713
石嘴山市	57 443	7.75	966 671	130.39	292 192	39.41	61 952
吴忠市	95 339	7.25	1 596 820	121.35	362 281	27.53	97 415
固原市	43 100	3.40	1 225 458	96.78	271 517	21.44	69 723
中卫市	99 956	9.05	1 171 074	106.00	309 561	28.02	82 491
新疆维吾尔自治区	**4 407 179**	**18.38**	**27 037 835**	**112.75**	**6 472 516**	**26.99**	**2222 102**
乌鲁木齐市	1 395 244	54.13	6 766 537	262.54	1 702 390	66.05	599 767
克拉玛依市	98 258	34.40	735 294	257.46	204 360	71.56	63 900
吐鲁番地区	161 298	25.78	780 297	124.70	178 425	28.52	56 082
哈密地区	163 816	27.65	954 340	161.10	234 017	39.50	69 729

（续表）

	固定电话用户（户）	固定电话普及率（部/百人）	移动电话用户（户）	移动电话普及率（部/百人）	互联网宽带接入用户（户）	互联网宽带接入普及率（部/百人）	电信业务收入（万元）
昌吉回族自治州	348 693	24.88	1 988 105	141.84	520 496	37.13	173 215
博尔塔拉蒙古自治州	104 525	21.59	638 034	131.77	196 977	40.68	47 213
巴音郭楞蒙古自治州	307 785	22.38	1 795 627	130.57	570 037	41.45	159 145
阿克苏地区	265 344	11.05	2 382 598	99.20	517 655	21.55	198 501
克孜勒苏柯尔克孜自治州	44 370	7.92	504 346	90.07	94 576	16.89	39 388
喀什地区	276 070	6.64	3 017 869	72.55	410 645	9.87	243 680
和田地区	120 507	5.65	1 590 293	74.53	247 369	11.59	122 410
伊犁哈萨克自治州	547 076	18.74	3 107 045	106.43	787 405	26.97	238 464
塔城地区	229 558	21.92	865 425	82.64	279 126	26.66	67 952
阿勒泰地区	202 197	30.48	798 430	120.34	285 818	43.08	65 460
石河子市	142 438	22.97	1 113 595	179.61	243 220	39.23	77 195

注：1. 部分省（区）的地市用户数之和不等于全省总数，是由于个别公司无法将用户数拆分到地市一级所致。
2. 省普及率计算采用2018年年末统计公报人口数据，各地级市普及率计算采用2012年人口数据。

互联网和相关服务业统计信息

2014—2018年互联网和相关服务业主要指标发展情况

指标名称	单位	2014年	2015年	2016年	2017年	2018年
互联网和相关服务业企业个数	个	24 001	26 388	30 547	31 470	33 337
其中：民营控股企业	个	20 016	21 346	24 849	27 604	29 785
其中：互联网数据中心业务（IDC）企业	个	357	506	743	874	1 052
呼叫中心业务企业	个	1 138	1 356	1 517	1764	2 001
互联网接入服务业务（ISP）企业	个	1 083	1 339	1 644	1 880	2 141
内容分发网络（CDN）业务企业	个			26	77	218
信息服务企业	个	10 599	11 988	16 291	21 090	26 337
互联网和相关服务业收入	万元	42 293 542.9	54 435 838.2	66 506 142.1	79 018 912.7	97 966 988.1
其中：互联网接入及相关服务业收入	万元	1 945 373.8	2 222 778.2	2 618 572.9	2 328 569.3	6 306 856.7
信息服务收入	万元	19 476 986.2	23 683 343.8	20 829 007.2	16 989 130.5	60 909 656.4
互联网平台收入	万元	10 786 179.7	15 698 148.5	24 762 216.0	46 226 774.6	13 915 830.0
互联网安全服务收入	万元					168 533.5
互联网数据服务收入	万元	645 951.6	794 850.9	1285494.7	2 008 178.2	6 316 060.0
其他互联网收入	万元	8 305 627.9	10 573 663.4	14 965 335.7	9 214 501.8	10 350 051.5

2018年全国互联网和相关服务业发展情况

指标名称	单位	2018年	比2017年	同比增长（%）
互联网和相关服务业企业个数	个	33 337	1867	5.9
其中：民营控股企业	个	29 785	2181	7.9
其中：互联网数据中心业务（IDC）企业	个	1 052	178	20.4
呼叫中心业务企业	个	2 001	237	13.4
互联网接入服务业务（ISP）企业	个	2 141	261	13.9
内容分发网络（CDN）业务企业	个	218	141	183.1
信息服务企业	个	26 337	5247	24.9
互联网和相关服务业收入	万元	97 966 988.1	18 948 075.4	24.0
其中：互联网接入及相关服务业收入	万元	6 306 856.7	3 978 287.4	170.8
信息服务收入	万元	60 909 656.4	43 920 525.8	258.5
互联网平台收入	万元	13 915 830.0	−32 310 944.6	−69.9
互联网安全服务收入	万元	168 533.5		
互联网数据服务收入	万元	6 316 060.0	4 307 881.8	214.5
其他互联网收入	万元	10 350 051.5	1 135 549.7	12.3
互联网和相关服务业宽带接入用户	万户	4 561	299	7.0
研发人员	人	736 257		

2018年互联网和相关服务业主要指标分省情况

	互联网和相关服务业企业个数		互联网和相关服务业收入		研发人员
	2018年（个）	比2017年增长（个）	2018年（万元）	比2017年增长（%）	2018年（人）
全　国	**33 337**	**1 867**	**97 966 988.1**	**24.0**	**736 257**
东　部	**24 496**	**1 259**	**88 495 343.6**	**23.5**	**580 283**
北　京	7 961	973	22 505 389.5	23.5	175 176
天　津	253	−5	3 830 535.5	35.3	10 184
河　北	886	138	4 082 44.3	17.1	7 340
上　海	2 355	485	22 629 803.6	23.4	59 755
江　苏	2 433	588	5 550 018.1	−8.0	60 868
浙　江	3 271	−904	6 561 860.0	60.0	54 318
福　建	1 226	312	2 520 746.4	60.4	23 475
山　东	671	−201	366 580.8	−41.5	13 528
广　东	5 000	737	23 383 536.7	24.1	170 792
海　南	440	96	738 628.7	113.5	4 847
中　部	**3 495**	**−967**	**4 215 126.9**	**20.8**	**65 489**
山　西	156	−33	70 453.2	136.7	1 549
安　徽	445	34	936 570.2	63.5	16 897
江　西	320	−12	562 758.2	63.7	2 704
河　南	1 115	13	627 875.6	20.4	14 977
湖　北	825	117	944 276.7	14.5	20 157
湖　南	634	−109	1 073 193.0	53.0	9 205
西　部	**3 734**	**−37**	**4 484 689.7**	**15.4**	**67 947**
内蒙古	293	11	89 375.8	34.8	2 154
广　西	298	−12	143 577.4	−43.7	4 702
重　庆	426	14	588 987.0	−19.7	16 891
四　川	1 374	−37	2 488 346.8	25.6	22 021
贵　州	248	−70	301 933.7	25.1	7 699
云　南	265	1	203 712.4	−13.0	2 239
西　藏	20	2	35 537.8	781.5	291
陕　西	401	106	238 308.4	17.2	4 665
甘　肃	124	−31	117 971.6	209.2	2126
青　海	20	−9	1 163.6	−62.2	139
宁　夏	61	−2	30 345.6	238.3	629
新　疆	204	−10	245 429.6	107.7	4 391
东　北	**1 612**	**−325**	**771 827.9**	**−12.4**	**22 538**
辽　宁	865	−95	421 997.1	9.7	13 471
吉　林	382	−80	163 144.2	−50.9	4 452
黑龙江	365	−150	186 686.6	14.0	4 615

互联网应用统计信息

2014—2018年互联网主要指标发展情况

指 标 名 称	单位	2014年	2015年	2016年	2017年	2018年
互联网网民数	万人	64 875	68 826	73 125	77 198	82 851
其中：手机网民数	万人	55 678	61 981	69 531	75 265	81 698
手机网民所占比重	%	85.8	90.1	95.1	97.5	98.6
男性网民所占比重	%	56.4	53.6	52.4	52.6	52.7
女性网民所占比重	%	43.6	46.4	47.6	47.4	47.3
城市网民所占比重	%	72.5	71.6	72.6	73.0	73.3
农村网民所占比重	%	27.5	28.4	27.4	27.0	26.7
互联网普及率	%	47.9	50.3	53.2	55.8	59.6
城市互联网普及率	%	62.8		69.1	71.0	74.6
农村互联网普及率	%	28.8		33.1	35.4	38.4
IPv4地址数	万个	33 199.0	33 652.0	33 810.3	33 870.5	33 892.5
域名数	万个	2 060.1	3 102.1	4 227.6	3 848.0	3 792.8
其中：CN域名数	万个	1 108.9	1 636.4	2 060.8	2 084.6	2 124.4
网站数	万个	335.0	422.9	482.4	533.3	523.4
网页总数	万个	18 991 865	21 229 622	23 599 758	26 039 903	28 162 241
静态网页	万个	11 274 475	13 144 783	17 608 329	19 690 890	19 706 611
动态网页	万个	7 717 390	8 084 839	5 991 429	6 349 013	8 455 630
网页长度（总字节数）	GB	8 879 006	14 129 575	12 912 603	16 314 789	18 178 539
互联网国际出口带宽	Mbps	4 118 663	5 392 116	6 640 291	7 320 180	8 946 570

2018年互联网主要指标分省情况

	域名数（个）	其中：CN域名数（个）	网站数（个）	网页数（万个）	网页长度（总字节数）（GB）
全　国	**37 927 527**	**21 243 478**	**5 233 623**	**28 162 241**	**18 178 539**
东　部	**24 074 682**	**12 778 033**	**3 329 610**	**24 218 579**	**16 233 847**
北　京	4 434 713	2 003 744	719 152	10 695 275.1	8 440 586.6
天　津	267 328	104 056	54 287	465 062.9	236 250.0
河　北	868 084	413 780	122 740	1 025 297.9	729 523.9
上　海	1 474 461	562 647	378 190	2 069 686.3	1 431 387.5
江　苏	1 883 479	944 927	286 616	1 378 142.3	586 876.0
浙　江	1 491 945	660 169	417 303	3 354 070.9	1 845 554.1
福　建	7 363 736	5 047 993	279 946	812 747.7	387 288.9
山　东	1 516 590	692 584	317 296	525 752.0	266 852.4
广　东	4 490 302	2 124 638	727 579	3 806 253.4	2 269 100.2
海　南	284 044	223 495	26 501	86 290.1	40 427.5
中　部	**7 111 070**	**4 591 781**	**660 644**	**2 418 275**	**1 239 375**
山　西	1 075 614	892 784	57 058	294 992.3	293 214.1
安　徽	904 734	531 370	86 831	319 693.7	67 484.5
江　西	771 029	519 387	49 744	208 694.3	79 728.2
河　南	2 074 800	1 308 622	248 896	1 310 626.7	670 043.6
湖　北	1 062 054	658 475	122 820	156 806.1	74 870.4
湖　南	1 222 839	681 143	95 295	127 461.9	54 034.0
西　部	**4 403 443**	**2 307 877**	**526 689**	**962 275**	**425 660**
内蒙古	122 409	53 816	16 003	15 460.5	4 602.6
广　西	526 716	269 325	52 818	163 749.2	75 420.8
重　庆	466 520	230 896	55 820	50 562.1	35 642.1
四　川	1 445 922	673 775	239 774	354 133.2	158 881.8
贵　州	397 950	227 968	22 306	15 726.2	8 152.7
云　南	466 150	314 858	29 057	175 784.1	78 434.8
西　藏	12 046	7 673	1 480	459.2	140.0
陕　西	529 594	286 721	73 735	158 674.5	52 469.7
甘　肃	253 713	138 301	14 326	12 908.6	5 661.9
青　海	30 392	20 596	3 890	1 656.7	562.1
宁　夏	71 927	49 256	7 833	1 018.3	344.2
新　疆	80 104	34 692	9 647	12 141.9	5 347.4
东　北	**2 338 332**	**1 565 787**	**716 680**	**5 63112**	**279 584**
辽　宁	647 158	353 367	113 980	177 231.7	84 877.4
吉　林	370 859	253 350	35 034	180 765.9	87 939.6
黑龙江	281 005	167 294	42 977	205 114.9	106 766.9
其　他	1 039 310	791 776	524 689		

注：CN下域名总数不含.EDU.CN下网站。

国际电信统计信息（国际电联统计数据）

2014—2018年全球电信业主要指标发展情况（一）

指标名称	单位	2014年	2015年	2016年	2017年	2018年
（固定）电话主线运营数	百万线	1 095.0	1 045.6	1 007.5	979.4	942.0
其中：发达国家	百万线	502.7	489.3	479.1	470.7	463.1
发展中国家	百万线	592.3	556.3	528.4	508.7	478.9
其中：非洲	百万线	10.1	10.4	10.9	9.3	9.6
阿拉伯国家	百万线	30.1	30.1	31.0	32.7	32.7
亚太地区	百万线	475.7	439.3	411.1	395.4	369.5
独联体国家	百万线	54.7	52.1	49.1	47.7	45.5
欧洲	百万线	256.5	249.6	246.0	241.1	237.6
美洲	百万线	252.4	249.3	244.8	238.8	233.5
蜂窝移动电话用户数	百万户	6 995.9	7 180.7	7 511.4	7 814.1	8 160.3
其中：发达国家	百万户	1 527.4	1 562.7	1 587.5	1 593.9	1 615.7
发展中国家	百万户	5 468.5	5 618.0	5 923.9	6 220.2	6 544.5
其中：非洲	百万户	643.5	714.2	713.6	744.2	781.1
阿拉伯国家	百万户	415.0	417.2	415.6	422.7	435.6
亚太地区	百万户	3 680.5	3 778.1	4 093.9	4 350.9	4 625.9
独联体国家	百万户	323.2	328.6	332.4	333.4	331.2
欧洲	百万户	809.4	807.2	809.6	811.1	814.8
美洲	百万户	1 092.9	1 102.6	1 113.9	1 119.5	1 139.9
互联网网民数	百万人	2 879.7	3 169.8	3 416.9	3 650.0	3 896.0
其中：发达国家	百万人	946.8	951.7	989.6	1 004.0	1 028.0
发展中国家	百万人	1 932.8	2 218.1	2 427.3	2 646.0	2 868.0
固定（有线）互联网宽带接入用户数	百万户	730.8	838.8	915.9	1 004.5	1 074.7
其中：发达国家	百万户	353.7	369.9	382.8	397.0	413.3
发展中国家	百万户	377.1	468.9	533.1	607.5	661.4
其中：非洲	百万户	3.5	3.5	5.3	6.0	6.4
阿拉伯国家	百万户	14.3	17.1	19.1	20.3	21.6
亚太地区	百万户	318.4	403.7	459.3	525.3	572.8
独联体国家	百万户	33.5	36.8	38.6	42.9	46.1
欧洲	百万户	181.5	189.7	197.0	204.1	212.4
美洲	百万户	171.3	181.5	190.3	199.5	208.4

注：数据来自ITU，根据最新发布数据对往年数据调整。

2014—2018年全球电信业主要指标发展情况（二）

指标名称	单位	2014年	2015年	2016年	2017年	2018年
每百人（固定）电话主线运营数	线/百人	15.1	14.2	13.5	13.0	12.4
其中：发达国家	线/百人	40.2	39.2	38.3	37.5	36.7
发展中国家	线/百人	9.9	9.1	8.5	8.1	7.5
其中：非洲	线/百人	1.1	1.1	1.1	0.9	0.9
阿拉伯国家	线/百人	7.7	7.6	7.6	7.9	7.7
亚太地区	线/百人	11.7	10.7	9.9	9.5	8.8
独联体国家	线/百人	23.0	21.8	20.4	19.8	18.8
欧洲	线/百人	38.4	37.3	36.6	35.8	35.0
美洲	线/百人	25.9	25.4	24.7	23.9	23.1
每百人蜂窝移动电话用户数	户/百人	96.7	97.4	100.7	103.6	107.0
其中：发达国家	户/百人	122.0	125.2	126.8	127.0	128.0
发展中国家	户/百人	91.4	91.7	95.5	99.0	102.8
其中：非洲	户/百人	69.7	75.3	73.2	74.4	76.0
阿拉伯国家	户/百人	106.3	104.7	102.2	101.9	103.1
亚太地区	户/百人	90.4	92.0	98.8	104.0	109.7
独联体国家	户/百人	136.2	137.7	138.5	138.3	136.8
欧洲	户/百人	121.1	120.5	120.5	120.4	120.0
美洲	户/百人	112.3	112.2	112.3	111.8	112.8
每百人互联网网民数	%	39.9	43.0	45.8	48.6	51.2
其中：发达国家	%	75.6	76.2	79.1	79.5	80.9
发展中国家	%	32.4	36.2	39.1	42.3	45.3
其中：非洲	%	14.5	18.0	19.8	22.1	24.4
阿拉伯国家	%	36.5	39.9	42.7	48.7	54.7
亚太地区	%	34.5	38.0	41.2	44.3	47.0
独联体国家	%	62.3	63.3	66.4	68.6	71.3
欧洲	%	72.2	74.1	75.5	77.2	79.6
美洲	%	58.0	62.3	64.7	67.5	69.6
每百人固定（有线）互联网宽带接入用户数	户/百人	10.1	11.4	12.3	13.3	14.1
其中：发达国家	户/百人	28.3	29.6	30.6	31.6	32.7
发展中国家	户/百人	6.3	7.7	8.6	9.7	10.4
其中：非洲	户/百人	0.4	0.4	0.5	0.6	0.6
阿拉伯国家	户/百人	3.7	4.3	4.7	4.9	5.1
亚太地区	户/百人	7.8	9.8	11.1	12.6	13.6
独联体国家	户/百人	14.1	15.4	16.1	17.8	19.0
欧洲	户/百人	27.2	28.3	29.3	30.3	31.3
美洲	户/百人	17.6	18.5	19.2	19.9	20.6

注：数据来自ITU，根据最新发布数据对往年数据调整。

2014—2018年主要国家固定电话主线运营数
Main telephone lines in operation

（单位：万线）

国家和地区	2014年	2015年	2016年	2017年	2018年
中国	24 943.0	23 099.6	20 662.4	19 375.7	18 224.8
日本	6 355.7	6 370.6	6 409.9	6 395.4	6 344.3
韩国	2 948.1	2 888.3	2 803.6	2 684.5	2 590.7
印度尼西亚	2 622.5	1 037.8	1 075.3	1 105.3	1 120.8
泰国	569.0	530.9	470.6	346.6	292.9
新加坡	199.7	201.6	199.8	199.2	196.7
马来西亚	441.0	449.0	483.7	657.8	643.3
印度	2 700.0	2 552.0	2 440.4	2 323.5	2 186.8
巴基斯坦	489.8	353.8	310.4	294.0	279.9
沙特阿拉伯	362.2	374.7	363.7	361.9	312.3
伊朗	2 937.6	3 041.9	3 086.9	3 118.3	3 049.4
埃及	631.6	623.5	611.8	660.5	786.5
南非	364.8	413.1	452.3	481.0	310.4
德国	4 702.1	4 535.0	4 530.0	4 440.0	4 300.0
英国	3 323.8	3 321.1	3 359.2	3 220.3	3 197.3
法国	3 880.5	3 892.9	3 900.6	3 872.8	3 862.0
意大利	2 058.1	2 020.9	2 026.7	2 070.1	2 039.7
丹麦	187.2	169.7	155.7	123.4	113.1
芬兰	63.9	53.7	45.7	37.8	32.3
葡萄牙	458.9	468.3	478.8	483.1	507.4
西班牙	1 923.7	1 937.4	1 961.1	1 969.0	1 965.0
瑞典	377.9	355.5	310.4	262.2	239.2
瑞士	437.5	414.0	385.3	355.5	334.5
土耳其	1 252.9	1 149.3	1 107.8	1 130.8	1 163.3
乌克兰	1 046.1	911.3	845.1	718.7	607.4
美国	12 849.5	12 484.8	12 133.1	11 900.5	11 672.4
加拿大	1 640.4	1 561.2	1 515.6	1 446.9	1 390.0
墨西哥	1 856.0	2 017.1	2 089.6	2 075.3	2 136.1
巴西	4 412.8	4 367.7	4 200.4	4 037.8	3 830.7
阿根廷	982.2	1 007.3	1 016.5	974.4	971.4
澳大利亚	919.0	850.0	848.0	846.0	809.0
新西兰	185.0	185.0	176.0	179.0	176.0

注：数据来自ITU，根据最新发布数据对往年数据调整。

2014—2018年主要国家每百人电话主线数
Main telephone lines per 100 inhabitants

（单位：线/百人）

国家和地区	2014年	2015年	2016年	2017年	2018年
中国	17.8	16.4	14.6	13.6	12.8
日本	49.6	49.8	50.2	50.2	49.9
韩国	58.3	56.8	55.0	52.5	50.6
印度尼西亚	10.3	4.0	4.1	4.2	4.2
泰国	8.3	7.7	6.8	5.0	4.2
新加坡	36.1	36.1	35.3	34.9	34.2
马来西亚	14.8	14.8	15.8	21.1	20.4
印度	2.1	1.9	1.8	1.7	1.6
巴基斯坦	2.5	1.8	1.5	1.4	1.3
沙特阿拉伯	11.7	11.8	11.2	10.9	9.3
伊朗	37.9	38.8	38.8	38.7	37.3
埃及	7.0	6.7	6.5	6.8	8.0
南非	6.7	7.5	8.0	8.4	5.4
德国	57.7	55.4	55.1	53.7	51.7
英国	50.8	50.4	50.7	48.3	47.6
法国	60.4	60.4	60.3	59.7	59.4
意大利	34.1	33.4	33.4	34.1	33.6
丹麦	33.1	29.8	27.3	21.5	19.7
芬兰	11.7	9.8	8.3	6.9	5.8
葡萄牙	44.0	45.2	46.4	47.0	49.5
西班牙	41.1	41.5	42.1	42.2	42.1
瑞典	39.0	36.4	31.6	26.5	24.0
瑞士	53.3	49.9	46.0	42.0	39.2
土耳其	16.2	14.6	13.9	13.9	14.1
乌克兰	24.7	21.6	20.1	17.2	13.8
美国	40.3	38.9	37.6	36.6	35.7
加拿大	46.0	43.3	41.7	39.4	37.5
墨西哥	15.4	16.6	16.9	16.6	16.9
巴西	21.8	21.4	20.4	19.4	18.3
阿根廷	23.0	23.4	23.4	22.2	21.9
澳大利亚	38.9	35.5	35.0	34.4	32.5
新西兰	40.5	40.1	37.8	38.1	37.1

注：数据来自ITU，根据最新发布数据对往年数据调整。

2014—2018年主要国家移动电话用户数
Mobile cellular subscribers

（单位：万户）

国家和地区	2014年	2015年	2016年	2017年	2018年
中国	128 609.3	129 198.4	136 493.4	146 988.3	164 114.7
日本	15 785.7	16 056.0	16 685.3	17 279.0	17 706.7
韩国	5 729.0	5 893.5	6 129.6	6 365.9	6 635.6
印度尼西亚	32 558.3	33 894.8	38 557.3	43 519.4	32 077.0
泰国	9 709.6	10 294.2	11 966.9	12 153.0	12 509.8
新加坡	810.4	823.3	846.1	838.2	838.9
马来西亚	4 492.9	4 410.4	4 346.5	4 233.9	4 241.3
印度	94 400.9	100 105.6	112 780.9	116 890.2	117 602.2
巴基斯坦	13 576.2	12 590.0	13 648.9	14 452.6	15 398.7
沙特阿拉伯	5 273.5	5 279.6	4 793.3	4 021.1	4 131.1
伊朗	6 889.1	7 421.9	8 052.0	8 704.7	8 872.2
埃及	9 531.6	9 401.6	9 779.1	10 295.8	9 378.4
南非	7 928.1	8 799.9	8 241.3	8 849.8	8 856.7
德国	9 953.0	9 636.0	10 347.0	10 973.6	10 750.0
英国	7 846.1	7 925.1	7 893.1	7 915.3	7 892.4
法国	6 542.5	6 668.1	6 757.1	6 901.8	7 045.5
意大利	8 991.5	8 769.1	8 595.6	8 387.2	8 334.2
俄罗斯	22 103.0	22 728.8	22 912.6	22 730.0	22 943.1
荷兰	1 956.2	2 080.9	2 089.0	2 053.2	
波兰	5 690.5	5 453.7	5 300.2	5 045.9	5 109.9
西班牙	5 080.6	5 106.8	5 152.2	5 250.7	5 410.4
瑞典	1 231.3	1 263.9	1 254.3	1 251.9	1 247.7
瑞士	1 115.0	1 124.3	1 124.2	1 108.9	1 105.0
土耳其	7 188.8	7 363.9	7 506.2	7 780.0	8 011.8
乌克兰	6 117.0	6 072.0	5 671.8	5 571.5	5 393.4
美国	35 550.0	38 230.7	39 588.1	40 020.6	40 457.7
加拿大	2 878.9	2 976.5	3 075.2	3 169.3	3 308.2
墨西哥	10 494.8	10 768.8	11 173.1	11 432.9	11 736.7
巴西	28 072.9	25 781.4	24 406.7	21 825.5	20 704.7
阿根廷	6 123.4	6 184.2	6 372.0	6 189.7	5 859.8
澳大利亚	2 506.0	2 577.0	2 655.1	2 746.3	2 827.9
新西兰	510.0	560.0	610.0	640.0	640.0

注：数据来自ITU，根据最新发布数据对往年数据调整。

2014—2018年主要国家每百人移动电话用户数
Mobile cellular subscribers per 100 inhabitants

（单位：户/百人）

国家和地区	2014年	2015年	2016年	2017年	2018年
中国	91.90	91.84	96.53	103.44	114.95
日本	123.16	125.45	130.60	135.52	139.20
韩国	113.20	115.96	120.23	124.59	129.67
印度尼西亚	127.62	131.18	147.42	164.44	119.84
泰国	141.87	149.81	173.51	175.60	180.18
新加坡	146.66	147.23	149.65	146.84	145.71
马来西亚	150.43	145.70	141.65	136.12	134.53
印度	72.86	76.41	85.15	87.32	86.94
巴基斯坦	69.51	63.13	67.03	69.51	72.56
沙特阿拉伯	170.57	166.46	147.74	121.48	122.57
伊朗	88.93	94.56	101.20	107.90	108.46
埃及	105.41	101.70	103.54	106.76	95.29
南非	145.35	158.88	146.62	155.23	153.25
德国	122.20	117.82	125.89	132.76	129.32
英国	119.93	120.33	119.06	118.62	117.55
法国	101.92	103.46	104.49	106.44	108.41
意大利	148.84	144.76	141.69	138.23	137.47
俄罗斯	152.79	156.77	157.72	156.19	157.43
荷兰	115.80	122.85	123.02	120.63	
波兰	149.39	143.39	139.52	132.95	134.75
西班牙	108.61	109.42	110.48	112.56	115.87
瑞典	127.04	129.43	127.52	126.40	125.12
瑞士	135.88	135.51	134.16	131.14	129.61
土耳其	93.08	93.77	94.03	95.91	97.30
乌克兰	144.28	143.98	135.20	133.49	122.55
美国	111.56	119.14	122.56	123.11	123.69
加拿大	80.72	82.62	84.52	86.28	89.23
墨西哥	87.20	88.37	90.59	91.63	93.01
巴西	138.45	126.09	118.39	105.01	98.84
阿根廷	143.62	143.57	146.45	140.88	132.09
澳大利亚	106.20	107.68	109.43	111.71	113.58
新西兰	111.66	121.36	130.92	136.11	134.93

注：数据来自ITU，根据最新发布数据对往年数据调整。

2014—2018年主要国家固定宽带接入用户数
Fixed broadband Internet subscribers

（单位：万户）

国家和地区	2014年	2015年	2016年	2017年	2018年
中国	20 048.3	27 704.6	32 259.7	39419.0	40 738.2
日本	3 778.9	3 887.3	3 980.6	4053.2	4 091.1
韩国	1 919.9	2 002.4	2 055.6	2119.6	2 128.6
印度尼西亚	340.0	398.3	522.7	621.6	878.1
泰国	544.0	622.9	721.9	820.8	918.9
新加坡	147.4	148.6	146.1	147.6	149.0
马来西亚	306.1	306.4	271.9	268.8	269.6
印度	1 575.0	1 694.3	1 865.3	1785.6	1 817.0
巴基斯坦	200.9	179.3	164.3	183.0	181.1
沙特阿拉伯	303.2	356.5	328.8	249.9	190.1
伊朗	614.5	660.9	760.9	978.6	980.6
埃及	306.8	382.6	446.9	523.4	658.0
南非	170.6	140.9	115.1	112.3	138.7
德国	2 957.3	3 070.7	3 200.0	3 323.2	3 415.2
英国	2 373.0	2 468.6	2 544.6	2 605.9	2 658.6
法国	2 596.9	2 686.7	2 768.0	2 841.0	2 909.7
意大利	1 438.2	1 490.0	1 556.3	1 658.6	1 699.4
丹麦	234.2	240.5	246.1	251.2	253.4
芬兰	175.9	173.0	171.2	171.0	173.7
葡萄牙	285.8	314.2	337.6	357.5	378.5
俄罗斯	2 495.1	2 688.1	2 752.3	3 110.3	3 234.4
波兰	723.4	726.6	732.8	763.1	715.0
西班牙	1 300.5	1 354.3	1 411.3	1 466.8	1 495.7
瑞典	328.1	349.6	368.0	386.6	390.2
瑞士	353.6	370.1	377.4	391.6	395.0
土耳其	886.6	950.5	1050.0	1 192.5	1 340.7
乌克兰	394.6	497.9	512.5	524.0	540.5
美国	9 781.0	10 221.2	10 572.7	11 051.3	11 646.7
加拿大	1 256.8	1 311.5	1 338.6	1 392.4	1 429.9
墨西哥	1 303.3	1 475.8	1 607.2	1 715.1	1 847.8
巴西	2 396.8	2 548.2	2 676.3	2 890.8	3 117.8
阿根廷	651.9	685.6	722.3	784.3	847.4
新西兰	141.0	145.1	153.1	158.3	164.7

注：数据来自ITU，根据最新发布数据对往年数据调整。

2014—2018年主要国家每百人固定宽带接入用户数
Fixed (wired)-broadband subscriptions per 100 inhabitants

（单位：户/百人）

国家和地区	2014年	2015年	2016年	2017年	2018年
中国	14.33	19.69	22.81	27.74	28.54
日本	29.48	30.37	31.16	31.79	32.16
韩国	37.94	39.40	40.32	41.48	41.60
印度尼西亚	1.33	1.54	2.00	2.35	3.28
泰国	7.95	9.07	10.47	11.86	13.24
新加坡	26.68	26.58	25.84	25.85	25.88
马来西亚	10.25	10.12	8.86	8.64	8.55
印度	1.22	1.29	1.41	1.33	1.34
巴基斯坦	1.03	0.90	0.81	0.88	0.85
沙特阿拉伯	9.81	11.24	10.13	7.55	5.64
伊朗	7.93	8.42	9.56	12.13	11.99
埃及	3.39	4.14	4.73	5.43	6.69
南非	3.13	2.54	2.05	1.97	2.40
德国	36.31	37.55	38.93	40.20	41.09
英国	36.27	37.48	38.38	39.05	39.60
法国	40.45	41.68	42.80	43.81	44.77
意大利	23.81	24.60	25.66	27.34	28.03
丹麦	41.34	42.28	43.10	43.82	44.06
芬兰	32.20	31.56	31.14	31.03	31.45
葡萄牙	27.43	30.31	32.69	34.74	36.90
俄罗斯	17.25	18.54	18.95	21.37	22.19
波兰	18.99	19.10	19.29	20.11	18.86
西班牙	27.80	29.02	30.26	31.44	32.03
瑞典	33.86	35.80	37.41	39.03	39.13
瑞士	43.09	44.60	45.03	46.31	46.33
土耳其	11.48	12.10	13.15	14.70	16.28
乌克兰	9.31	11.81	12.22	12.55	12.28
美国	30.69	31.85	32.73	34.00	35.61
加拿大	35.24	36.40	36.79	37.91	38.57
墨西哥	10.83	12.11	13.03	13.75	14.64
巴西	11.82	12.46	12.98	13.91	14.88
阿根廷	15.29	15.92	16.60	17.85	19.10
新西兰	30.87	31.44	32.85	33.67	34.72

注：数据来自ITU，根据最新发布数据对往年数据调整。

第三部分　附　录

统计指标解释

一、公用通信网

电信业务总量

是以货币形式表示的电信企业为社会提供各类电信服务的总数量，是用于观察电信业务发展变化总趋势的综合性总量指标。计量单位：元。

电信业务总量是以各类业务的实物量分别乘以相应的不变单价，求出各类业务的货币量加总求得。

不变单价是一定时期内计算业务总量的同度量因素，是根据基年各类电信业务量与相对应的电信业务收入测算的平均单价。不变单价的作用是在一定时期内保持电信业务总量不受价格变动的影响，能够比较准确地综合反映电信业务的发展情况。电信主管部门根据国家统一规定先后制定过七次全国不变单价，基本为 10 年一次。2018 年电信业务总量根据最新制定的 2015 年电信业务不变单价计算。

固定电话用户

是指报告期末在电信企业营业网点办理开户登记手续并已接入固定电话网上的全部电话用户。计量单位：户。

住宅电话用户

是指报告期末私人付费或安装在居民住宅并按照住宅电话用户登记注册和收费的各类电话用户。计量单位：户。

移动电话用户

是指报告期末通过移动电话交换机进入移动电话网的全部电话用户，即报告期末在电信企业营业网点办理开户登记手续，通过移动电话交换机进入移动电话网，并占用移动电话号码资源的各类电话用户。计量单位：户。

3G 移动电话用户：是指在计费系统拥有使用信息，占用 3G 网络资源的在网用户。

4G 移动电话用户：是指在计费系统拥有使用信息，占用 4G 网络资源的在网用户。

5G 移动电话用户：是指报告期末在计费系统拥有使用信息，占用 5G 网络资源的在网用户。计量单位：户。

VoLTE 用户数：是指在报告期内产生 VoLTE 主叫非视频通话或 VoLTE 视频主被叫通话的用户数。计量单位：户。

移动互联网用户：是指报告期末移动电话用户中，通过移动通信网络接入公众互联网或 WAP 网站的用户。计量单位：户。

手机上网用户：是指报告期末移动互联网用户中，使用手机，或通过手机数据线连接计算机，通过移动通信网络接入公众互联网或 WAP 网站的用户。计量单位：户。

互联网宽带接入用户

是指报告期末在电信企业登记注册，通过 *x*DSL、FTT*x*+LAN、FTTH/O 以及其他宽带接入方式和普通专线接入公众互联网的用户。计量单位：户。

互联网专线用户：是指报告期末在电信企业订购互联网专线产品的集团客户开通的互联网专线条数。互联网专线是依托传输网络资源，通过传输电路连接公众互联网的方式，向单位客户提供互联网访问服务。计量单位：户。

***x*DSL 用户**是指在电信企业登记注册通过 *x*DSL 方式接入公众互联网的用户。包括 *x*DSL 虚拟拨号用户和 *x*DSL 专线用户。

LAN 用户是指在电信企业登记注册，通过 FTT*x*+LAN 方式接入公众互联网的用户。包括 FTT*x*+LAN 业务终端方式用户、FTT*x*+LAN 业务专线方式用户。

FTTH/O 用户是指报告期未在电信企业登记注册，通过 FTTH 或 FTTO 方式接入公众互联网的用户。

家庭宽带接入用户：是指报告期末私人付费或安装在居民家庭并按照居民家庭登记注册和收费的各类宽带接入用户。计量单位：户。

政企宽带接入用户：是指报告期末安装在机关、团体或企事业单位等并按照单位登记注册和收费的各类宽带接入用户。计量单位：户。

城市宽带接入用户：是指报告期末行政区划属于中央直辖市、省辖市、地级市、县级市的市区、市郊区及县城区范围内的宽带接入用户，还包括分布在农村地区的县团级以上建制的独立工矿区、林区、驻军的宽带接入用户。计量单位：户。

农村宽带接入用户：是指报告期末行政区划属于城市范围以外的乡（镇）、村的宽带接入用户。计量单位：户。

速率在 20Mbit/s 以下的宽带用户：是指报告期末下行速率小于 20Mbit/s 的宽带接入用户。计量单位：户。

速率在 20Mbit/s 和 100Mbit/s 之间的宽带用户：是指报告期末下行速率大于或等于 20Mbit/s,

且小于 100Mbit/s 的宽带接入用户。计量单位：户。

速率在 100Mbit/s 和 1 000Mbit/s 之间的宽带用户：是指报告期末下行速率大于或等于 100Mbit/s，且小于 1 000Mbit/s 的宽带接入用户。计量单位：户。

速率在 1 000Mbit/s 以上的宽带用户：是指报告期末下行速率大于或等于 1000Mbit/s 的宽带接入用户。计量单位：户。

物联网终端用户

是指报告期末已开通物联网业务的用户。物联网终端即连接传感网络层和传输网络层，实现远程采集数据及向网络层发送数据的物联网设备。计量单位：个。

NB-IoT 联网终端数：是指报告期末已开通物联网业务、占用码号资源，连接到 NB-IoT 网络的用户。计量单位：个。

智能制造终端用户：是指报告期末物联网终端用户中，行业隶属于《2017 年国民经济行业分类（GB/T 4754—2017）》中（B）采矿业，（C）制造业，（E）建筑业，（I）信息传输、软件和信息技术服务业，（K）房地产业，（M）科学研究和技术服务业等 6 大行业。计量单位：个。

智慧农业终端用户：是指报告期末物联网终端用户中，行业隶属于《2017 年国民经济行业分类（GB/T 4754—2017）》中（A）农、林、牧、渔业。计量单位：个。

智能交通和车联网终端用户：是指报告期末物联网终端用户中，行业隶属于《2017 年国民经济行业分类（GB/T 4754—2017）》中（G）交通运输、仓储和邮政业。计量单位：个。

智慧公共事业终端用户：是指报告期末物联网终端用户中，行业隶属于《2017 年国民经济行业分类（GB/T 4754—2017）》中（D）电力、热力、燃气及水生产和供应业，（N）水利、环境和公共设施管理业，（O）居民服务和其他服务业，（P）教育，（Q）卫生和社会工作，（S）公共管理、社会保障和社会组织、（T）国际组织 7 大行业。计量单位：个。

ICT 及融合业务用户

IPTV（网络电视）用户：是指报告期末已安装并开通 IPTV（网络电视）业务的用户。IPTV（网络电视）即宽带电视，宽带与电视机之间通过机顶盒连接。包括同时使用 IPTV（网络电视）和宽带上网的用户数，也包括使用 IPTV 业务但不具备宽带上网能力的用户数。计量单位：户。

云计算业务客户：是指报告期末订购云计算产品、且订购状态为“正常”的单位数，需按 IaaS、PaaS、SaaS 进行剔重。计量单位：户。

大数据业务客户：是指报告期末订购大数据产品、且订购状态为“正常”的单位数。计量单位：户。

数据中心业务客户：是指报告期末订购主机托管、且订购状态为“正常”的集团客户数。计量单位：户。

固定主叫通话时长

是指报告期内电信企业固定电话用户作主叫，拨打的所有去话通话时长。包括拨打本电信企业或其他电信企业的固定或移动电话用户，经本电信企业或其他电信企业固定或移动电路接续的全部去话通话时长。计量单位：分钟。

国际及港澳台主叫通话时长：是指报告期内电信企业固定电话用户作主叫，拨打国外及港澳台地区的所有去话通话时长。包括经本电信企业或其他电信企业国内长途电路和国际电路及澳台电路接续通话的全部国际及港澳台去话通话时长。计量单位：分钟。

移动电话通话量

移动电话去话通话时长：是指报告期内本电信企业移动电话用户在非漫游、漫游出访状态下拨打其他电话用户的所有去话通话时长。漫游来访的异地移动电话用户去话通话时长由计收话费的电信企业统计。计量单位：分钟。

国际及港澳台长途去话通话时长：是指报告期内本电信企业移动电话用户在非漫游、漫游出访状态下，拨打国际及港澳台长途的计费时长。计量单位：分钟。

国际及港澳台漫游去话通话时长：是指报告期内本电信企业移动电话用户在国际及港澳台漫游出访状态下，拨打的去话计费时长，不区分去话方向，主要是去话时长均统计在内。计量单位：分钟。

移动电话来话通话时长：是指报告期内本电信企业移动电话用户在非漫游、漫游出访状态下接听其他电话用户的所有来话通话时长。计量单位：分钟。

移动短信业务量

是指移动电话用户通过移动通信网络短信平台使用短信业务的通信量。计量单位：条。

行业应用短信量：是指报告期内本电信企业通过移动通信网络短信平台面向企事业单位内部生产、管理和沟通、客户服务、业务应用、宣传推广等应用的短信息业务量。也称作“集团短信量”。计量单位：条。

点对点短信量：是指报告期内电信企业移动电话用户经过短消息中心发送成功的点对点短信条数。包括电信企业移动电话用户成功发送给电信企业或其他企业移动电话用户和无线市话用户的短信息业务量。计量单位：条。

移动彩信业务量

是指报告期内本电信企业移动电话用户通过移动通信网络彩信平台使用移动彩信业务的通信量。计量单位：条。

互联网通信量

固定互联网宽带接入流量

是指报告期内电信企业固定互联网宽带接入用户通过固定宽带网络接入公共互联网发生的

计费流量，包括上行流量和下行流量。计量单位：GB。

移动互联网用户接入流量

是指报告期内电信企业移动电话用户（含无线上网卡用户）通过移动通信网络接入公共互联网或 WAP 网站发生的计费流量，包括上行流量和下行流量。计量单位：GB。

手机上网流量：是指报告期内使用手机，或通过手机数据线连接计算机，通过移动通信网络接入公众互联网或 WAP 网站发生的计费流量，包括上行流量和下行流量。计量单位：GB。

国际及港澳台漫游数据流量：是指报告期内移动电话用户（含无线上网卡用户）在国际或港澳台漫游状态下接入公共互联网或 WAP 网站发生的计费流量，包括上行流量和下行流量。计量单位：GB。

固定宽带用户总接入带宽

是指报告期内用户签约带宽的总和，包含政企宽带接入用户、家庭宽带接入用户两部分。计量单位：Gbit/s。

家庭固定宽带用户总接入带宽：是指报告期内家庭宽带接入用户签约带宽的总和。计量单位：Gbit/s。

政企固定宽带用户总接入带宽：是指报告期内政企宽带接入用户签约带宽的总和。计量单位：Gbit/s。

固定电话互联互通通话时长

是指从电信企业固定电话网内发起的经网间关口局疏通的去往其他电信企业固定或移动电话网的电话通话时长。计量单位：分钟。

移动电话互联互通通话时长

是指从本电信企业移动电话网内发起的经网间关口局疏通的去往其他电信企业固定或移动电话网的通话时长。计量单位：分钟。

移动短信互联互通业务量

是指本电信企业固定或移动电话用户发起，通过短信互通网关发送到其他电信企业固定或移动电话用户的各类短信通信量。计量单位：条。

物联网终端接入流量

是指报告期内物联网终端设备通过移动通信网络接入公共互联网或 WAP 网站发生的计费流量，包括上行流量和下行流量。计量单位：GB。

长途光缆

是指由一定数量的光纤按照一定方式组成缆心，外包有护套，用以实现光信号传输的一种用于长途通信的通信线路，包括架空、直埋、管道、水底、海底的光缆。

长途光缆线路长度：是指长途光缆线路的实际长度，架空的光缆按实际杆路长度统计，埋设地下、水底、海底的光缆按沟长统计。计量单位：千米。

本地网中继光缆

是指本地网内各业务节点（如局用交换机、远端模块、数据通信节点机等）之间的光缆，包括本地电话网内本地电话交换机至长途电话交换机之间、各本地电话交换机之间及各业务节点之间的架空、直埋、管道、水底等光缆。分别按本地网中继光缆线路长度、本地网中继光缆纤芯长度统计。

本地网中继光缆线路长度：是指本地网内各业务节点之间从起点至终点所经由的光缆线路实际长度。架空光缆按实际杆路长度统计，埋设地下、水底的光缆按埋设光缆的沟长统计。计量单位：千米。

接入网光缆

是指本地网内各业务节点（如局用交换机、远端模块、数据通信节点机等）至用户节点（光终端设备）之间的光缆。分别按接入网光缆线路长度、接入网光缆纤芯长度统计。

接入网光缆线路长度：是指本地网内各业务节点至用户节点之间的光缆杆路或沟长的实际长度。计量单位：千米。

固定长途电话交换机容量

是指报告期末电信企业用于接入长途电话网的交换机的设备额定容量。计量单位：路端。

局用交换机容量

是指报告期末安装在电信企业内用于接续本地固定电话的交换机容量，不含接入网设备容量。计量单位：门。

接入网设备容量

是指报告期末安装在电信企业用于连接语音用户的远端节点的设备容量。计量单位：门。

移动电话交换机容量

是指报告期末移动电话交换机根据一定话务模型和交换机处理能力计算出来的最大同时服务用户的数量。计量单位：户。

移动电话基站

是指报告期末为小区服务的无线收发信设备，处理基站与移动台之间的无线通信，在移动交换机与移动台之间起中继作用，监视无线传输质量的全套设备数。计量单位：个。

NB-IoT 基站数：是指报告期末本电信企业窄带物联网（Narrow Band Internet of Things，NB-IoT）基站数量。计量单位：个。

3G 基站数：是指报告期末本电信企业 3G 移动通信网络上实际使用的 Node-B 数量。包括 TD-SCDMA 基站、WCDMA 基站和 CDMA 2000 基站。计量单位：个。

4G 基站数：是指报告期末本电信企业 4G 移动通信网络上实际使用的 Node-B 数量。包括 TD-LTE 基站和 FDD-LTE 基站。计量单位：个。

5G 基站数：是指报告期末本电信企业 5G 移动通信网络上实际使用的 Node-B 数量。基站。计量单位：个。

移动电话基站物理站址数

是指报告期末位于同一经纬度的基站站址数量，包括基站的铁塔等支撑设施、天面、机房、室内分布系统、基站专用的传输线路、电源等其他配套设施。包括企业自有站址和除通信行业内部租赁的社会其他租赁站址。计量单位：个。

移动电话基站室内分布系统数

是指报告期末将基站信号引入室内，解决室内盲区覆盖，并可以有效解决信号延伸和覆盖，改善室内通信质量的于室内分布信源数。计量单位：个。

3G 室内分布系统数：是指报告期末电信企业 3G 移动通信网络中开通运行的包含室内覆盖的室内分布系统。包括 TD-SCDMA 室内分布数、WCDMA 室内分布数和 CDMA 2000 室内分布数。统计以信源为最小颗粒。计量单位：个。

4G 室内分布系统数：是指报告期末电信企业 4G 移动通信网络中开通运行的包含室内覆盖的室内分布系统。包括 TD-LTE 室内分布数和 FDD-LTE 室内分布数。统计以信源为最小颗粒。计量单位：个。

5G 室内分布系统数：是指报告期末电信企业 5G 移动通信网络中开通运行的包含室内覆盖的室内分布系统。计量单位：个。

互联网宽带接入端口

是指用于接入互联网用户的各类实际安装运行的接入端口的数量，包括 *x*DSL 用户接入端口、LAN 接入端口、FTTH/O 端口及其他类型接入端口等，不包括窄带拨号接入端口。计量单位：个。

***x*DSL 端口**：是指报告期末用于接入互联网用户的各类实际安装运行的 *x*DSL 接入端口的数量。计量单位：个。

LAN 端口：是指报告期末用于接入互联网用户的各类实际安装运行的 LAN 接入端口的数量。计量单位：个。

FTTH/O 端口：是指报告期末用于接入互联网用户的各类实际安装运行的 FTTH 或 FTTO 接入端口的数量。计量单位：个。

城市宽带接入端口：是指报告期末行政区划属于中央直辖市、省辖市、地级市、县级市的市区、市郊区及县城区范围内的宽带接入端口的数量，还包括分布在农村地区的县团级以上建制的独立工矿区、林区、驻军的宽带接入端口的数量。计量单位：个。

农村宽带接入端口：是指报告期末行政区划属于城市范围以外的乡（镇）、村的宽带接入端口的数量。计量单位：个。

互联网省际出口带宽

是指报告期末本省电信企业与其他省份电信运营企业之间的互联网连接带宽总数。计量单位：MB。

互联网数据中心机架数量

是指报告期末基础电信企业提供数据中心业务服务的所有机架数量。计量单位：个。

营业收入

是指报告期内企业（单位）在报告期内从事销售商品、提供劳务及转让资产使用权等日常活动中所形成的总收入，包括主营业务收入和其他业务收入。根据会计“利润表”中对应指标计算填列。计量单位：万元。

电信业务收入：是指报告期内电信企业经营的基础电信业务和增值电信业务所取得的资费收入，以及电信企业之间网间互联电信业务的结算收入。计量单位：万元。

企业间网间结算收入：是指报告期内电信企业按照与其他电信企业签订的网间互联协议中商定的结算周期、结算地点进行网间结算，由其他电信企业结入的结算收入。计量单位：万元。

物联网业务收入：是指报告期内电信企业经营物联网业务获得的收入。计量单位：万元。

固定通信业务收入：是指报告期内电信企业经营固定通信业务获得的收入。包括提供固定电话及通信服务、固定基础数据业务和互联网接入业务，通过固定通信网经营增值电信业务等获得的收入，固定通信网之间的企业间网间结算收入，以及企业内固定通信网与移动通信网之间的结算净收入。计量单位：万元。

固定话音业务收入：是指报告期内电信企业提供固定电话服务（含无线市话）及通信服务获得的收入。包括装机收入、移机收入、固定语音其他收入。计量单位：万元。

固定数据及互联网业务收入：是指报告期内电信企业提供固定基础数据通信和互联网接入业务获得的收入。包括出租电路、出租设备等资源出租业务收入。计量单位：万元。

互联网宽带接入业务收入：是指报告期内电信企业用户通过 *x*DSL、FTT*x*+LAN 等方式接入宽带 IP 城域网，实现宽带接入互联网所发生的一次性费用和网络使用费收入。计量单位：万元。

互联网专线业务收入：是指报告期内订购互联网专线产品的集团客户通过互联网专线连接公众互联网，所发生的一次性费用和网络使用费收入收入。计量单位：万元。

家庭宽带接入业务收入：是指报告期内电信企业用户通过 *x*DSL、FTT*x*+LAN 等方式接入宽带 IP 城域网，实现家庭宽带接入互联网所发生的一次性费用和网络使用费收入。计量单位：万元。

政企宽带接入业务收入：是指报告期内电信企业用户通过 *x*DSL、FTT*x*+LAN 等方式接入宽带 IP 城域网，实现政企宽带接入互联网所发生的一次性费用和网络使用费收入。计量单位：万元。

固定增值业务收入：是指报告期内电信企业通过固定通信网络经营增值电信业务获得的收入。包括语音增值业务收入、互联网增值业务收入、数据中心业务收入、云计算业务收入、大数据业务收入、集成业务收入等。计量单位：万元。

IPTV（网络电视）业务收入：是指报告期内电信企业经营 IPTV（网络电视）业务获得的收入。计量单位：万元。

数据中心业务收入：是指报告期内电信企业经营数据中心业务获得的收入。计量单位：万元。

云计算业务收入：是指报告期内电信企业经营云计算业务获得的收入。计量单位：万元。

大数据业务收入：是指报告期内电信企业经营大数据业务获得的收入。计量单位：万元。

集成业务收入：是指报告期内电信企业经营集成业务获得的收入。计量单位：万元。

移动通信业务收入：是指报告期内电信企业经营移动通信业务获得的收入。包括提供移动电话及通信服务和漫游服务，通过移动通信网经营增值电信业务等获得的收入，移动通信网之间的企业间网间结算收入，以及企业内固定通信网与移动通信网之间的结算净支出。计量单位：万元。

移动话音业务收入：是指报告期内电信企业提供移动电话服务获得的收入。计量单位：万元。

移动数据及互联网业务收入：是指报告期内电信企业通过为移动电话用户提供移动数据业务和移动互联网接入业务获得的收入。包括移动终端发起并通过移动数据平台的业务收入、移动数据通信网络及平台出租类业务收入、手机上网通信费收入（含 WAP 收入）以及 WLAN 用户业务收入。包括无线上网卡业务收入、手机上网业务收入等（不含物联网数据及互联网业务收入）。计量单位：万元。

手机上网业务收入：是指报告期内电信企业为用户提供手机上网数据服务获得的收入。计量单位：万元。

移动增值业务收入：是指报告期内电信企业移动电话用户使用增值电信业务所取得的资费收入。计量单位：万元。

移动短信业务收入：是指报告期内电信企业为移动电话用户提供移动短信服务获得的收入。包括移动终端或互联网平台发起的点对点、点对多点 SMS/EMS/MMS 业务收入。计量单位：万元。

移动互联网信息服务收入：是指报告期内电信企业通过互联网为移动电话用户提供信息服务活动所获得的收入以及通过建立与移动通信网络连接的服务平台，为移动终端用户提供各种信息服务。包括音乐、信息导航、应用商店、网络广告、网络游戏、信息社区平台、信息及时交互、电子邮箱、智能网及终端功能等移动互联网信息服务业务所获得的收入。计量单位：万元。

营业成本

是指报告期内企业销售商品或提供劳务的成本。营业成本应当与销售商品或提供劳务而取得的收入进行配比。营业成本包括主营业务成本和其他业务成本。计量单位：万元。

电信业务成本：是指报告期内电信企业在通信生产过程中实际发生的与通信生产直接有关的各项费用支出。计量单位：万元。

营业费用：是指报告期内企业在营销过程中实际发生的与营销活动有关的各项费用支出。根据“利润表”中对应项目的“本年累计数”填列。计量单位：万元。

管理费用：是指报告期内企业行政管理部门和企业的董事会为组织和管理企业生产经营活动而发生的各项费用。根据“利润表”中“管理费用”项的“本年累计数”填列。计量单位：万元。

差旅费：是指报告期内企业行政管理部门的差旅费，包括市内公出的交通费和外地出差的差旅费。计量单位：万元。

财务费用：是指报告期内企业为筹集生产经营所需资金而发生的费用。根据会计“利润表”中“财务费用”项的“本年累计数”填列。计量单位：万元。

利息净支出：是指报告期内企业短期借款利息、长期借款利息、应付票据利息、票据贴现利息、应付债券利息、长期应付引进国外设备款利息等利息支出（除资本化的利息外）减去银行存款等的利息收入后的净额。根据会计“财务费用明细资料”中的利息支出项目填列。计量单位：万元。

本年应付职工薪酬：是指报告期内企业本年因职工提供服务而支付或放弃的所有对价。包括职工工资、奖金、津贴和补贴，职工福利费，医疗保险费、养老保险费、失业保险费、工伤保险费和生育保险费等社会保险费，住房公积金，工会经费和职工教育经费，非货币性福利，因解除与职工的劳动关系给予的补偿，其他与获得职工提供的服务相关的支出。计量单位：万元。

营业利润

是指报告期内企业从事生产经营活动所取得的利润。本指标根据会计“利润表”中对应指标的“本年累计数”填列。计量单位：万元。

资产减值损失：是指报告期内企业各项资产发生的减值损失。执行 2006 年《企业会计准则》的企业，根据“利润表”中的“资产减值损失”填列。计量单位：万元。

公允价值变动收益：是指报告期内企业应当计入当期损益的资产或负债公允价值变动收

益。包括交易性金融资产、交易性金融负债，以及采用公允价值模式计量的投资性房地产、衍生工具、套期保值业务等公允价值变动形成的应计入当期损益的利得或损失。执行 2006 年《企业会计准则》的企业，根据“利润表”中的“公允价值变动收益”填列，若为损失应在本项目金额前加“-”号。计量单位：万元。

投资收益：是指报告期内企业以各种方式对外投资所取得的收益或发生的损失。执行 2006 年《企业会计准则》的企业，根据“利润表”中的“投资收益”项填列，若为投资损失应在本项目金额前加“-”号。计量单位：万元。

利润总额：是指报告期内企业在生产经营过程中，通过销售过程将商品卖给购买方，实现收入，收入扣除当初的投入成本以及其他一系列费用，再加减非经营性质的收支及投资收益，即为企业的利润总额。计量单位：万元。

电信利润总额：是指报告期内电信企业在从事通信业务生产经营过程中实现的利润总额。计量单位：万元。

税费总额：是指报告期内企业按照规定向国家交纳的各种税金之和以及教育费附加。计量单位：万元。

所得税：是指报告期内企业按照规定因生产经营所得和其他所得向国家交纳的一种税。计量单位：万元。

净利润：是指报告期内企业的利润总额减去所得税后的余额。计量单位：万元。

电信净利润：是指报告期内电信企业在从事通信业务生产经营过程中实现的净利润。计量单位：万元。

增加值

是指报告期内电信企业在核算期内从事生产经营或劳务的最终成果，即电信企业在核算期内为国家和社会新创造的价值总额。国内生产总值是由各部门的增加值组成的，计算增加值主要是为了满足国家计算国内生产总值的需要。计量单位：万元。

资产总额

是指过去的交易或事项形成并由电信企业拥有或控制的所有资源，该资源预期会给企业带来经济利益，按其流动性分为流动资产和非流动资产。计量单位：元。

固定资产原值

是指电信企业在建造、购置、安装、改建、扩建、技术改造某项固定资产时所支出的全部货币总额。它一般包括买价、包装费、运杂费和安装费等。计量单位：元。

固定资产净值

是指固定资产原值扣除历年已提折旧额后的净额。计量单位：元。

固定资产投资完成额

是指报告期内电信企业从年初至本月最后一天用于电信网络及其附属设施等方面完成的累计投资额。包括在通信电子设备、通信线路设备、办公设备和家具、电子计算机系统、电源设备、房屋及建筑物、运输起重设备、其他设备和融资租入固定资产等方面的投资。计量单位：万元。

4G 投资：是指报告期内用于 4G 网络及其附属设施建设的投资。包括对 2G 或者 3G 网络及相关设施进行改造后使之具备开通 4G 业务能力的投资。计量单位：万元。

5G 投资：是指报告期内用于 5G 网络及其附属设施建设的投资。包括对 2G/3G/4G 网络及相关设施进行改造后使之具备开通 5G 业务能力的投资。计量单位：万元。

物联网投资：是指报告期内用于物联网业务平台、物联网网络（含移动通信网络或 NB-IoT 网络）、物联网终端及模组等的投资。计量单位：万元。

固定通信投资：是指报告期内专门用于固定通信网络建设的投资。包括无线市话网投资，不包括数据通信网投资。计量单位：万元。

移动通信投资：是指报告期内专门用于移动通信网络建设的投资。计量单位：万元。

互联网及数据通信投资：是指报告期内用于互联网和数据业务网络的投资。包括 IP 数据网投资和基础数据网投资，包括核心路由器、边缘路由器、服务路由器（SR）和 BAS 的投资和其他投资。计量单位：万元。

互联网宽带接入投资：是指报告期内用于互联网宽带网络建设的投资。计量单位：万元。

创新及增值平台投资：是指报告期内用于承载网、业务网和增值平台等方面的投资。计量单位：万元。

信息系统投资：是指报告期内用于信令网、智能网、同步网、BOSS、MIS、OA 等网络的设备和软件投资。计量单位：万元。

传输投资：是指报告期内专门用于传输网建设的投资。如管道、光缆、传输系统及其他投资，包括传输设备、光缆线路、微波投资。计量单位：万元。

局房及营业场所投资：是指报告期内用于生产用房、办公经营用房和营业厅的投资。计量单位：万元。

电信其他投资：是指报告期内用于管理、共用等不属于上述方面的其他投资。计量单位：万元。

移动电话漫游国家和地区

是指在移动电话用户出国（境）时，可以用原有的手机和 SIM 卡，并且沿用在中国的电话号码，在当地继续接听来电并随时随地打出电话的国家和地区，即统计期末所有与本企业签署漫游协议，提供漫游服务的国家和地区。计量单位：个。

固定电话普及率

是指报告期行政区域总人口中，平均每百人拥有的固定电话用户数（不包括专用通信网电话和接入用户交换机的电话)。计量单位：部 / 百人。

计算公式：

$$固定电话普及率 = \frac{固定电话话机总数（部）}{行政区域总人口数（人）} \times 100\%$$

注：人口数取自国家统计局统计资料。

城市固定电话普及率

是指报告期城市行政区域总人口中，平均每百人拥有的固定电话用户数（不包括专用通信网电话和接入用户交换机的电话)。计量单位：部 / 百人。

计算公式：

$$城市固定电话普及率 = \frac{城市固定电话话机总数（部）}{城市辖区内人口总数（人）} \times 100\%$$

注：人口数取自公安部公布的人口资料。

移动电话普及率

是指报告期行政区域总人口中，平均每百人拥有的移动电话数。计量单位：部 / 百人。

计算公式：

$$移动电话普及率 = \frac{移动电话用户总数（部）}{行政区域总人口数（人）} \times 100\%$$

注：人口数取自国家统计局统计资料。

二、互联网和相关服务业务

增值电信企业

是指在中国大陆境内经营全国或区域性增值电信业务的服务商。计量单位：个。

国有控股企业：是指在企业全部资本中，国家资产投资或持股比例超过百分之五十，且以国有控股企业性质注册增值电信业务经营许可的企业。包括国有独资企业。

外商投资企业：是指外国投资者同中国投资者在中国境内依法以中外合资经营形式，共同投资设立的企业，且以外商投资企业性质注册增值电信业务经营许可的企业。

民营控股企业：是指除国有控股、外商投资增值电信企业以外，以民营控股企业性质注册增值电信业务经营许可的企业。

港、澳、台投资企业：是指企业工商登记注册类型为港、澳、台商投资的增值电信企业。

包括与港澳台商合资经营、合作经营，港澳台商独资经营以及港澳台商投资股份有限公司的企业。

营业收入

是指报告期内企业经营主要业务和其他业务所取得的收入总额。营业收入合计包括“主营业务收入”和“其他业务收入”。根据会计“利润表”中“营业收入”项目填报。计量单位：万元。

互联网业务收入：是指报告期内企业经营《增值电信业务经营许可证》中注册的各类增值电信业务所获得业务收入的总和。包括《电信业务分类目录》中界定的第一、二类电信增值业务的企业，以及模拟集群通信业务、无线寻呼业务、国内甚小口径终端地球站（VSAT）通信业务、第二类数据通信业务（含固定网国内数据传送业务和无线数据传送业务）、用户驻地网业务、网络托管业务比照增值电信业务管理的业务所取得的收入。计量单位：万元。

互联网接入及相关服务业务收入：是指报告期内除基础电信运营商外，基于基础传输网络为存储数据、数据处理及相关活动，提供接入互联网的有关应用设施的服务所获得的收入（包括 CDN 业务、ISP 互联网接入业务）。计量单位：万元。

信息服务收入：是指报告期内通过互联网提供在线信息、电子邮箱、数据检索、网络游戏、网上新闻、网上音乐等信息服务获得的收入。不包括互联网支付、互联网基金销售、互联网保险、互联网信托和互联网消费金融，有关内容列入相应的金融行业。计量单位：万元。

互联网平台收入：是指报告期内企业运营生产服务平台、生活服务平台、科技创新平台、公共服务平台及其他互联网平台所获得的收入。计量单位：万元。

互联网安全服务收入：是指报告期内企业提供包括网络安全监控，以及网络服务质量、可信度和安全等评估测评服务所取得的收入。计量单位：万元。

互联网数据服务收入：是指报告期内企业提供以互联网技术为基础的大数据处理、云存储、云计算、云加工等服务所取得的收入。计量单位：万元。

其他平台收入：是指报告期内企业从事其他电信活动、数据处理、存储及相关活动所取得的收入。计量单位：万元。

增值电信企业从业人数

是指增值电信企业中直接从事增值电信业务的员工数。计量单位：人。

注意事项：不包括增值电信企业中从事非增值电信业务的员工。

三、国际电联统计指标

电话主线运营数

是指将用户终端设备与公众交换网进行连接的并在电话交换设备上拥有专门端口的（固定）

电话线。该术语与通信文件中常用的主站或直接交换线（DEL）为同义词术语。电话主线可能不同于接入线或用户线。该指标中涵盖综合业务数字网（ISDN）通道的数量。固定无线用户也应包括其中。

蜂窝移动电话用户数

是指使用蜂窝技术向公众交换电话网（PSTN）提供接入的公众移动电话业务的便携式电话签约付费用户，其中可以包括模拟和数字蜂窝系统。这些用户还包括 IMT-2000（3G）用户。公众移动数据业务或无线寻呼业务的用户不应包括其中。

互联网网民数

是指通过定期调查进行估算的互联网上网人数。通常而言，调查会说明某一特定年龄组人口的百分比（如 15 ～ 74 岁）。应提供该年龄组的互联网网民总数，而非由人口总数乘以该年龄组互联网网民的百分比。在没有调查数据的情况下，可以根据用户数量推算出一个估算数字。

中华人民共和国
2018 年国民经济和社会发展统计公报

2018 年，面对复杂严峻的国际环境和艰巨繁重的改革发展任务，在以习近平同志为核心的党中央坚强领导下，各地区、各部门以习近平新时代中国特色社会主义思想为指导，全面贯彻党的十九大和十九届二中、三中全会精神，按照党中央、国务院决策部署，统筹推进“五位一体”总体布局，协调推进“四个全面”战略布局，坚持稳中求进工作总基调，深入贯彻新发展理念，落实高质量发展要求，以供给侧结构性改革为主线，着力深化改革扩大开放，坚决打好防范化解重大风险、精准脱贫、污染防治三大攻坚战，有效应对外部环境深刻变化，统筹稳增长、促改革、调结构、惠民生、防风险，做好稳就业、稳金融、稳外贸、稳外资、稳投资、稳预期工作，经济运行总体平稳、稳中有进，质量效益稳步提升，人民生活持续改善，并保持了经济持续健康发展和社会大局稳定，朝着实现全面建成小康社会的目标迈出了新的步伐。

一、综合

初步核算，2018 年国内生产总值达到 900 309 亿元，比 2017 年增长 6.6%，具体如图 1 所示。其中，第一产业增加值为 64 734 亿元，增长 3.5%；第二产业增加值为 366 001 亿元，增长 5.8%；第三产业增加值为 469 575 亿元，增长 7.6%。第一产业增加值占国内生产总值的比重为 7.2%，第二产业增加值的比重为 40.7%，第三产业增加值的比重为 52.2%，如图 2 所示。2018 年最终消费支出对国内生产总值增长的贡献率为 76.2%，资本形成总额的贡献率为 32.4%，货物和服务净出口的贡献率为 -8.6%。人均国内生产总值为 64 644 元，比 2017 年增长 6.1%。国民总收入达到 896 915 亿元，比 2017 年增长 6.5%。全国万元国内生产总值能耗比 2017 年下降 3.1%，如图 3 所示。全员劳动生产率为 107 327 元 / 人，比 2017 年提高 6.6%，如图 4 所示。

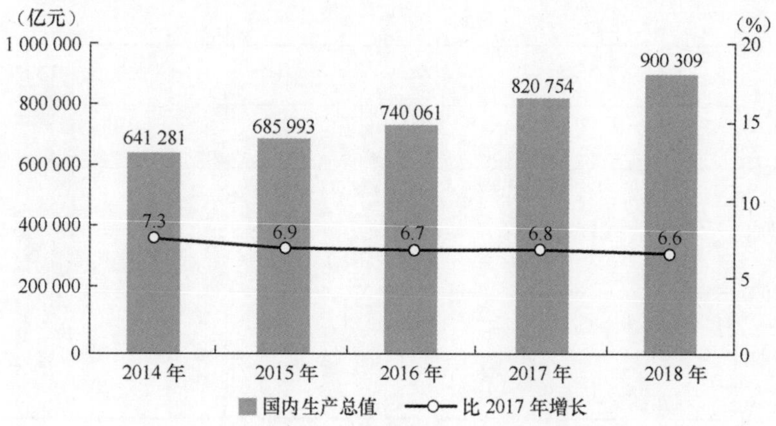

图 1　2014—2018 年国内生产总值及其增长速度

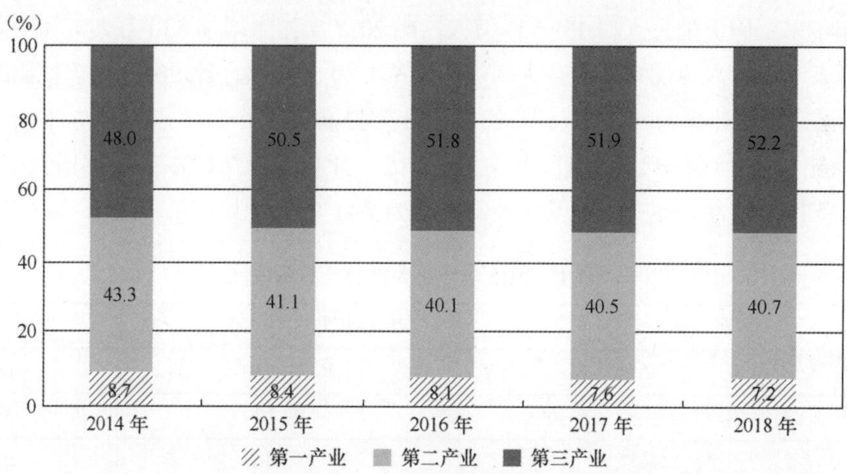

图 2　2014—2018 年三次产业增加值占国内生产总值比重

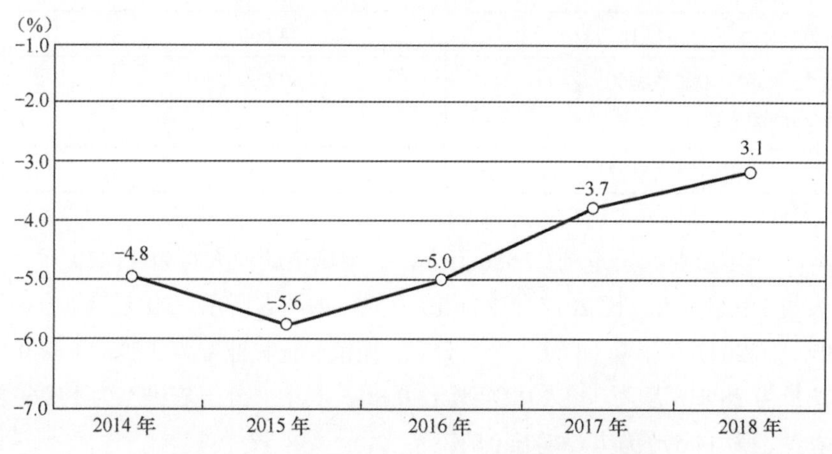

图 3　2014—2018 年万元国内生产总值能耗降低率

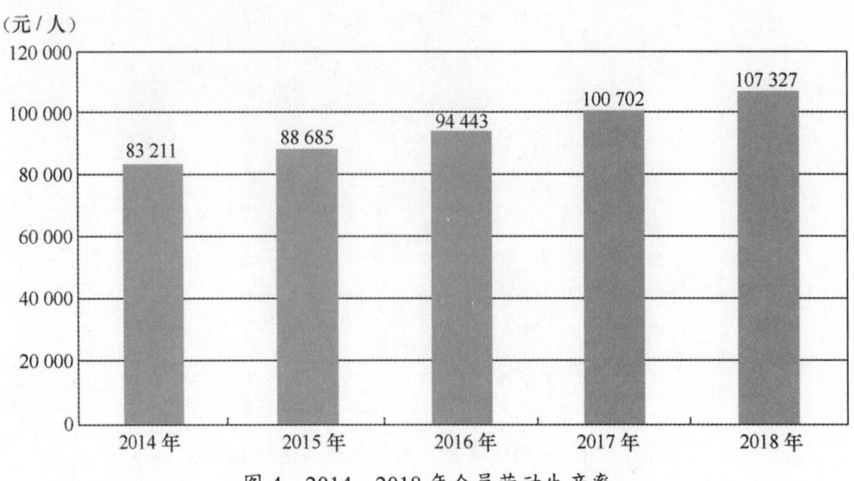

图 4　2014—2018 年全员劳动生产率

2018 年年末全国大陆总人口 139 538 万人，比 2017 年年末增加 530 万人，其中城镇常住人口 83 137 万人，占总人口比重（常住人口城镇化率）为 59.58%，比 2017 年年末提高 1.06 个百分点。户籍人口城镇化率为 43.37%，比 2017 年年末提高 1.02 个百分点。2018 年全年出生人口 1 523 万人，出生率为 10.94‰；死亡人口 993 万人，死亡率为 7.13‰；自然增长率为 3.81‰。全国人户分离的人口为 2.86 亿人，其中流动人口为 2.41 亿人，具体见表 1。

表 1　2018 年年末人口数及其构成

指　　标	2018年年末数（万人）	比重（%）
全国总人口	139 538	100.0
其中：城镇	83 137	59.58
乡村	56 401	40.42
其中：男性	71 351	51.1
女性	68 187	48.9
其中：0～15岁（含不满16周岁）	24 860	17.8
16～59岁（含不满60周岁）	89 729	64.3
60周岁及以上	24 949	17.9
其中：65周岁及以上	16 658	11.9

2018 年年末全国就业人员达到 77 586 万人，其中城镇就业人员为 43 419 万人。2018 年城镇新增就业人员 1 361 万人，比 2017 年增加 10 万人，如图 5 所示。2018 年年末全国城镇调查失业率为 4.9%，比 2017 年年末下降 0.1 个百分点；城镇登记失业率为 3.8%，下降 0.1 个百分点。全国农民工总量为 28 836 万人，比 2017 年增长 0.6%。其中，外出农民工为 17 266 万人，增长 0.5%；本地农民工为 11 570 万人，增长 0.9%。

2017 年居民消费价格比 2017 年上涨 2.1%，见表 2，2018 年居民消费价格比 2017 年涨跌幅度如图 6 所示。工业生产者出厂价格上涨 3.5%。工业生产者购进价格上涨 4.1%。固定资产投资价格上涨 5.4%。农产品生产者价格下降 0.9%。12 月 70 个大中城市新建商品住宅销售价格月同比上涨的城市个数为 69 个，下降为 1 个。

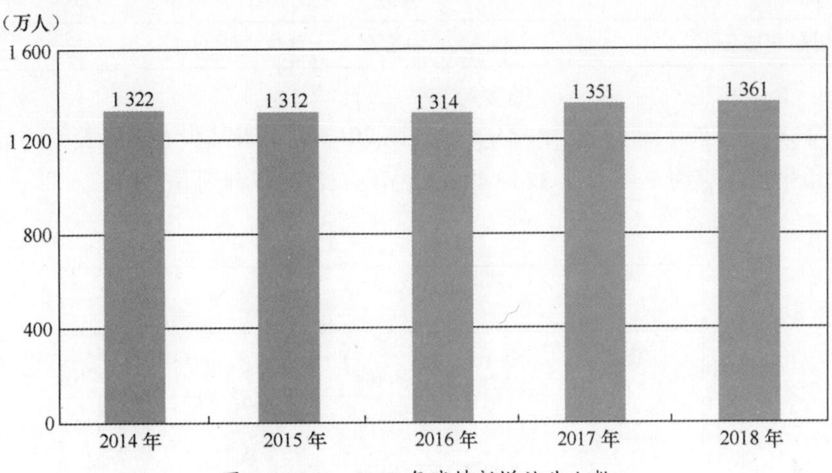

图 5　2014—2018 年城镇新增就业人数

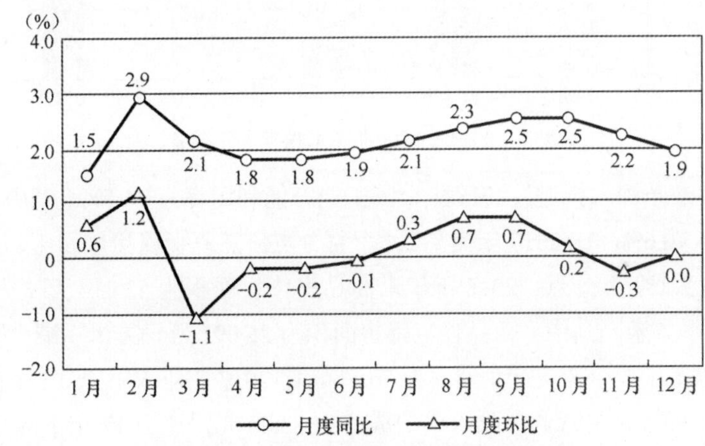

图 6　2018 年居民消费价格月度涨跌幅度

表 2　2018 年居民消费价格比 2017 年涨跌幅度　　（单位：%）

指　　标	全　　国	城　　市	农　　村
居民消费价格	2.1	2.1	2.1
其中：食品烟酒	1.9	2.1	1.1
衣　着	1.2	1.1	1.5
居　住	2.4	2.1	3.3
生活用品及服务	1.6	1.6	1.6
交通和通信	1.7	1.6	1.8

（续表）

指　　标	全　国	城　市	农　村
教育文化和娱乐	2.2	2.3	2.2
医疗保健	4.3	4.6	3.7
其他用品和服务	1.2	1.2	1.2

2018 年年末国家外汇储备 30 727 亿美元，比 2017 年年末减少 672 亿美元，如图 7 所示。2018 年人民币平均汇率为 1 美元兑 6.617 4 元人民币，比 2017 年升值 2.0%。

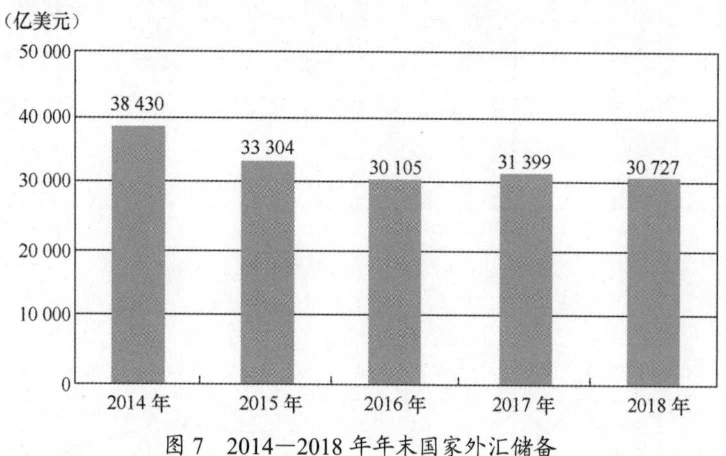

图 7　2014—2018 年年末国家外汇储备

供给侧结构性改革深入推进。2018 年全国工业产能利用率为 76.5%。其中，煤炭开采和洗选业产能利用率为 70.6%，比 2017 年提高 2.4 个百分点；黑色金属冶炼和压延加工业产能利用率为 78.0%，提高 2.2 个百分点。2018 年年末商品房待售面积为 52 414 万平方米，比 2017 年年末减少 6 510 万平方米。其中，商品住宅待售面积为 25 091 万平方米，减少 5 072 万平方米。2018 年年末规模以上工业企业资产负债率为 56.5%，比 2017 年年末下降 0.5 个百分点。2018 年规模以上工业企业每百元主营业务收入中的成本为 83.88 元，比 2017 年下降 0.20 元。2018 年生态保护和环境治理业、农业固定资产投资（不含农户）分别比 2017 年增长 43.0% 和 15.4%。

新动能持续发展壮大。2018 年规模以上工业战略性新兴产业增加值比 2017 年增长 8.9%。高技术制造业增加值增长 11.7%，占规模以上工业增加值的比重为 13.9%。装备制造业增加值增长 8.1%，占规模以上工业增加值的比重为 32.9%。2018 年规模以上服务业中，战略性新兴服务业的营业收入比 2017 年增长 14.6%。2018 年高技术产业投资比 2017 年增长 14.9%，工业技术改造投资增长 12.8%。2018 年新能源汽车产量为 115 万辆，比 2017 年增长 66.2%；智能电视产量 11 376 万台，增长 17.7%。2018 年网上零售额为 90 065 亿元，比 2017 年增长 23.9%。

脱贫攻坚成效显著。按照每人每年 2 300 元（2010 年不变价）的农村贫困标准计算，2018 年年末农村贫困人口 1 660 万人，比 2017 年年末减少 1 386 万人；贫困发生率为 1.7%，比 2017 年下降 1.4 个百分点，如图 8 所示。2018 年贫困地区农村居民人均可支配收入为 10 371 元，比

2017 年增长 10.6%，扣除价格因素，实际增长 8.3%。

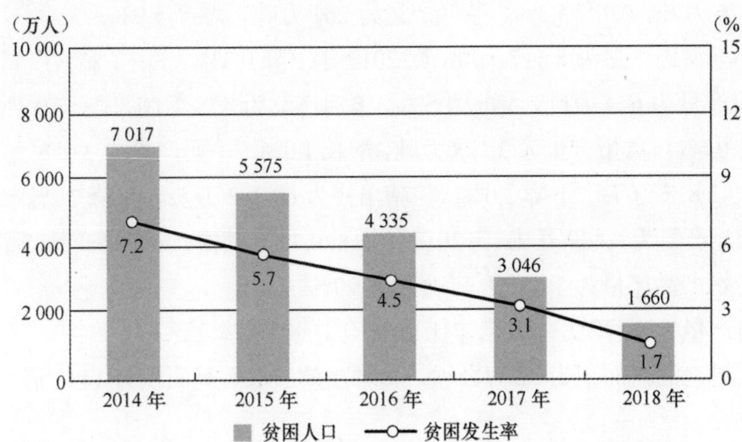

图 8　2014—2018 年年末全国农村贫困人口和贫困发生率

二、农业

2018 年粮食种植面积为 11 704 万公顷，比 2017 年减少 95 万公顷。其中，小麦种植面积为 2 427 万公顷，减少 24 万公顷；稻谷种植面积为 3 019 万公顷，减少 56 万公顷；玉米种植面积为 4 213 万公顷，减少 27 万公顷。棉花种植面积为 335 万公顷，增加 16 万公顷。油料种植面积为 1 289 万公顷，减少 33 万公顷。糖料种植面积为 163 万公顷，增加 9 万公顷。

2018 年粮食产量为 65 789 万吨，比 2017 年减少 372 万吨，减产 0.6%。其中，夏粮产量为 13 878 万吨，减产 2.1%；早稻产量为 2 859 万吨，减产 4.3%；秋粮产量为 49 052 万吨，增产 0.1%。2018 年谷物产量为 61 019 万吨，比 2017 年减产 0.8%。其中，稻谷产量为 21 213 万吨，减产 0.3%；小麦产量为 13 143 万吨，减产 2.2%；玉米产量为 25 733 万吨，减产 0.7%，如图 9 所示。

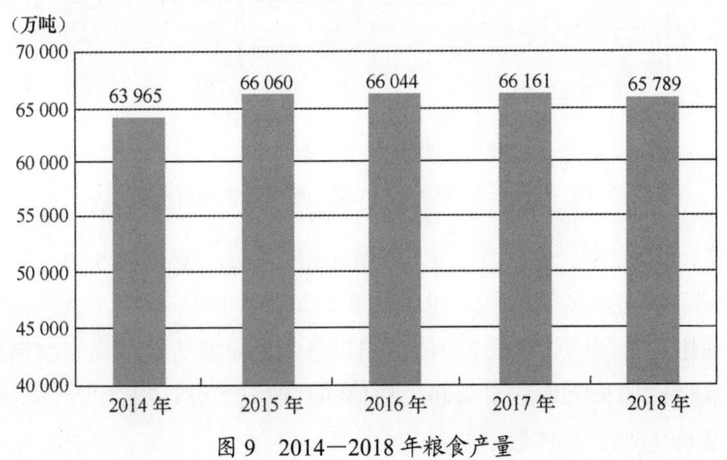

图 9　2014—2018 年粮食产量

2018 年棉花产量为 610 万吨，比 2017 年增产 7.8%。油料产量为 3 439 万吨，减产 1.0%。糖料产量为 11 976 万吨，增产 5.3%。茶叶产量为 261 万吨，增产 5.9%。

2018 年猪牛羊禽肉产量为 8 517 万吨，比 2017 年下降 0.3%。其中，猪肉产量为 5 404 万吨，下降 0.9%；牛肉产量为 644 万吨，增长 1.5%；羊肉产量为 475 万吨，增长 0.8%；禽肉产量为 1 994 万吨，增长 0.6%。禽蛋产量为 3 128 万吨，增长 1.0%。牛奶产量为 3 075 万吨，增长 1.2%。年末生猪存栏为 42 817 万头，下降 3.0%；生猪出栏为 69 382 万头，下降 1.2%。

2018 年水产品产量为 6 469 万吨，比 2017 年增长 0.4%。其中，养殖水产品产量为 5 018 万吨，增长 2.3%；捕捞水产品产量为 1 451 万吨，下降 5.7%。

2018 年木材产量为 8 432 万立方米，比 2017 年增长 0.4%。

2018 年新增耕地灌溉面积为 72 万公顷，新增高效节水灌溉面积为 144 万公顷。

三、工业和建筑业

2018 年全部工业增加值为 305 160 亿元，比 2017 年增长 6.1%，如图 10 所示。规模以上工业增加值增长 6.2%。在规模以上工业中，从经济类型看，国有控股企业增加值增长 6.2%；股份制企业增长 6.6%，外商及港澳台商投资企业增长 4.8%；私营企业增长 6.2%。从门类看，采矿业增长 2.3%，制造业增长 6.5%，电力、热力、燃气及水生产和供应业增长 9.9%。

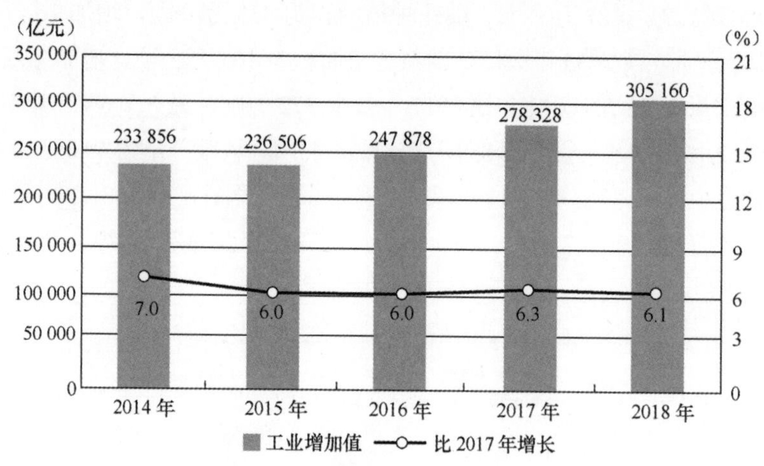

图 10　2014—2018 年全部工业增加值及其增长速度

2018 年规模以上工业中，农副食品加工业增加值比 2017 年增长 5.9%，纺织业增长 1.0%，化学原料和化学制品制造业增长 3.6%，非金属矿物制品业增长 4.6%，黑色金属冶炼和压延加工业增长 7.0%，通用设备制造业增长 7.2%，专用设备制造业增长 10.9%，汽车制造业增长 4.9%，电气机械和器材制造业增长 7.3%，计算机、通信和其他电子设备制造业增长 13.1%，电力、热力生产和供应业增长 9.6%，具体数据见表 3。

表 3　2018 年主要工业产品产量及其增长速度

产品名称	单位	产量	比2017年增长（%）
纱	万吨	2 958.9	-7.3
布	亿米	657.3	-4.9
化学纤维	万吨	5 011.1	2.7
成品糖	万吨	1 524.1	3.5
卷烟	亿支	23 358.7	-0.4
彩色电视机	万台	18 834.8	18.2
其中：液晶电视机	万台	18 825.2	19.5
家用电冰箱	万台	7 993.2	-3.9
房间空气调节器	万台	20 486.0	14.7
一次能源生产总量	亿吨标准煤	37.7	5.0
原煤	亿吨	36.8	4.5
原油	万吨	18 910.6	-1.3
天然气	亿立方米	1 602.7	8.3
发电量	亿千瓦小时	71 117.7	7.7
其中：火电	亿千瓦小时	50 738.6	6.7
水电	亿千瓦小时	12 342.3	3.0
核电	亿千瓦小时	2 943.6	18.7
粗钢	万吨	92 800.9	6.6
钢材	万吨	110 551.7	5.6
十种有色金属	万吨	5 702.7	3.7
其中：精炼铜（电解铜）	万吨	902.9	0.7
原铝（电解铝）	万吨	3 580.2	7.5
水泥	亿吨	22.1	-5.3
硫酸（折100%）	万吨	9 129.8	-0.9
烧碱（折100%）	万吨	3 420.2	2.7
乙烯	万吨	1 841.0	1.1
化肥（折100%）	万吨	5 424.4	-7.9
发电机组（发电设备）	万千瓦	10 600.5	-10.3
汽车	万辆	2 781.9	-4.1
其中：基本型乘用车（轿车）	万辆	1 160.1	-2.9
运动型多用途乘用车（SUV）	万辆	927.4	-7.7

（续表）

产品名称	单　位	产　量	比2017年增长（%）
大中型拖拉机	万台	24.3	-29.3
集成电路	亿块	1 739.5	11.2
程控交换机	万线	1 006.6	7.3
移动通信手持机	万台	179 846.4	-4.8
微型计算机设备	万台	30 700.2	0.1
工业机器人	万台（套）	14.8	6.4

2018 年年末全国发电装机容量为 189 967 万千瓦，比 2017 年年末增长 6.5%。其中，火电装机容量为 114 367 万千瓦，增长 3.0%；水电装机容量为 35 226 万千瓦，增长 2.5%；核电装机容量为 4 466 万千瓦，增长 24.7%；并网风电装机容量为 18 426 万千瓦，增长 12.4%；并网太阳能发电装机容量为 17 463 万千瓦，增长 33.9%。

2018 年规模以上工业企业利润为 66 351 亿元，比 2017 年增长 10.3%。从经济类型看，国有控股企业利润为 18 583 亿元，比 2017 年增长 12.6%；股份制企业为 46 975 亿元，增长 14.4%，外商及港澳台商投资企业为 16 776 亿元，增长 1.9%；私营企业为 17 137 亿元，增长 11.9%。从门类看，采矿业利润为 5 246 亿元，比 2017 年增长 40.1%；制造业为 56 964 亿元，增长 8.7%；电力、热力、燃气及水生产和供应业为 4 141 亿元，增长 4.3%。2018 年规模以上工业企业主营业务收入利润率为 6.49%，比 2017 年提高 0.11 个百分点。

2018 年全社会建筑业增加值为 61 808 亿元，比 2017 年增长 4.5%，如图 11 所示。全国具有资质等级的总承包和专业承包建筑业企业利润为 8 104 亿元，比 2017 年增长 8.2%，其中国有控股企业为 2 470 亿元，增长 8.5%。

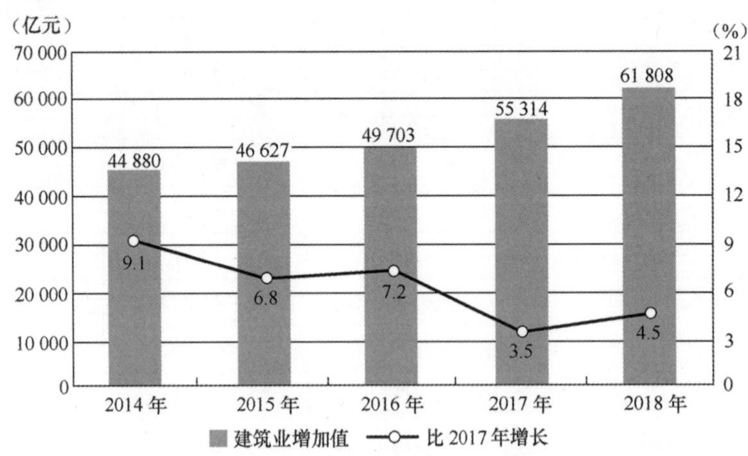

图 11　2014—2018 年建筑业增加值及其增长速度

四、服务业

2018 年批发和零售业增加值为 84 201 亿元，比 2017 年增长 6.2%；交通运输、仓储和邮政业增加值为 40 550 亿元，增长 8.1%；住宿和餐饮业增加值为 16 023 亿元，增长 6.5%；金融业增加值为 69 100 亿元，增长 4.4%；房地产业增加值为 59 846 亿元，增长 3.8%；信息传输、软件和信息技术服务业增加值为 32 431 亿元，增长 30.7%；租赁和商务服务业增加值为 24 427 亿元，增长 8.9%。2018 年规模以上服务业企业营业收入比 2017 年增长 11.4%，营业利润增长 6.5%。2014—2018 年服务业增加值及其增长速度如图 12 所示。

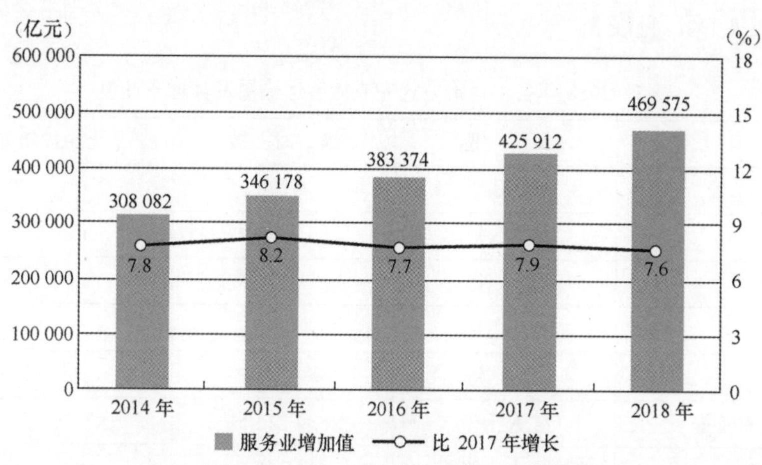

图 12　2014—2018 年服务业增加值及其增长速度

2018 年货物运输总量为 514.6 亿吨，比 2017 年增长 7.1%；货物运输周转量为 205 451.6 亿吨千米，增长 4.1%，具体见表 4。2018 年规模以上港口完成货物吞吐量 133 亿吨，比 2017 年增长 2.7%，其中外贸货物吞吐量为 42 亿吨，增长 2.0%。规模以上港口集装箱吞吐量为 24 955 万标准箱，增长 5.2%。

表 4　2018 年各种运输方式完成货物运输量及其增长速度

指　　标	单　　位	绝　对　数	比2017年增长（%）
货物运输总量	亿吨	514.6	7.1
铁路	亿吨	40.3	9.2
公路	亿吨	395.9	7.4
水运	亿吨	69.9	4.7
民航	万吨	738.5	4.6
管道	亿吨	8.5	5.4

（续表）

指　　标	单　　位	绝　对　数	比2017年增长（%）
货物运输周转量	亿吨千米	205 451.6	4.1
铁路	亿吨千米	28 821.0	6.9
公路	亿吨千米	71 202.5	6.6
水运	亿吨千米	99 303.6	0.7
民航	亿吨千米	262.4	7.7
管道	亿吨千米	5 862.0	22.5

2018 年旅客运输总量为 179.2 亿人次，比 2017 年下降 3.1%。旅客运输周转量为 34 213.5 亿人公里，增长 4.3%，见表 5。

表 5　2018 年各种运输方式完成旅客运输量及其增长速度

指　　标	单　　位	绝　对　数	比2017年增长（%）
旅客运输总量	亿人次	179.2	−3.1
铁路	亿人次	33.7	9.4
公路	亿人次	136.5	−6.3
水运	亿人次	2.8	−0.5
民航	亿人次	6.1	10.9
旅客运输周转量	亿人千米	34 213.5	4.3
铁路	亿人千米	14 146.6	5.1
公路	亿人千米	9 275.5	−5.0
水运	亿人千米	79.8	2.7
民航	亿人千米	10 711.6	12.6

2018 年年末全国民用汽车保有量为 24 028 万辆（包括三轮汽车和低速货车 906 万辆），比 2017 年年末增长 10.5%，其中私人汽车保有量为 20 730 万辆，增长 10.9%。民用轿车保有量为 13 451 万辆，增长 10.4%，其中私人轿车为 12 589 万辆，增长 10.3%。

2018 年完成邮政行业业务总量为 12 345 亿元，比 2017 年增长 26.4%。邮政业 2018 年完成邮政函件业务为 26.8 亿件，包裹业务为 0.2 亿件，快递业务量为 507.1 亿件，快递业务收入为 6 038 亿元，如图 13 所示。2018 年完成电信业务总量 65 556 亿元，比 2017 年增长 137.9%。电信业新增移动电话交换机容量为 17 267 万户，达到 259 453 万户。2018 年年末全国电话用户总数为 174 835 万户，其中移动电话用户为 156 610 万户。移动电话普及率上升至 112.2 部 / 百人。固定互联网宽带接入用户为 40 738 万户，比 2017 年年末增加 5 884 万户，其中固定互联网光纤宽带接入用户为 36 833 万户，增加 7 440 万户；移动宽带用户为 130 565 万户，增加 17 413 万户，如图 14 所示。2018 年移动互联网用户接入流量 711 亿 GB，比 2017 年增长 189.1%。2018 年软件和信息技术服务业完成软件业务收入 63 061 亿元，按可比口径计算，比 2017 年增长 14.2%。

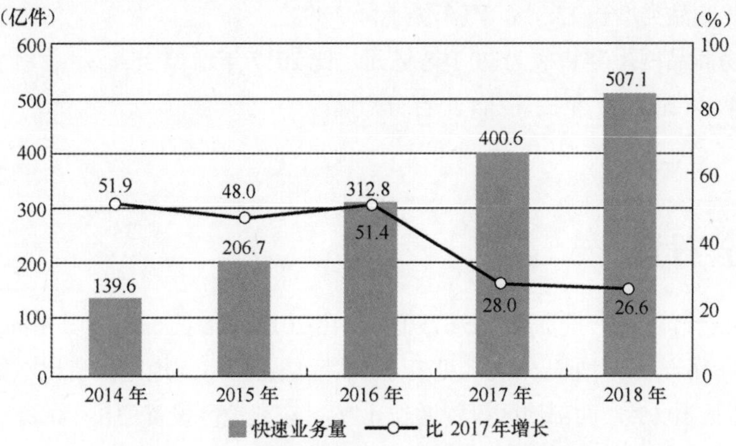

图 13　2014—2018 年快递业务量及其增长速度

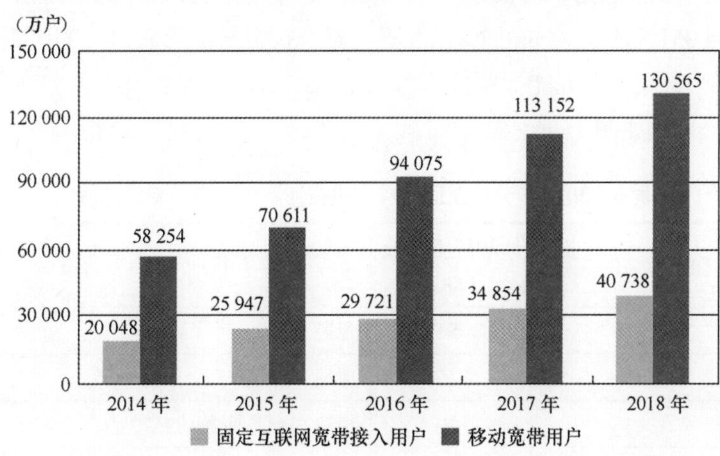

图 14　2014—2018 年年末固定互联网宽带接入用户数和移动宽带用户数

五、国内贸易

2018 年社会消费品零售总额为 380 987 亿元，比 2017 年增长 9.0%。按经营地统计，城镇消费品零售额为 325 637 亿元，增长 8.8%；乡村消费品零售额为 55 350 亿元，增长 10.1%。按消费类型统计，商品零售额为 338 271 亿元，增长 8.9%；餐饮收入额为 42 716 亿元，增长 9.5%。

在限额以上单位商品零售额中，粮油、食品类零售额比 2017 年增长 10.2%，饮料类增长 9.0%，烟酒类增长 7.4%，服装、鞋帽、针纺织品类增长 8.0%，化妆品类增长 9.6%，金银珠宝类增长 7.4%，日用品类增长 13.7%，家用电器和音像器材类增长 8.9%，中西药品类增长 9.4%，文化办公用品类增长 3.0%，家具类增长 10.1%，通信器材类增长 7.1%，建筑及装潢材料类增长 8.1%，石油及制品类增长 13.3%，汽车类下降 2.4%。

2018 年实物商品网上零售额为 70 198 亿元，比 2017 年增长 25.4%，占社会消费品零售总额的比重为 18.4%，比 2017 年提高 3.4 个百分点。

六、固定资产投资

2018 年全社会固定资产投资为 645 675 亿元，比 2017 年增长 5.9%。其中固定资产投资（不含农户）为 635 636 亿元，增长 5.9%，见表 6。从区域看，东部地区投资比 2017 年增长 5.7%，中部地区投资增长 10.0%，西部地区投资增长 4.7%，东北地区投资增长 1.0%。

在固定资产投资（不含农户）中，第一产业投资为 22 413 亿元，比 2017 年增长 12.9%；第二产业投资为 237 899 亿元，增长 6.2%；第三产业投资为 375 324 亿元，增长 5.5%。民间固定资产投资为 394 051 亿元，增长 8.7%，占固定资产投资（不含农户）的比重为 62.0%。基础设施投资增长 3.8%。六大高耗能行业投资增长 1.4%。2014—2018 年三次产业投资占固定资产投资（不含农户）比重如图 15 所示。

表 6　2018 年分行业固定资产投资（不含农户）增长速度

行　　业	比2017年增长（%）	行　　业	比2017年增长（%）
总计	5.9	金融业	-13.1
农、林、牧、渔业	12.3	房地产业	8.3
采矿业	4.1	租赁和商务服务业	14.2
制造业	9.5	科学研究和技术服务业	13.6
电力、热力、燃气及水生产和供应业	-6.7	水利、环境和公共设施管理业	3.3
建筑业	-13.9	居民服务、修理和其他服务业	-14.4
批发和零售业	-21.5	教育	7.2
交通运输、仓储和邮政业	3.9	卫生和社会工作	8.4
住宿和餐饮业	-3.4	文化、体育和娱乐业	21.2
信息传输、软件和信息技术服务业	4.0	公共管理、社会保障和社会组织	-18.0

2018 年房地产开发投资为 120 264 亿元，比 2017 年增长 9.5%。其中住宅投资为 85 192 亿元，增长 13.4%；办公楼投资 5 996 亿元，下降 11.3%；商业营业用房投资为 14 177 亿元，下降 9.4%，见表 7。

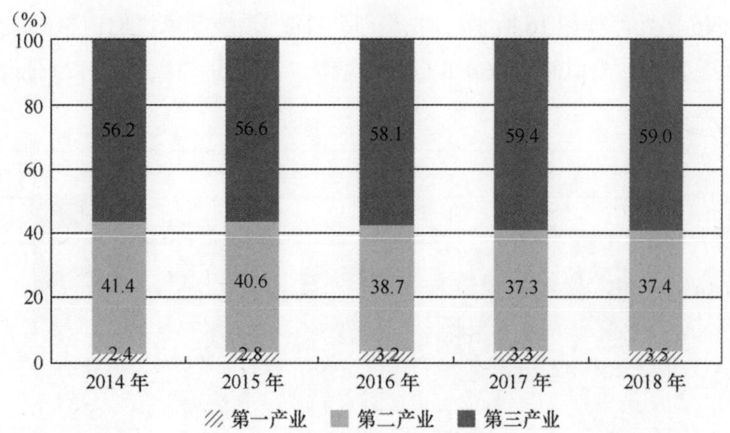

图 15　2014—2018 年三次产业投资占固定资产投资（不含农户）比重

表 7　2018 年房地产开发和销售主要指标及其增长速度

指　　标	单　　位	绝　对　数	比2017年增长（%）
投资额	亿元	120 264	9.5
其中：住宅	亿元	85 192	13.4
房屋施工面积	万平方米	822 300	5.2
其中：住宅	万平方米	569 987	6.3
房屋新开工面积	万平方米	209 342	17.2
其中：住宅	万平方米	153 353	19.7
房屋竣工面积	万平方米	93 550	−7.8
其中：住宅	万平方米	66 016	−8.1
商品房销售面积	万平方米	171 654	1.3
其中：住宅	万平方米	147 929	2.2
本年到位资金	亿元	165 963	6.4
其中：国内贷款	亿元	24 005	−4.9
个人按揭贷款	亿元	23 706	−0.8

2018 年全国棚户区住房改造开工 626 万套，基本建成 511 万套。全国农村地区建档立卡贫困户危房改造 157 万户。

七、对外经济

2018 年货物进出口总额为 305 051 亿元，比 2017 年增长 9.7%，见表 8。其中，出口额为 164 177 亿元，增长 7.1%；进口额为 140 874 亿元，增长 12.9%。货物进出口顺差额为 23 303 亿元，比 2017 年减少 5 216 亿元，如图 16 所示。对“一带一路”沿线国家进出口总额为 83 657 亿元，比 2017 年增长 13.3%。其中，出口额为 46 478 亿元，增长 7.9%；进口额为 37 179 亿元，增长 20.9%。

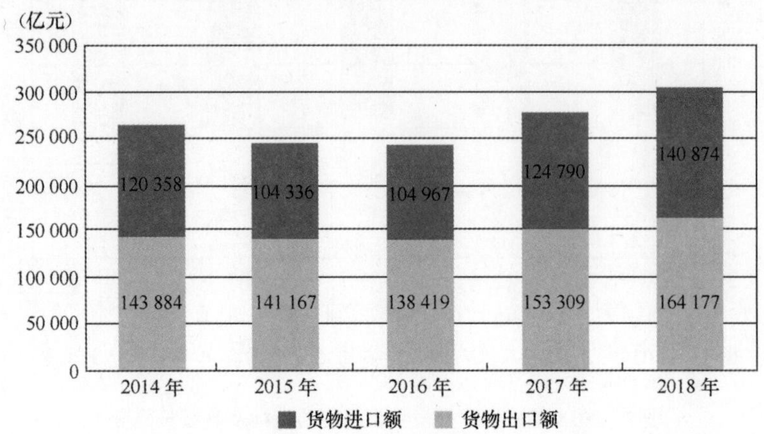

图 16　2014—2018 年货物进出口总额

表 8　2018 年货物进出口总额及其增长速度

指　　标	金额（亿元）	比2017年增长（%）
货物进出口总额	305 050	9.7
货物出口额	164 177	7.1
其中：一般贸易	92 405	10.9
加工贸易	52 676	2.5
其中：机电产品	96 457	7.9
高新技术产品	49 374	9.3
货物进口额	140 874	12.9
其中：一般贸易	83 947	14.3
加工贸易	31 097	6.6
其中：机电产品	63 727	10.3
高新技术产品	44 340	12.2
货物进出口顺差	23 303	—

2018 年主要商品出口数量、金额及其增长速度见表 9。

表 9　2018 年主要商品出口数量、金额及其增长速度

商品名称	单位	数量	比2017年增长（%）	金额（亿元）	比2017年增长（%）
钢材	万吨	6 934	−8.1	3 984	7.7
纺织纱线、织物及制品	—	—	—	7 851	5.1

（续表）

商品名称	单位	数量	比2017年增长（%）	金额（亿元）	比2017年增长（%）
服装及衣着附件	—	—	—	10 413	-2.3
鞋类	万吨	448	-0.4	3 095	-5.4
家具及其零件	—	—	—	3 544	4.8
箱包及类似容器	万吨	316	2.0	1 787	-1.0
玩具	—	—	—	1 662	2.3
塑料制品	万吨	1 312	12.3	2 870	9.3
集成电路	亿个	2 171	6.2	5 591	23.5
自动数据处理设备及其部件	万台	147 296	-4.4	11 355	6.0
手持或车载无线电话机	万台	111 918	-7.8	9 343	9.8
集装箱	万个	340	13.5	685	20.9
液晶显示板	万个	175 810	-9.3	1 527	-12.5
汽车	万辆	115	11.3	972	8.3

2018 年主要商品进口数量、金额及其增长速度见表 10。

表 10　2018 年主要商品进口数量、金额及其增长速度

商品名称	单位	数量	比2017年增长（%）	金额（亿元）	比2017年增长（%）
谷物及谷物粉	万吨	2 047	-20.0	385	-12.4
大豆	万吨	8 803	-7.9	2 502	-6.9
食用植物油	万吨	629	9.0	313	2.0
铁矿砂及其精矿	万吨	106 447	-1.0	4 984	-4.0
煤及褐煤	万吨	28 123	3.9	1 613	4.9
原油	万吨	46 190	10.1	15 882	43.1
成品油	万吨	3 348	13.0	1 333	35.6
天然气	万吨	9 039	31.9	2 552	62.1
初级形状的塑料	万吨	3 284	14.5	3 718	13.2
纸浆	万吨	2 479	4.5	1 300	25.1
钢材	万吨	1 317	-1.0	1 083	5.5
未锻轧铜及铜材	万吨	530	12.9	2 469	16.5
集成电路	亿个	4 176	10.8	20 584	16.9
汽车	万辆	113	-8.5	3 331	-2.7

2018 年我国对主要国家和地区货物进出口金额、增长速度及其比重见表 11。

表 11 2018 年对主要国家和地区货物进出口金额、增长速度及其比重

国家和地区	出口额（亿元）	比2017年增长（%）	占全部出口比重（%）	进口额（亿元）	比2017年增长（%）	占全部进口比重（%）
欧盟	26 974	7.0	16.4	18 067	9.2	12.8
美国	31 603	8.6	19.2	10 195	−2.3	7.2
东盟	21 066	11.3	12.8	17 722	11.0	12.6
日本	9 709	4.4	5.9	11 906	6.2	8.5
韩国	7 174	3.1	4.4	13 495	12.3	9.6
中国香港	19 966	5.7	12.2	564	13.8	0.4
中国台湾	3 212	7.9	2.0	11 714	11.0	8.3
巴西	2 214	12.9	1.3	5 119	28.2	3.6
俄罗斯	3 167	9.1	1.9	3 909	39.4	2.8
印度	5 054	9.5	3.1	1 242	12.2	0.9
南非	1 072	6.9	0.7	1 799	8.9	1.3

2018 年服务进出口总额为 52 402 亿元，比 2017 年增长 11.5%。其中，服务出口额为 17 658 亿元，增长 14.6%；服务进口额为 34 744 亿元，增长 10.0%。服务进出口逆差额为 17 086 亿元。

2018 年外商直接投资（不含银行、证券、保险领域）新设立企业 60 533 家，比 2019 年增长 69.8%。实际使用外商直接投资金额为 8 856 亿元，增长 0.9%，折 1 350 亿美元，增长 3.0%，具体见表 12。其中“一带一路”沿线国家对华直接投资新设立企业 4 479 家，增长 16.1%；对华直接投资金额 424 亿元，增长 13.2%，折 64 亿美元，增长 16.0%。2018 年高技术制造业实际使用外资 898 亿元，增长 35.1%，折 137 亿美元，增长 38.1%。

2018 年对外非金融类直接投资额为 7 974 亿元人民币，比 2017 年下降 1.6%，折 1 205 亿美元，增长 0.3%，见表 13。其中，对“一带一路”沿线国家非金融类直接投资额为 156 亿美元，增长 8.9%。

表 12 2018 年外商直接投资（不含银行、证券、保险领域）及其增长速度

行 业	企业数（家）	比2017年增长（%）	实际使用金额（亿元）	比2017年增长（%）
总计	60 533	69.8	8 856	0.9
其中：农、林、牧、渔业	741	5.0	53	−26.4
制造业	6 152	23.4	2 713	20.1
电力、热力、燃气及水生产和供应业	284	−23.7	291	23.6

（续表）

行　　业	企业数（家）	比2017年增长（%）	实际使用金额（亿元）	比2017年增长（%）
交通运输、仓储和邮政业	754	45.8	314	-16.0
信息传输、软件和信息技术服务业	7 222	127.9	773	-44.4
批发和零售业	22 853	86.1	643	-16.5
房地产业	1 053	42.9	1 489	31.4
租赁和商务服务业	9 099	78.9	1 196	6.4
居民服务、修理和其他服务业	485	39.0	37	-2.6

表13　2018年对外非金融类直接投资额及其增长速度

行　　业	金额（亿美元）	比2017年增长（%）
总计	1 205	0.3
其中：农、林、牧、渔业	18	-20.3
采矿业	92	11.3
制造业	188	-1.6
电力、热力、燃气及水生产和供应业	32	-0.9
建筑业	74	0.8
批发和零售业	106	-57.5
交通运输、仓储和邮政业	58	92.7
信息传输、软件和信息技术服务业	68	-33.7
房地产业	40	82.0
租赁和商务服务业	446	27.6

2018年对外承包工程完成营业额为11 186亿元，比2017年下降1.7%，折1 690亿美元，增长0.3%。其中，对“一带一路”沿线国家完成营业额为893亿美元，增长4.4%，占对外承包工程完成营业额比重为52.8%。对外劳务合作派出各类劳务人员49万人。

八、财政金融

2018年全国一般公共预算收入为183 352亿元，比2017年增长6.2%，如图17所示。其中税收收入为156 401亿元，比2017年增加为12 031亿元，增长8.3%。2018年各地共发行地方政府置换债券为13 130亿元，平均发行利率约3.89%。2015—2018年，置换债券累计发行12.2万亿元，基本完成既定的存量政府债务置换目标。经过置换，2018年年末地方政府债务平均利率比 2014 年年末降低约 6.5 个百分点，累计节约利息约 1.7 万亿元。

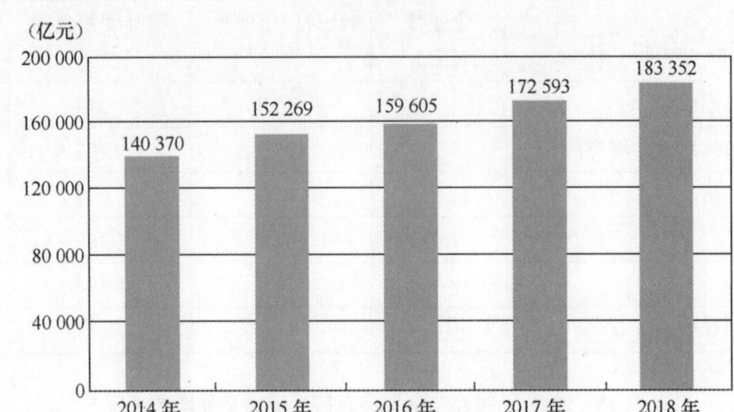

图 17　2014—2018 年全国一般公共预算收入

注：图中 2014 年至 2017 年数据为全国一般公共预算收入决算数，2018 年为执行数。

2018 年年末广义货币供应量（M_2）余额为 182.7 万亿元，比 2017 年年末增长 8.1%；狭义货币供应量（M_1）余额为 55.2 万亿元，增长 1.5%；流通中货币（M_0）余额为 7.3 万亿元，增长 3.6%。

2018 年社会融资规模增量为 19.3 万亿元，按可比口径计算，比 2017 年少 3.1 万亿元；2018 年年末社会融资规模存量为 200.7 万亿元，比 2017 年年末增长 9.8%。2018 年年末全部金融机构本外币各项存款余额为 182.5 万亿元，比 2018 年年初增加 13.2 万亿元，其中人民币各项存款余额为 177.5 万亿元，增加 13.4 万亿元。全部金融机构本外币各项贷款余额为 141.8 万亿元，增加 16.2 万亿元，其中人民币各项贷款余额为 136.3 万亿元，增加 16.2 万亿元，具体数据见表 14。

表 14　2018 年年末全部金融机构本外币存贷款余额及其增长速度

指　　标	2018年年末数（亿元）	比2017年年末增长（%）
各项存款	1 825 158	7.8
其中：境内住户存款	724 439	11.1
其中：人民币	716 038	11.2
境内非金融企业存款	589 105	3.1
各项贷款	1 417 516	12.9
其中：境内短期贷款	443 200	7.8
境内中长期贷款	854 571	13.8

2018 年年末主要农村金融机构（农村信用社、农村合作银行、农村商业银行）人民币贷款余额为 169 822 亿元，比 2018 年年初增加 20 002 亿元。全部金融机构人民币消费贷款余额为 377 903 亿元，增加 62 709 亿元。其中，个人短期消费贷款余额为 87 994 亿元，增加 19 989 亿元；

个人中长期消费贷款余额为 289 909 亿元，增加为 42 720 亿元。

2018 年境内交易场所累计筹资为 64 365 亿元，比 2017 年增加 13 572 亿元。其中，首次公开发行 A 股 105 只，筹资 1 378 亿元，减少 923 亿元；A 股现金再融资（包括公开增发、定向增发、配股、优先股）为 5 505 亿元，减少 2 504 亿元；各类主体通过沪深交易所发行债券（包括公司债、可转债、可交换债、政策性金融债、地方政府债和企业资产支持证券）筹资 56 878 亿元，增加 17 731 亿元；全国中小企业股份转让系统新增挂牌公司 577 家，挂牌公司累计筹资 604 亿元。

2018 年发行公司信用类债券 7.79 万亿元，比 2017 年增加 1.92 万亿元。

2018 年保险公司原保险保费收入为 38 017 亿元，比 2017 年增长 3.9%。其中，寿险业务原保险保费收入为 20 723 亿元，健康险和意外伤害险业务原保险保费收入为 6 524 亿元，财产险业务原保险保费收入为 10 770 亿元。支付各类赔款及给付 12 298 亿元。其中，寿险业务给付 4 389 亿元，健康险和意外伤害险业务赔款及给付 2 012 亿元，财产险业务赔款 5 897 亿元。

九、居民收入消费和社会保障

2018 年全国居民人均可支配收入 28 228 元，比 2017 年增长 8.7%，扣除价格因素，实际增长 6.5%，如图 18 所示。全国居民人均可支配收入中位数 24 336 元，增长 8.6%。按常住地分，城镇居民人均可支配收入为 39 251 元，比 2017 年增长 7.8%，扣除价格因素，实际增长 5.6%。城镇居民人均可支配收入中位数 36 413 元，增长 7.6%。农村居民人均可支配收入为 14 617 元，比 2017 年增长 8.8%，扣除价格因素，实际增长 6.6%。农村居民人均可支配收入中位数 13 066 元，增长 9.2%。按全国居民五等份收入分组，低收入组人均可支配收入为 6 440 元，中间偏下收入组人均可支配收入为 14 361 元，中间收入组人均可支配收入为 23 189 元，中间偏上收入组人均可支配收入为 36 471 元，高收入组人均可支配收入为 70 640 元。全国农民工人均月收入为 3 721 元，比 2017 年增长 6.8%。

图 18 2014—2018 年全国居民人均可支配收入及其增长速度

2018 年全国居民人均消费支出为 19 853 元，比 2017 年增长 8.4%，扣除价格因素，实际增长 6.2%。按常住地分，城镇居民人均消费支出 26 112 元，增长 6.8%，扣除价格因素，实际增长 4.6%；农村居民人均消费支出为 12 124 元，增长 10.7%，扣除价格因素，实际增长 8.4%。全国居民恩格尔系数为 28.4%，比 2017 年下降 0.9 个百分点，其中城镇为 27.7%，农村为 30.1%，具体消费如图 19 所示。

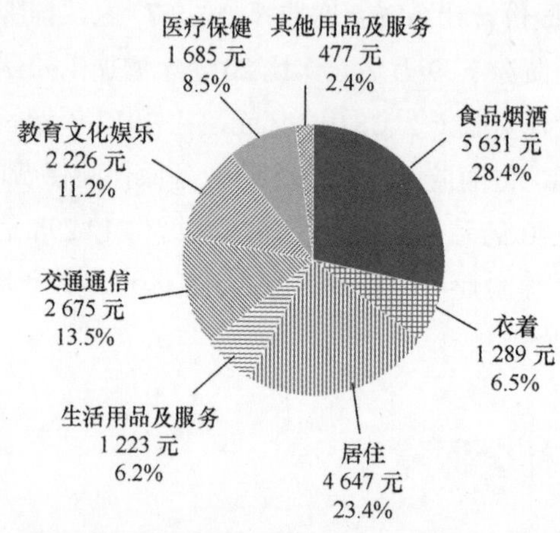

图 19　2018 年全国居民人均消费支出及其构成

2018 年年末全国参加城镇职工基本养老保险人数为 41 848 万人，比 2017 年年末增加 1 555 万人。参加城乡居民基本养老保险人数为 52 392 万人，增加 1 137 万人。参加基本医疗保险人数 134 452 万人，增加 16 771 万人。其中，参加职工基本医疗保险人数为 31 673 万人，增加 1351 万人；参加城乡居民基本医疗保险人数为 89 741 万人，增加 2 382 万人。参加失业保险人数为 19 643 万人，增加 859 万人。2018 年年末全国领取失业保险金人数为 223 万人。参加工伤保险人数为 23 868 万人，增加 1 145 万人，其中参加工伤保险的农民工为 8 085 万人，增加 278 万人。参加生育保险人数为 20 435 万人，增加 1 135 万人。2018 年年末全国共有 1 008 万人享受城市居民最低生活保障，3 520 万人享受农村居民最低生活保障，455 万人享受农村特困人员救助供养，2018 年临时救助 1 075 万人次。2018 年资助 4 972 万人参加基本医疗保险，医疗救助 3 825 万人次。国家抚恤、补助退役军人和其他优抚对象 861 万人。

2018 年年末全国共有各类提供住宿的社会服务机构 3.3 万个，其中养老服务机构 3.0 万个，儿童服务机构 664 个。社会服务床位 782.4 万张，其中养老服务床位 746.3 万张，儿童服务床位 10.4 万张。2018 年年末共有社区服务中心 2.7 万个，社区服务站 14.5 万个。

十、科学技术和教育

2018 年研究与试验发展（R&D）经费支出 19 657 亿元，比 2017 年增长 11.6%，如图 20 所示，与国内生产总值之比为 2.18%，其中基础研究经费为 1 118 亿元。2018 年国家重点研发计划共安排 1 052 个项目，国家科技重大专项共安排 563 个课题，国家自然科学基金共资助 44 504 个项目。截至 2018 年年底，正在运行的国家重点实验室 501 个，累计建设国家工程研究中心 132 个，国家工程实验室 217 个，国家企业技术中心为 1 480 家。国家科技成果转化引导基金累计设立 21 只子基金，资金总规模 313 亿元。2018 年境内外专利申请为 432.3 万件，比 2017 年增长 16.9%；授予专利权 244.7 万件，增长 33.3%；PCT 专利申请受理量为 5.5 万件。截至 2018 年年底，有效专利为 838.1 万件，其中境内有效发明专利为 160.2 万件，每万人口发明专利拥有量 11.5 件，见表 15。2018 年共签订技术合同 41.2 万项，技术合同成交金额为 17 697 亿元，比 2017 年增长 31.8%。

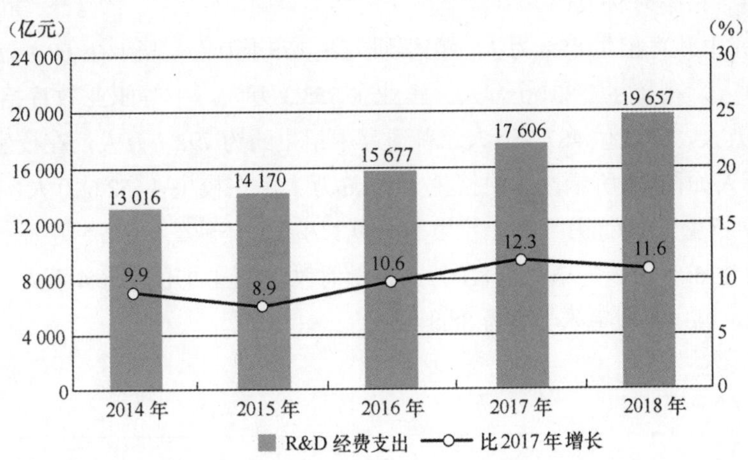

图 20　2014—2018 年研究与试验发展（R&D）经费支出及其增长速度

表 15　2018 年专利申请、授权和有效专利情况

指　标	专利数（万件）	比2017年增长（%）
专利申请数	432.3	16.9
其中：境内专利申请	412.1	17.3
其中：发明专利申请	154.2	11.6
其中：境内发明专利	138.1	11.9
专利授权数	244.7	33.3
其中：境内专利授权	231.9	36.0
其中：发明专利授权	43.2	2.9
其中：境内发明专利	34.0	6.0
年末有效专利数	838.1	17.3
其中：境内有效专利	739.9	19.3
其中：有效发明专利	236.6	13.5
其中：境内有效发明专利	160.2	18.1

2018 年成功完成 38 次宇航发射。"嫦娥四号"探测器成功着陆月球背面并通过中继星将数据传回地球，标志着人类首次月球背面巡视探测任务正式开启；北斗三号基本系统完成建设，开始提供全球服务；我国地震立体观测体系首个天基平台中意电磁监测试验卫星、中法航天合作的首颗卫星中法海洋卫星成功发射。第二艘航母出海试航，国产大型水陆两栖飞机水上首飞，港珠澳大桥正式通车运营。

2018 年年末全国共有国家质检中心 791 家。全国现有产品质量、体系和服务认证机构 484 个，累计完成对 63 万家企业的认证。全国共有法定计量技术机构 5 030 个，2018 年强制检定计量器具 10 406 万台（件）。全年制定、修订国家标准 2 668 项，其中新制定 1 935 项。2018 年制造业产品质量合格率为 93.93%。

2018 年研究生教育招生 85.8 万人，在学研究生 273.1 万人，毕业生 60.4 万人。普通本专科招生 791.0 万人，在校生 2 831.0 万人，毕业生 753.3 万人。中等职业教育招生 557.0 万人，在校生 1 555.2 万人，毕业生 487.3 万人。普通高中招生约为 792.7 万人，在校生 2 375.4 万人，毕业生 779.2 万人如图 21 所示。初中招生 1 602.6 万人，在校生 4 652.6 万人，毕业生 1 367.8 万人。普通小学招生 1 867.3 万人，在校生 10 339.3 万人，毕业生 1 616.5 万人。特殊教育招生 12.4 万人，在校生 66.6 万人，毕业生 8.1 万人。学前教育在园幼儿 4 656.4 万人。九年义务教育巩固率为 94.2%，高中阶段毛入学率为 88.8%。

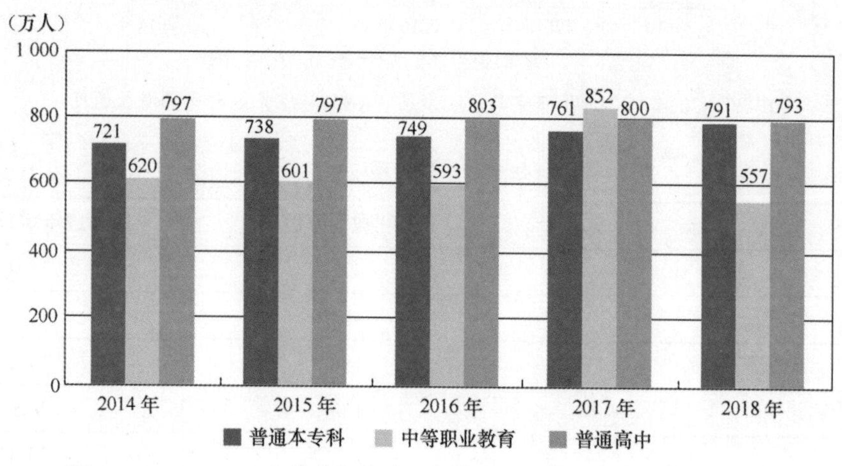

图 21 2014—2018 年普通本专科、中等职业教育及普通高中招生人数

十一、文化旅游、卫生健康和体育

2018 年年末全国文化系统共有艺术表演团体 2 075 个，博物馆有 3 331 个。全国共有公共图书馆 3 173 个，总流通为 84 529 万人次；文化馆为 3 326 个。有线电视实际用户 2.14 亿户，

其中有线数字电视实际用户为2.02亿户。2018年年末广播节目综合人口覆盖率为98.9%，电视节目综合人口覆盖率为99.3%。2018年生产电视剧323部13 726集，电视动画片86 257分钟。2018年生产故事影片902部，科教、纪录、动画和特种影片180部。出版各类报纸340亿份，各类期刊24亿册，图书95亿册（张），人均图书拥有量为6.85册（张）。2018年年末全国共有档案馆4 210个，已开放各类档案14 016万卷（件）。

2018年国内游客达到55.4亿人次，比2017年增长10.8%，如图22所示；国内旅游收入51 278亿元，增长12.3%。入境游客14 120万人次，增长1.2%。其中，外国人3 054万人次，增长4.7%；香港、澳门和台湾同胞11 066万人次，增长0.3%。在入境游客中，过夜游客6 290万人次，增长3.6%。国际旅游收入1 271亿美元，增长3.0%。国内居民出境16 199万人次，增长13.5%。其中因私出境15 502万人次，增长14.1%；赴港澳台出境9 919万人次，增长14.0%。

图22　2014—2018年国内游客人次及其增长速度

2018年年末全国共有医疗卫生机构100.4万个，其中医院3.2万个，在医院中有公立医院1.2万个，民营医院2.0万个；基层医疗卫生机构95.0万个，其中乡镇卫生院3.6万个，社区卫生服务中心（站）3.5万个，门诊部（所）24.8万个，村卫生室63.0万个；专业公共卫生机构1.9万个，其中疾病预防控制中心3 469个，卫生监督所（中心）3 141个。2018年年末卫生技术人员950万人，如图23所示，其中执业医师和执业助理医师358万人，注册护士412万人。医疗卫生机构床位845万张，其中医院656万张，乡镇卫生院134万张。全年总诊疗人次为84.2亿人次，出院人数为2.6亿人。

2018年我国运动员在24个运动大项中获得118个世界冠军，共创15项世界纪录。2018年我国残疾人运动员在20项国际赛事中获得50个世界冠军。

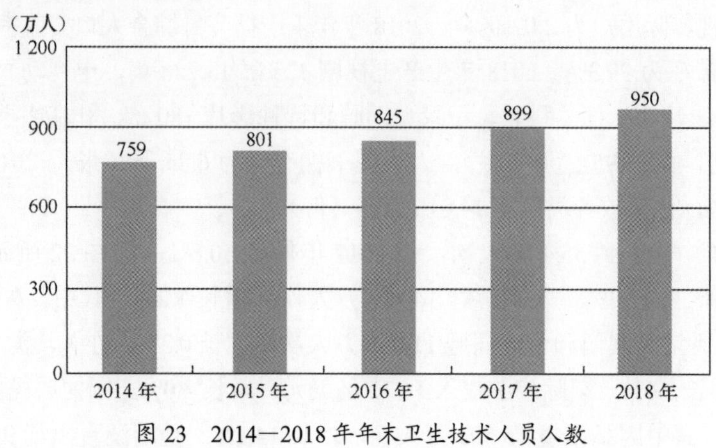

图 23　2014—2018 年年末卫生技术人员人数

十二、资源、环境和应急管理

2018 年全国国有建设用地供应总量为 64.3 万公顷，比 2017 年增长 6.6%。其中，工矿仓储用地为 13.2 万公顷，增长 7.2%；房地产用地为 14.4 万公顷，增长 24.6%；基础设施等用地为 36.8 万公顷，增长 0.7%。

2018 年水资源总量达到 27 960 亿立方米。2018 年总用水量为 6 110 亿立方米，比 2017 年增长 1.1%。其中，生活用水增长 1.4%，工业用水增长 0.6%，农业用水增长 1.1%，生态补水增长 3.8%。万元国内生产总值用水量达到 73 立方米，比 2017 年下降 5.1%。万元工业增加值用水量为 45 立方米，下降 5.2%。人均用水量 439 立方米，比 2017 年增长 0.6%。

2018 年完成造林面积为 707 万公顷，其中人工造林面积为 360 万公顷，占全部造林面积的 50.9%。森林抚育面积为 852 万公顷。截至 2018 年年底，国家级自然保护区为 474 个。新增水土流失治理面积为 5.4 万平方公里。

初步核算，2018 年能源消费总量为 46.4 亿吨标准煤，比 2017 年增长 3.3%。煤炭消费量增长 1.0%，原油消费量增长 6.5%，天然气消费量增长 17.7%，电力消费量增长 8.5%。煤炭消费量占能源消费总量的 59.0%，比 2017 年下降 1.4 个百分点；天然气、水电、核电、风电等清洁能源消费量占能源消费总量的 22.1%，上升 1.3 个百分点，如图 24 所示。重点耗能工业企业单位烧碱综合能耗下降 0.5%，单位合成氨综合能耗下降 0.7%，吨钢综合能耗下降 3.3%，单位铜冶炼综合能耗下降 4.7%，每千瓦时火力发电标准煤耗下降 0.7%。全国万元国内生产总值二氧化碳排放下降 4.0%。

近岸海域 417 个海水水质监测点中，达到国家一、二类海水水质标准的监测点占 74.6%，三类海水占 6.7%，四类、劣四类海水占 18.7%。

在监测的 338 个地级及以上城市中，城市空气质量达标的城市占 35.8%，未达标的城市占

64.2%。细颗粒物（PM2.5）未达标城市（基于 2015 年 PM2.5 年平均浓度未达标的 262 个城市）年平均浓度 43 微克 / 立方米，比 2017 年下降 10.4%。

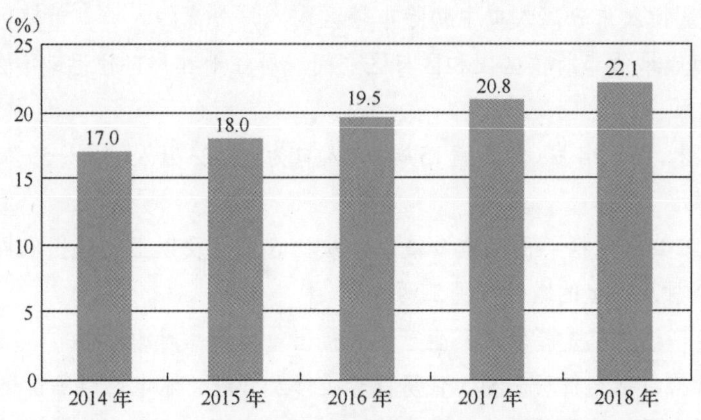

图 24 2014—2018 年清洁能源消费量占能源消费总量的比重

在开展城市区域声环境监测的 323 个城市中，声环境质量好的城市占 4.0%，较好的占 63.5%，一般的占 30.7%，较差的占 1.2%，差的占 0.6%。

2018 年平均气温为 10.09℃，比 2017 年下降 0.30℃。共有 10 个台风登陆。

2018 年农作物受灾面积为 2 081 万公顷，其中绝收 259 万公顷。2018 年因洪涝和地质灾害造成直接经济损失为 1 061 亿元，因旱灾造成直接经济损失 255 亿元，因低温冷冻和雪灾造成直接经济损失 434 亿元，因海洋灾害造成直接经济损失 48 亿元。2018 年大陆地区共发生 5.0 级以上地震 16 次，成灾 11 次，造成直接经济损失约 30 亿元。2018 年共发生森林火灾 2 478 起，受害森林面积 1.6 万公顷。

2018 年各类生产安全事故共死亡 34 046 人。工矿商贸企业就业人员 10 万人生产安全事故死亡人数 1.547 人，比 2017 年下降 5.6%；煤矿百万吨死亡人数 0.093 人，下降 12.3%。道路交通事故万车死亡人数 1.93 人，下降 6.3%。

注释：

[1] 本公报中数据均为初步统计数。各项统计数据均未包括香港特别行政区、澳门特别行政区和台湾省。部分数据因四舍五入的原因，存在总计与分项合计不等的情况。

[2] 国内生产总值、各产业增加值、人均国内生产总值和国民总收入绝对数按现价计算，增长速度按不变价格计算。根据第三次全国农业普查结果，对国内生产总值、三次产业增加值比重、全员劳动生产率等历史数据进行了修订。

[3] 国民总收入，原称国民生产总值，是指一个国家或地区所有常住单位在一定时期内所获得的初次分配收入总额，等于国内生产总值加上来自国外的初次分配收入净额。

[4] 万元国内生产总值能耗按 2015 年价格计算。

[5] 全员劳动生产率为国内生产总值（按 2015 年价格计算）与全部就业人员的比率。

[6] 人户分离的人口是指居住地与户口登记地所在的乡镇街道不一致且离开户口登记地半年及以上的人口。

[7] 流动人口是指人户分离人口中扣除市辖区内人户分离的人口。市辖区内人户分离的人口是指一个直辖市或地级市所辖区内和区与区之间，居住地和户口登记地不在同一乡镇街道的人口。

[8] 2018年年末，0～14岁（含不满15周岁）人口为23 523万人，15～59岁（含不满60周岁）人口为91 066万人。

[9] 年度农民工数量包括年内在本乡镇以外从业6个月及以上的外出农民工和在本乡镇内从事非农产业6个月及以上的本地农民工两部分。

[10] 农产品生产者价格是指农产品生产者直接出售其产品时的价格。

[11] 居住类价格包括租赁房房租、住房保养维修及管理、水电燃料等价格。

[12] 产能利用率是指实际产出与生产能力（均以价值量计量）的比率。企业的实际产出是指企业报告期内的工业总产值；企业的生产能力是指报告期内，在劳动力、原材料、燃料、运输等保证供给的情况下，生产设备（机械）保持正常运行，企业可实现的并能长期维持的产品产出。

[13] 由于统计制度规定的口径调整、统计执法、剔除重复数据、企业改革剥离等因素，2018年规模以上工业企业财务指标增速及变化按可比口径计算。

[14] 工业战略性新兴产业包括节能环保产业，新一代信息技术产业，生物产业，高端装备制造产业，新能源产业，新材料产业，新能源汽车产业等七大产业中的工业相关行业。

[15] 高技术制造业包括医药制造业，航空、航天器及设备制造业，电子及通信设备制造业，计算机及办公设备制造业，医疗仪器设备及仪器仪表制造业，信息化学品制造业。

[16] 装备制造业包括金属制品业，通用设备制造业，专用设备制造业，汽车制造业，铁路、船舶、航空航天和其他运输设备制造业，电气机械和器材制造业，计算机、通信和其他电子设备制造业，仪器仪表制造业。

[17] 规模以上服务业统计范围包括年营业收入1 000万元及以上，或年末从业人员50人及以上的交通运输、仓储和邮政业，信息传输、软件和信息技术服务业，房地产业（不含房地产开发经营），租赁和商务服务业，科学研究和技术服务业，水利、环境和公共设施管理业，教育，卫生和社会工作；年营业收入500万元及以上，或年末从业人员50人及以上的居民服务、修理和其他服务业，文化、体育和娱乐业法人单位。

[18] 战略性新兴服务业包括节能环保产业，新一代信息技术产业，生物产业，高端装备制造产业，新能源产业，新材料产业，新能源汽车产业这七大产业中的服务业相关行业。

[19] 高技术产业投资包括医药制造、航空航天器及设备制造等六大类高技术制造业投资和信息服务、电子商务服务等九大类高技术服务业投资。

[20] 工业技术改造投资是指工业企业利用新技术、新工艺、新设备、新材料对现有设施、工艺条件及生产服务等进行改造提升，实现内涵式发展的投资活动。

[21] 网上零售额是指通过公共网络交易平台（主要从事实物商品交易的网上平台，包括自建网站和第三方平台）实现的商品和服务零售额。2018 年网上零售额增速按可比口径计算。

[22] 减贫人口等于当年贫困人口减去 2017 年贫困人口，也相当于当年脱贫人口减去当年返贫人口。

[23] 贫困发生率是指贫困人口占目标调查人口的比重。

[24] 贫困地区包括集中连片特困地区和片区外的国家扶贫开发工作重点县，原共有 832 个县。2017 年开始将新疆阿克苏地区纳入贫困监测范围。

[25] 农、牧、渔业等历史数据根据第三次全国农业普查结果进行了修订。

[26]2017 年部分产品产量数据进行了核实调整，2018 年产量增速按调整后的可比口径计算。

[27] 火电包括燃煤发电量，燃油发电量，燃气发电量，余热、余压、余气发电量，垃圾焚烧发电量，生物质发电量。

[28] 钢材产量数据中含企业之间重复加工钢材约 21 800 万吨。

[29] 2018 年，中国电力企业联合会对发电装机容量统计范围进行了调整，增速按可比口径计算。

[30] 少量发电装机容量（如地热等）公报中未列出。

[31] 见注释 [13]。

[32] 2018 年部分规模以上港口货物吞吐量统计范围进行调整，扩大至全港企业，相关指标增速按可比口径计算。

[33] 旅客运输总量包括铁路、公路、水运、民航营业性旅客运输量，其中公路旅客运输量占 70% 以上。近年来，随着人们出行方式的变化，居民自驾出行、网络约车及拼车人数增长较快，分流了公路客运量，导致旅客运输总量下降。

[34] 邮政行业业务总量按 2010 年价格计算。

[35] 电信业务总量按 2015 年价格计算。

[36] 移动电话交换机容量是指移动电话交换机根据一定话务模型和交换机处理能力计算出来的最大同时服务用户的数量。

[37] 固定互联网宽带接入用户是指报告期末在电信企业登记注册，通过 *x*DSL、FTT*x*+LAN、FTTH/O 以及其他宽带接入方式和普通专线接入公众互联网的用户。

[38] 固定互联网光纤宽带接入用户是指报告期末在电信企业登记注册，通过 FTTH 或 FTTO 方式接入公众互联网的用户。

[39] 移动宽带用户是指报告期末在计费系统拥有使用信息，占用 3G 或 4G 网络资源的在网用户。

[40] 软件和信息技术服务业包括软件开发，集成电路设计，信息系统集成和物联网技术服务，运行维护服务，信息处理和存储支持服务，信息技术咨询服务，数字内容服务和其他信息技术服务等行业。

[41] 根据第三次全国农业普查结果及有关制度规定，对 2017 年社会消费品零售总额及分

项基数进行修订，2018 年增速按可比口径计算。

[42] 根据统计执法检查和第四次全国经济普查单位清查结果，对 2017 年固定资产投资基数进行一些修订，2018 年增速按可比口径计算。

[43] 东部地区是指北京、天津、河北、上海、江苏、浙江、福建、山东、广东和海南 10 省（市）；中部地区是指山西、安徽、江西、河南、湖北和湖南 6 省；西部地区是指内蒙古、广西、重庆、四川、贵州、云南、西藏、陕西、甘肃、青海、宁夏和新疆 12 省（区、市）；东北地区是指辽宁、吉林和黑龙江 3 省。

[44] 民间固定资产投资是指具有集体、私营、个人性质的内资企事业单位以及由其控股（包括绝对控股和相对控股）的企业单位建造或购置固定资产的投资。

[45] 基础设施投资包括交通运输、邮政业，电信、广播电视和卫星传输服务业，互联网和相关服务业，水利、环境和公共设施管理业投资。

[46] 房地产业投资除房地产开发投资外，还包括建设单位自建房屋以及物业管理、中介服务和其他房地产投资。

[47] 高速铁路是指线路最大速度 200 公里 / 小时及以上的铁路和 200 公里 / 小时以下仅运行动车组列车的铁路。

[48] 各省（自治区、直辖市）汇总上报截至 2018 年 12 月底建档立卡贫困户农村危房改造实际竣工数。

[49]“一带一路”是指“丝绸之路经济带”和“21 世纪海上丝绸之路”。

[50] 服务进出口按照《国际收支手册（第六版）》标准统计，增速按可比口径计算。

[51] 社会融资规模增量是指一定时期内实体经济从金融体系获得的资金总额。

[52] 社会融资规模存量是指一定时期末（月末、季末或年末）实体经济从金融体系获得的资金余额。

[53] 境内股票市场筹资额按上市日统计。

[54] 全国中小企业股份转让系统又称“新三板”，是 2012 年经国务院批准设立的全国性证券交易场所。全年全国中小企业股份转让系统挂牌公司累计筹资不含优先股。

[55] 公司信用类债券包括非金融企业债务融资工具、企业债券以及公司债、可转债等。

[56] 原保险保费收入是指保险企业确认的原保险合同保费收入。

[57] 人均收入中位数是指将所有调查户按人均收入水平从低到高（或从高到低）顺序排列，处于最中间位置调查户的人均收入。

[58] 全国居民五等份收入分组是指将所有调查户按人均收入水平从高到低顺序排列，平均分为五个等份，处于最高 20% 的收入群体为高收入组，依此类推依次为中间偏上收入组、中间收入组、中间偏下收入组、低收入组。

[59] 农村特困人员是指无劳动能力，无生活来源，无法定赡养、抚养、扶养义务人或者其法定义务人无履行义务能力的农村老年人、残疾人以及未满 16 周岁的未成年人。

[60] 临时救助是国家对遭遇突发事件、意外伤害、重大疾病或其他特殊原因导致基本生活

陷入困境，其他社会救助制度暂时无法覆盖或救助之后基本生活暂时仍有严重困难的家庭或个人给予的应急性、过渡性的救助。

[61] 社会服务床位数除收养性机构外，还包括救助类机构、社区类机构以及军休所、军供站等机构的床位。

[62] PCT 专利申请受理量是指国家知识产权局作为 PCT 专利申请受理局受理的 PCT 专利申请数量。PCT（Patent Cooperation Treaty）即专利合作条约，是专利领域的一项国际合作条约。

[63] 制造业产品质量合格率是指以产品质量检验为手段，按照规定的方法、程序和标准实施质量抽样检测，判定为质量合格的样品数占全部抽样样品数的百分比，统计调查样本覆盖制造业的 29 个行业。

[64] 中等职业教育包括普通中专、成人中专、职业高中和技工学校。

[65] 总流通人次是指本年度内到图书馆场馆接受图书馆服务的总人次，包括借阅书刊、咨询问题以及参加各类读者活动等。

[66] 特种影片是指那些采用与常规影院放映在技术、设备、节目方面不同的电影展示方式，如巨幕电影、立体电影、立体特效（4D）电影、动感电影、球幕电影等。

[67] 人均图书拥有量是指在一年内全国平均每人能拥有的当年出版图书册数。

[68] 总诊疗人次指所有诊疗工作的总人次数，包括门诊、急诊、出诊、预约诊疗、单项健康检查、健康咨询指导（不含健康讲座）人次。

[69] 出院人数指报告期内所有住院后出院的人数，包括医嘱离院、医嘱转其他医疗机构、非医嘱离院、死亡及其他人数，不含家庭病床撤床人数。

[70] 国有建设用地供应总量是指报告期内市、县人民政府根据年度土地供应计划依法以出让、划拨、租赁等方式将土地使用权提供给单位或个人使用的国有建设用地总量。

[71] 房地产用地是指商服用地和住宅用地的总和。

[72] 万元国内生产总值用水量、万元工业增加值用水量按 2015 年价格计算。

资料来源：

本公报中户籍人口城镇化率、民用汽车、道路交通事故数据来自公安部；城镇新增就业、登记失业率、社会保障、技工学校数据来自人力资源和社会保障部；外汇储备、汇率数据来自国家外汇管理局；水产品产量数据来自农业农村部；木材产量、造林面积、森林抚育面积、国家级自然保护区数据来自国家林业和草原局；灌溉面积、水资源、水土流失治理面积数据来自水利部；发电装机容量、新增 220 千伏及以上变电设备数据来自中国电力企业联合会；港口货物吞吐量、港口集装箱吞吐量、公路运输、水运、新改建公路里程、港口万吨级码头泊位新增通过能力数据来自交通运输部；铁路运输、新建铁路投产里程、增新建铁路复线投产里程、电气化铁路投产里程数据来自中国铁路总公司；民航、新增民用运输机场数据来自中国民用航空局；管道数据来自中国石油天然气集团有限公司、中国石油化工集团有限公司、中国海洋石油集团有限公司；邮政业务数据来自国家邮政局；通信业、软件业务收入、新增光缆线路长度等数据来自工业和信息化部；棚户区改造、农村地区建档立卡贫困户危房改造数据来自住房和城乡建设部；货物进出口数据来自海关总署；服务进出口、外商直接投资、对外直接投资、对外承包工程、对外劳务合作等数据来自商务部；财政数据来自财政部；货币金融、公司信用类债券数据来自中国人民银行；境内交易场所筹资数据来自中国证券监督管理委员会；保险业数据来自中国银行保险监督管理委员会；医疗保险、资助参加基本医疗保险、医疗救助数据来自国家医疗保障局；城乡低保、农村特困人员救助供养、临时救助、社会服务数据来自民政部；优抚对象数据来自退役军人事务部；国家重点研发计划、国家科技重大专项、国家重点实验室、科技成果转化引导基金、技术合同等数据来自科学技术部；国家自然科学基金项目数据来自国家自然科学基金委员会；国家工程研究中心、国家工程实验室、国家企业技术中心等数据来自国家发展和改革委员会；专利数据来自国家知识产权局；宇航发射数据来自国家国防科技工业局；质量检验、国家标准制定修订、制造业产品质量合格率数据来自国家市场监督管理总局；教育数据来自教育部；艺术表演团体、博物馆、公共图书馆、文化馆、图书、旅游数据来自文化和旅游部；电视、广播数据来自国家广播电视总局；电影数据来自国家电影局；报纸、期刊数据来自国家新闻出版署；档案数据来自国家档案局；居民出境数据来自国家移民管理局；医疗卫生数据来自国家卫生健康委员会；体育数据来自国家体育总局；残疾人运动员数据来自中国残疾人联合会；国有建设用地供应、海洋灾害造成直接经济损失数据来自自然资源部；万元国内生产总值二氧化碳排放、环境监测等数据来自生态环境部；平均气温、登陆台风数据来自中国气象局；农作物受灾面积、洪涝和地质灾害造成直接经济损失、旱灾造成直接经济损失、低温冷冻和雪灾造成直接经济损失、森林火灾、受害森林面积、安全生产数据来自应急管理部；地震次数、地震灾害造成直接经济损失数据来自中国地震局；其他数据均来自国家统计局。